房地产
全程管理 与
营销图表 大全

杨晓丽　王运林 编著

经济科学出版社

图书在版编目（CIP）数据

房地产全程管理与营销图表大全/杨晓丽，王运林
编著．－北京：经济科学出版社，2010.10
ISBN 978－7－5058－9843－1

Ⅰ．①房…　Ⅱ．①杨…②王…　Ⅲ．①房地产－项目
管理－图表②房地产－市场营销学－图表
Ⅳ．①F293.3－64

中国版本图书馆 CIP 数据核字（2010）第 166674 号

责任编辑：周胜婷　段　钢
责任校对：徐领柱
技术编辑：董永亭

房地产全程管理与营销图表大全

杨晓丽　王运林　编著
经济科学出版社出版、发行　新华书店经销
社址：北京市海淀区阜成路甲 28 号　邮编：100142
总编部电话：88191217　发行电话：88191109
网址：www.esp.com.cn
电子邮件：esp@esp.com.cn
北京东海印刷有限公司印刷
710×1000　16 开　25 印张　450000 字
2011 年 1 月第 1 版　2011 年 1 月第 1 次印刷
ISBN 978－7－5058－9843－1　定价：49.80 元
（图书出现印装问题，本社负责调换）
（版权所有　翻印必究）

前　　言

中国改革开放的经济大潮带来了房地产业的迅猛发展,房地产热波及全国,吸引全世界,已成为全社会热切关注的话题,牵动着每一个人的心。

房地产业作为国民经济的基础性、先导性产业,正逐步走向市场化和规范化的道路,并对相关产业和整个国民经济的发展产生巨大的推动作用。

房地产项目全程管理是指房地产开发商全方位、全过程地有序工作并要适应市场需求,是从房地产项目策划阶段、可行性研究阶段、施工建设阶段、竣工验收阶段到制定价格阶段、物业管理阶段等全过程筹划与部署的全程管理行为。它要求开发商在每一个管理阶段都必须适应市场和客户的需求,从而使其生产的产品能被市场和客户所接受。我国房地产开发商基本完成了从向其所占有的优势土地资源和关系资源要利润,到向产品、市场和客户要利润的转变。

在房地产开发的各个阶段,都要使用大量的管理、分析、流程、申请等各类图表,为使房地产企业的所有人员在工作过程中能更方便自如地使用各类图表,我们特编写了本书。

本书根据现代房地产开发与管理理论,结合我国房地产市场的实际情况,以房地产全程管理为线索进行编写,共汇集、整理了多个房地产全程管理与营销过程中必备的图表,并在一些章节后面补充了房地产开发过程中常用的合同范本,是房地产开发管理过程中的好帮手。

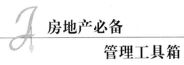
　　本书思路清晰,简明易懂,突出系统性与实用性。由于编者水平有限,书中不足之处在所难免,敬请读者批评指正。

编者

Contents

目　录

第一章　房地产项目策划阶段 …………………………… (2)

1　居民住房与需求市场调查问卷 ………………………… (2)

2　楼盘指标衡量标准一览表 ……………………………… (7)

3　竞争楼盘与竞争对手情况调查表 ……………………… (10)

4　建设项目选址意见申请表 ……………………………… (11)

5　建设项目选址意见书 …………………………………… (13)

6　申领建设用地规划许可证操作程序图 ………………… (15)

7　建设用地规划许可证 …………………………………… (16)

8　建筑工程规划设计要求申请表 ………………………… (17)

9　建筑工程设计方案送审单 ……………………………… (19)

10　申领建设工程规划许可证程序图 …………………… (20)

11　建设工程规划许可证 ………………………………… (21)

12　建筑工程项目表 ……………………………………… (23)

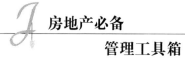

最新房地产

经营管理全套必备解决方案

第二章　房地产项目可行性研究阶段 …………………… (25)

1　可行性研究工作步骤图 ……………………………… (26)

2　房地产开发项目经济评价备选方案表 ……………… (28)

3　竞争力对比分析表 …………………………………… (29)

4　场址方案建设投资费用比较表 ……………………… (30)

5　场址方案运营费用比较表 …………………………… (31)

6　土地出让市场分析与竞争性开发项目一览表 ……… (32)

7　写字楼市场分析与用地平衡表 ……………………… (33)

8　住宅评定项目和分值表 ……………………………… (34)

9　房地产开发项目销售计划及销售收入测算表 ……… (35)

10　房地产开发项目出租计划及出租收入测算表 ……… (36)

11　房地产开发项目成本费用估算表 …………………… (37)

12　建筑工程费用与国内设备购置费估算表 …………… (38)

13　进口设备购置费估算表 ……………………………… (39)

14　建筑安装工程费用估算表 …………………………… (40)

15　工程建设其他费用估算表 …………………………… (41)

16　流动资金估算表 ……………………………………… (42)

17　小区总投资粗略估算表 ……………………………… (43)

18　项目投入总资金估算汇总表 ………………………… (45)

19　分年资金投入计划表 ………………………………… (46)

20　投资计划与资金筹措表 ……………………………… (47)

21　营业成本测算表 ……………………………………… (48)

22　营业利润测算表 ……………………………………… (49)

23　损益表 ………………………………………………… (50)

24　房地产开发项目资金使用计划表 …………………… (52)

25　房地产项目估算收入表 ……………………………… (53)

26　资金来源与运用表 …………………………………… (55)

27　贷款还本付息估算表 ………………………………… (56)

28 财务现金流量表（全部投资） ……………………… (57)

29 财务现金流量表（自有资金） ……………………… (58)

30 房地产开发项目财务报表关系图 ………………… (59)

31 房地产项目风险分析过程图 ……………………… (60)

32 房地产项目社会影响分析表 ……………………… (62)

33 社会对项目的可接受程度与风险分析表 ………… (63)

34 房地产项目风险因素和风险程度分析表 ………… (64)

35 风险因素取值评定表 ……………………………… (66)

36 建设工程可行性研究合同 ………………………… (67)

37 工程造价评估与咨询合同 ………………………… (70)

第三章　房地产项目建设基础 ………………… (73)

1 主要设备表 ………………………………………… (74)

2 主要建筑物（构筑物）工程一览表 ……………… (75)

3 建筑工程产品能耗与主要原料需要量表 ………… (76)

4 建筑工程主要燃料年需要量与距离表 …………… (77)

5 院落式组团绿地设置规定表 ……………………… (78)

6 居住区用地平衡表 ………………………………… (79)

7 居住区用地控制指标表 …………………………… (80)

8 图纸幅面规格与图纸图标表 ……………………… (81)

9 图纸会签栏与图纸常用比例尺 …………………… (82)

10 建筑物的耐久性等级表 …………………………… (83)

11 建筑物的耐火等级表 ……………………………… (84)

12 建筑物的重要性等级表 …………………………… (85)

13 墙厚名称及尺寸表 ………………………………… (86)

14 常见的屋顶类型及构造表 ………………………… (87)

15 住宅区市政、公用配套设施分类图 ……………… (89)

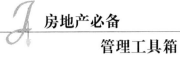

最新房地产

经营管理全套必备解决方案

第四章　房地产设计阶段的造价控制 …………………… (91)

1 工程设计阶段的设计程序 ………………………… (92)

2 设计阶段工程造价的决定因素 ………………… (95)

3 设计阶段工程造价管理的主要内容 …………… (102)

4 设计阶段工程造价控制的措施和方法 ………… (104)

5 设计方案的优化管理 …………………………… (107)

6 设计概算的编制与审查 ………………………… (126)

7 施工图预算的编制与审查 ……………………… (144)

第五章　房地产项目建设阶段 ………………………… (151)

1 前期工作阶段主要工序表 ……………………… (152)

2 开发建设期及经营管理期主要工序表 ………… (153)

3 工序时间参数表 ………………………………… (154)

4 住宅项目建设管理工作流程图 ………………… (156)

5 发包单位自行发包应配备人员条件表 ………… (157)

6 建筑施工承发包工作程序图 …………………… (158)

7 中国部分城市工程招标情况统计表 …………… (159)

8 施工招标程序图 ………………………………… (162)

9 施工投标工作程序图 …………………………… (166)

10 工程招标代理机构基本情况表 ………………… (170)

11 甲级资格机构主要招标代理项目表 …………… (172)

12 工程招标代理机构法定代表人简况表 ………… (173)

13 工程招标代理机构技术经济负责人简况表 …… (174)

14 工程招标代理机构中级以上专业技术职称或者相应执业注
册资格专职人员名单 ………………………… (175)

15 工程招标代理机构外聘中级以上专业技术职称或者相应执
业注册资格人员名单 ………………………… (176)

16 技术经济专家库 ………………………………… (177)

17 投标者须知前附表 ……………………………… （178）

18 投标书附录 …………………………………… （180）

19 进度管理横道图 ……………………………… （181）

20 进度计划网络图 ……………………………… （183）

21 住宅建设工程现场管理工作流程图 …………… （184）

22 专业人员费用和施工费用现金流表 …………… （185）

23 建造成本支出现金流分析图 …………………… （186）

24 房地产资本市场的结构分类表 ………………… （187）

25 我国房地产开发资金来源结构表 ……………… （189）

26 房地产开发过程与资金流动关系图 …………… （190）

27 房地产开发项目贷款评价指标体系表 ………… （191）

28 房地产开发投资融资关系图 …………………… （193）

29 房地产开发合作合同 …………………………… （194）

30 土地使用权出让合同 …………………………… （196）

31 建筑工程招投标合同 …………………………… （205）

32 建筑工程施工合同 ……………………………… （218）

33 房地产开发借款合同 …………………………… （257）

34 建设工程借款合同 ……………………………… （263）

35 建筑抵押借款合同 ……………………………… （265）

36 安装工程承包合同 ……………………………… （268）

第六章 房地产项目竣工验收阶段 …………… （277）

1 工程竣工验收申请表 …………………………… （278）

2 分部工程质量评定表 …………………………… （280）

3 质量保证资料检查表 …………………………… （281）

4 单位工程观感质量评定表 ……………………… （283）

5 单位工程质量综合评定表 ……………………… （286）

6 工程竣工验收条件审核表 ……………………… （287）

7 工程竣工验收报告 ……………………………… （291）

最新房地产 经营管理全套必备解决方案

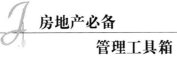

8 住宅质量保证书 ······················· （294）

9 住宅使用说明书 ······················· （295）

10 工程质量监督报告 ···················· （296）

11 项目竣工验收备案表 ·················· （299）

12 办理《新建住宅交付使用许可证》审核程序流程图 ··· （301）

13 新建住宅配套设施交付使用申请表 ······· （302）

14 新建住宅交付使用许可证申请审核受理通知书 ······· （303）

15 新建住宅"交付使用许可证"申请审核限期整改通知书
·· （304）

16 新建住宅交付使用验收意见表 ········· （306）

第七章 房地产项目定价阶段 ············ （307）

1 项目整盘定价流程图 ·················· （308）

2 年度目标定价流程图 ·················· （309）

3 新楼盘定价流程图 ···················· （311）

4 在售楼盘价格与折扣调整流程图 ········· （313）

5 可比楼盘量化定价法计算表 ············· （315）

6 定价报告审批表 ······················· （316）

7 基准试算表 ··························· （317）

8 付款方式表 ··························· （318）

9 整盘定价计划表 ······················· （319）

10 定价/实收价价目表 ··················· （321）

11 项目价格调整销售方案对比分析 ········· （323）

第八章 物业管理阶段 ·················· （325）

1 物业管理的运行机制与相互关系示意图 ······· （326）

2 物业管理制度分类表 ·················· （327）

3 物业管理投标程序图 ·················· （328）

4 物业交接验收表 ······················· （331）

5　物业接管前期员工培训计划表 ……………………（334）

6　物业入伙通知书 ……………………………………（336）

7　物业入伙手续书 ……………………………………（338）

8　收楼服务方案 ………………………………………（340）

9　入伙文件签署发放确认表 …………………………（342）

10　收楼书 ……………………………………………（343）

11　遗漏项目报告 ……………………………………（345）

12　业主登记表 ………………………………………（347）

13　区域防火责任书 …………………………………（348）

14　《住户证》申请表 …………………………………（350）

15　委托银行代收费合同 ……………………………（352）

16　业主装修申请表 …………………………………（354）

17　物业管理费通知单 ………………………………（356）

18　全国物业管理示范大厦标准及评分细则 ………（357）

19　写字楼物业管理收费标准 ………………………（366）

20　物业管理委托合同 ………………………………（369）

21　前期物业管理服务协议 …………………………（378）

参考文献 ………………………………………………（386）

第一章

房地产项目策划阶段

内容提要

1.居民住房与需求市场调查问卷
2.楼盘指标衡量标准一览表
3.竞争楼盘与竞争对手情况调查表
4.建设项目选址意见申请表
5.建设项目选址意见书
······

1 居民住房与需求市场调查问卷 ●

督导	审核	编码

问卷编号：＿＿＿＿＿＿＿

住房状况与需求市场调查

先生/女士：

　　您好！

　　我是××公司的访问员，在进行一项城市居民住房状况及需求的市场研究。想跟您谈谈这方面的问题。您的意见无所谓对错，只要真实反映您的情况和想法，都会对我们有很大帮助。完成调查后，您将收到一份小礼品，并能参加我们的抽奖活动。我们将对您的回答严格保密。希望您能在百忙之中抽出一点时间协助我们完成这次调查，请问可以吗？

　　谢谢您的支持与合作！

访问员记录部分

被访问者姓名：＿＿＿＿＿＿＿	身份证号码：＿＿＿＿＿＿＿
家庭住址：＿＿＿＿＿＿＿	联系电话：＿＿＿＿＿＿＿
访问员姓名：＿＿＿＿＿＿＿	访问员编号：＿＿＿＿＿＿＿
访问日期：＿＿＿＿＿＿＿	
2010 年＿＿月＿＿日	访问结束时间：＿＿＿＿＿＿＿
访问开始时间：＿＿＿＿＿＿＿	

综合部分

　　1. 请问您有没有在以下单位工作？　　　　　　　　　　[　　]

（1） 房地产开发公司/顾问公司 …………………… 终止访问

（2） 市场研究公司 ……………………………………… 终止访问

（3） 以上皆无 …………………………………………… 继续访问

2. 请问您个人的平均月收入是 1500 元以上吗？　　　[　　]

（这里所指的收入包括工资、奖金、津贴、投资收入、转移收入

等所有收入）

（1） 否 …………………………………………………… 终止访问

（2） 是 …………………………………………………… 继续访问

3. 请问近几年，您是否打算买房？

（1） 否 …………………………………………………… 终止访问

（2） 是 …………………………………………………… 继续访问

（一）住房现状

1. 您现在住房户型是：　　　　　　　　　　　　　[　　]

A. 两房　　　　　B. 三房　　　　C. 四房

2. 您现在住房建筑面积是：　　　　　　　　　　　[　　]

A. 70m^2 以下　　　　　B. 71～90m^2

C. 91～110m^2　　　　　D. 111～130m^2

3. 您现在的住房来源是：　　　　　　　　　　　　[　　]

A. 商品房　　　　　　　B. 自租房

C. 单位福利分房　　　　D. 购买的微利房

（二）住房需求

4. 您若买房，您的购买目的是：　　　　　　　　　[　　]

A. 自住　　　　　　　B. 投资　　　　　C. 给亲友住

5. 若购买商品房，拟选购什么户型？　　　　　　　[　　]

A. 二房一厅　　B. 二房二厅　　C. 三房一厅　　D. 三房二厅

E. 四房一厅　　F. 四房二厅　　G. 复式　　　　H. 其他：___

6. 您若购买商品房，您打算买多大面积的（建筑面积）？　[　　]

最新房地产

经营管理全套必备解决方案

A. 60～69m²　　B. 70～79m²　　C. 80～89m²　　D. 90～99m²

E. 100～109m²　F. 110～119m²　G. 120～129m²　H. 130～139m²

7. 您打算购买的住宅类型是：　　　　　　　　　　　　　　　[　　]

A. 高层住宅（层高超过 15 层）

B. 小高层住宅（约 8～15 层）

C. 多层住宅（7 层以下），有电梯

D. 多层住宅（7 层以下），没有电梯

8. 请您对住宅朝向排出您的偏好顺序：

A. 南北对流　　B. 朝南　　　　C. 朝北

D. 东西向　　　E. 朝西

最喜欢____其次喜欢____不喜欢____

9. 您希望购买的住宅的装修标准如何？　　　　　　　　　　　[　　]

A. 全毛坯

B. 提供一般装修

C. 厨卫高档装修，其他毛坯

D. 发展商提供多种套餐供买家装修，装修费另付

E. 发展商提供精装修

10. 您若购买商品房，您的厨房打算放下列什么电器？（可多选）

[　　]

A. 洗碗机　　B. 微波炉　　　C. 电冰箱　　　D. 洗衣机

11. 您若购买商品房，您的洗手间是否安置浴缸？　　　　　　[　　]

A. 同时安置浴缸和洗衣机　　　B. 只安置浴缸

C. 只安置洗衣机　　　　　　　D. 浴缸和洗衣机均不安置

12. 您理想的客厅是多大面积？　　　　　　　　　　　　　　[　　]

A. 10～15m²　　B. 16～20m²　　C. 21～25m²　　D. 26～30m²

13. 您理想的卧室是多大面积？　　　　　　　　　　　　　　[　　]

A. 8～10m²　　B. 11～12m²　　C. 13～14m²　　D. 15m² 以上

14. 您较喜欢的阳台设计是：　　　　　　　　　　　　[　]

    A. 传统式阳台　　　　B. 落地玻璃阳台

    C. 封闭式阳台　　　　D. 其他（请注明）

15. 您若购置商品房，您所能接受的总为是：　　　　　[　]

    A. ≤30 万元　　　　B. 31 万～40 万元　　　C. 41 万～50 万元

    D. 51 万～60 万元　E. 61 万～70 万元　　　F. 71 万～80 万元

    G. 81 万～100 万元 H. 101 万～110 万元　I. >110 万元

16. 您所能接受的单价是：　　　　　　　　　　　　　[　]

    A. ≤5000 元/m²　　　　　　B. 5000～6000 元/m²

    C. 6000～7000 元/m²　　　　D. 7000～8000 元/m²

    E. 8000～9000 元/m²　　　　F. 9000～10000 元/m²

    G. >10000 元/m²

17. 您希望住宅每层户数是：　　　　　　　　　　　　[　]

    A. 两户及以下　　　B. 三至四户　　　C. 五至六户

    D. 七至八户　　　　E. 九户或以上　　F. 无所谓

最后，我想问您几个关于您个人情况的问题，供资料分析使用，希望您不要介意。

18. 性别（访问员自己填写）　　　　　　　　　　　　[　]

    A. 男　　　　　　　B. 女

19. 请问您的年龄是____岁。

20. 请问您的文化程度是：　　　　　　　　　　　　　[　]

    A. 博士及其以上　　B. 硕士　　　　　C. 大学本科

    D. 大专　　　　　　E. 大专以下

21. 请问您的职业或行业是：　　　　　　　　　　　　[　]

    A. 机关/事业单位干部　　　B. 企业管理人员/厂长经理

    C. 个体户　　　　　　　　D. 专业技术人员

    E. 贸易　　　　　　　　　F. 证券

G. 建筑业　　　　　　　　H. 高科技

I. 学生　　　　　　　　　J. 拒答

22. 请问您在单位的职位是：　　　　　　　　　　　　　　　[　　]

　　A. 企业高层　　　　　B. 企业中层　　　　　C. 私营业主

　　D. 行政事业干部　　　E. 其他

23. 请问您的朋友平均月收入一般属于哪一类？　　　　　　　[　　]

　　A. 700 元以下　　　　B. 700～999 元　　　　C. 1000～1499 元

　　D. 1500～1999 元　　　E. 2000～2999 元　　　F. 3000～4999 元

　　G. 5 000 以上　　　　H. 拒答

24. 您的个人爱好是_____。

　　访问到此结束，再次谢谢您的支持！

访问员记录部分

1. 受访者的理解程度：　　　　　　　　　　　　　　　　　[　　]

　　A. 理解　　　　　　　B. 一般　　　　　　　C. 不理解

2. 受访者是否合作：　　　　　　　　　　　　　　　　　　[　　]

　　A. 合作　　　　　　　B. 一般　　　　　　　C. 不合作

2 楼盘指标衡量标准一览表••

表1-1   楼盘指标衡量标准

定级因数	指 标	分 值
位置	(1) 距所在片区中心的远近;(2) 商铺为临街或背街;(3) 写字楼为临街或背街;(4) 住宅为距所在片区的远近	(1) 最差(远)1; (2) 很差(远)2;(3) 一般3;(4) 很好(近)4;(5) 最好(近)5
价格	(1) 百元以上为等级划分基础;(2) 商铺、写字楼、豪宅、普通住宅等级依次减少;(3) 价格是否有优势	(1) 最高(远)1; (2) 很高(远)2;(3) 一般3;(4) 很低(近)4;(5) 最低(近)5
配套	(1) 城镇基础设施:供水、排水、供电;(2) 社会服务设施:文化教育、医疗卫生、文娱体育、邮电、公园绿地	(1) 最完善(远)1;(2) 最不完善(远)2;(3) 一般3;(4) 很完善(近)4
物业管理	(1) 保安;(2) 清洁卫生;(3) 内墙;(4) 绿化率及养护状况;(5) 物业管理费(月/元);(6) 是否人车分流;(7) 物业管理商资质	(1) 最差1;(2) 很差2;(3) 一般3;(4) 很好4;(5) 最好5
建筑质量	(1) 是否漏雨、漏水;(2) 门窗封闭情况;(3) 内墙、地板;(4) 排水管道	(1) 最差1;(2) 很差2;(3) 一般3;(4) 很好4;(5) 最好5

最新房地产

经营管理全套必备解决方案

定级因数	指 标	分 值
交通	(1) 大中小巴线路数量；(2) 距公交站远近；(3) 站点数量；(4) 大中小巴舒适程度	(1) 最少（远）1；(2) 很少（远）2；(3) 一般3；(4) 很多（近）4；(5) 最多（近）5
城市规划	(1) 规划期限（远中近期）；(2) 规划完善程度；(3) 规划所在区域重要性程度；(4) 规划现状	(1) 最完善（远）1；(2) 最不完善（远）2；(3) 一般3；(4) 很完善（近）4
楼盘规模	(1) 总建筑面积（在建或未建）；(2) 总占地面积；(3) 户数	(1) 最小1；(2) 很小2；(3) 一般3；(4) 很大4；(5) 最大5
朝向	(1) 按方向；(2) 按山景；(3) 按海景；(4) 视野	(1) 西（西北，西南）1；(2) 东（东南，东北）2；(3) 北（东北，西北）3；(4) 南（东南，西南）4
外观	(1) 是否醒目；(2) 是否新颖；(3) 是否高档；(4) 感官舒适程度	(1) 最差1；(2) 很差2；(3) 一般3；(4) 很好4；(5) 最好5
室内装饰	(1) 高档；(2) 实用；(3) 功能是否完善；(4) 质量是否可靠	(1) 最差1；(2) 很差2；(3) 一般3；(4) 很好4；(5) 最好5
环保	(1) 空气；(2) 噪音；(3) 废物；(4) 废水	(1) 最差1；(2) 很差2；(3) 一般3；(4) 很好4；(5) 最好5
发展商实力及信誉	(1) 资格及资质；(2) 开发楼盘多少；(3) 楼盘质量；(4) 品牌	(1) 最差（少）1；(2) 很差（少）2；(3) 一般3；(4) 很好（多）4；(5) 最好（多）5
付款方式	(1) 一次性付款；(2) 分期付款；(3) 按揭付款；(4) 其他	(1) 最差1；(2) 很差2；(3) 一般3；(4) 很好4；(5) 最好5

续表

定级因数	指　　标	分　　值
户型设计	（1）客厅和卧室的结构关系；（2）厨房和厕所的结构关系；（3）是否有暗房；（4）实用率大小	（1）最差1；（2）很差2；（3）一般3；（4）很好4；（5）最好5
销售情况	（1）销售进度；（2）销售率；（3）盘尾状况	（1）最差1；（2）很差2；（3）一般3；（4）很好4；（5）最好5
广告	（1）版面大小；（2）广告频率；（3）广告创意	（1）最差（少）1；（2）很差（少）2；（3）一般3；（4）很好（多）4；（5）最好（多）5
停车位数量	（1）停车位数量；（2）住房方便程度	（1）最差（少）1；（2）很差（少）2；（3）一般3；（4）很好（多）4；（5）最好（多）5

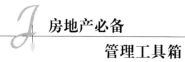

3 竞争楼盘与竞争对手情况调查表 ························ ●

房地产公司在项目策划阶段，需对竞争楼盘与竞争对手情况进行调查，如表 1-2 所示。

表 1-2 　　　　　　　　竞争楼盘与竞争对手情况调查

项目 名称 因素及权重	序号	楼盘名称	楼盘名称	楼盘名称	备注
位置 0.5	1				
价格 0.5	2				
配套 0.4	3				
物业管理 0.3	4				
建筑质量 0.3	5				
交通 0.3	6				
城市规划 0.3	7				
楼盘规模 0.3	8				
朝向 0.3	9				
外观 0.1	10				
室内布置 0.2	11				
环保 0.2	12				
发展商信誉 0.1	13				
付款方式 0.2	14				
户型设计 0.1	15				
销售情况 0.1	16				
广告 0.1	17				
停车位数量 0.1	18				
合　计					

4 建设项目选址意见申请表 ─────────────●

凡是新建或拆迁单位需要使用土地的，原址扩建需要使用本单位以外的土地的，需改变本单位土地使用性质的建设项目，应申请"建设项目选址意见书"，并作为上报可行性研究报告的依据，如表 1 – 3 所示。

表 1 – 3   **建设项目选址意见申请表**

收件编号：   选址意见书编号：

                                         选址意见通知文号：

收件日期：   发文日期：

建设单位	名称		单位隶属		建设单位盖章
	地址		邮政编码		
	联系人		电话		
	项建书批准机关		批准文件		
建设项目基本情况	项目名称			投资性质	
	建筑面积		m²	总投资	万元
	建设内容				
	建筑内容			主要产品	
	市政公用设施用量及供应方式	运输量	t/年	运输方式	
		用水量	m³/d	用电量	kW
		总排水量	m³/d	排水方式	
		煤气用量	m³/d	通讯	
	三废、噪声、振动情况				
	对周围地区控制要求				

建设项目选址意向	用地位置	区（县）　　镇（乡）　　路（村）　　号（队）			
	用地目前使用单位			用地目前用途	
	用地面积		m²	土地权属	
	用地范围	东至　　　　西至　　　　南至　　　　北至			
	拆迁民房情况	居民　　　　户，面积　　　　m²			
		农民　　　　户，面积　　　　m²			
	拆迁单位情况				

随同本申请表应附送下列图纸、文件：批准的建设项目建议书或其他有关计划文件；原址或有建设项目选址意见书的，附 1/500 或 1/1000 地形图 3 份（应标明原址用地界限或选址意向用地位置）；如未有选址意向的，待明确选址后补送地形图；属原址改建需改变土地使用性质的，须附送土地权属证（复印件）一份，其中联建的应送协议等文件；大中型建设项目应附送相应资质的规划资质单位作出的选址论证；原址改建的，附送土地权属证件复印件，属联建的送联建协议；其他需要说明的图纸、文件等。

最新房地产

经营管理全套必备解决方案

5 建设项目选址意见书

规划管理部门在受理住宅项目选址申请后，必须根据原项目批准书，用地预申请批准书，从以下4个协调性方面进行审核：

（1）审核住宅项目选址与城市规划布局的协调性；

（2）审核住宅项目选址与城市交通、通信、能源、市政、防灾等规划的衔接与协调性；

（3）审核住宅项目配套的生活设施与所在地区生活居住区及公共设施规划的衔接与协调性；

（4）审核住宅项目与城市环境保护、风景名称、文物保护等方面的协调性。

经审核同意，规划管理部门将核发"建设项目选址意见书"，如表1-4所示。

表1-4 建设项目选址意见书

编号： 书（ ）第 号

根据《中华人民共和国城市规划法》第三十二条规定，经审核本建设项目选址符合城市规划要求，同意发给建设项目选址意见书。

建设单位名称	
建设项目名称	
建设用地位置	
建设工程性质	
用地规模性质	
建设用地面积	

续表

附件及附图名称：

1.《关于核发×××建设项目选址意见书的通知》

〔编号：（　　　）第　　　号〕一份

2. 设计范围核定图一份

核发机关：

日　期：

　　"建设项目选址意见书"（含附件及附图）是城市规划区内，经城市规划管理部门审定核发的法律性文件，是建设单位编报建设项目可行性研究报告的法律依据。未经核发机关同意，"建设项目选址意见书"（含附件及附图）核定的有关要求不得变更。建设单位在取得建设项目选址意见书后 6 个月，建设项目可行性研究报告未经批准又未申请延期，"建设项目选址意见书"即行失效。

6 申领建设用地规划许可证操作程序图 ━━━━━━●

房地产公司申领"建设用地规划许可证"程序如图 1 - 1 所示。

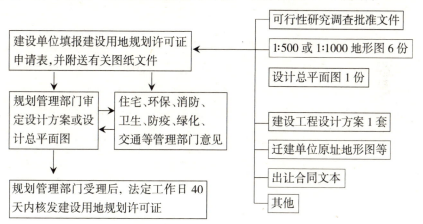

图 1 - 1　申领建设用地规划许可证操作程序

7 建设用地规划许可证

　　建设用地规划许可证是城市规划区内，经城市规划行政主管部门审核，许可用地的法律凭证；凡未取得建设用地规划许可证，而取得建设用地批准文件占用土地的，批准文件无效；未经发证机关审核同意，建设用地规划许可证的有关规定不得变更；建设用地规划许可证所需附图与附件由发证机关依法确定，与建设用地规划许可证具有同等法律效力。如表 1-5 所示。

表 1-5　　　　　　　　　　建设用地规划许可证

中华人民共和国

建设用地规划许可证

编号　　　　　地（　）号

　　根据《中华人民共和国城市规划法》第三十条规定，经审定，本用地项目符合城市规划要求，准予办理征用划拨土地手续。

　　　　特发此证

　　　　　　　　　　　　　　　发证机关：

　　　　　　　　　　　　　　　日　　期：

用地单位	
用地项目名称	
用地位置	
用地名称	

附件及附图名称：

1.《关于核发建设用地规划许可证的通知》

　　[（　）第　　号]一份

2. 建设用地规划许可证范围图一份

8 建筑工程规划设计要求申请表 ●

建筑工程规划设计要求申请如表 1-6 所示。

表1-6　　　　　　　建筑工程规划设计要求申请

（限于在原址建设且不涉及改变原址用地性质的建筑工程）

收件编号：　　　　　　　　　　　　收件日期：

<table>
<tr><td rowspan="5">建设单位</td><td>名　称</td><td></td><td>单位隶属</td><td></td><td rowspan="5">建设单位盖章</td></tr>
<tr><td>地　址</td><td></td><td>联系人</td><td></td></tr>
<tr><td>电　话</td><td></td><td>邮政编码</td><td></td></tr>
<tr><td>建设地点</td><td colspan="3">区（县）　镇（乡）　路（村）　号（队）</td></tr>
<tr><td colspan="4"></td></tr>
<tr><td rowspan="2">建设计划</td><td>批准机关</td><td></td><td>批准文号</td><td></td><td></td></tr>
<tr><td>投资性质</td><td></td><td>总投资（万元）</td><td></td><td></td></tr>
<tr><td rowspan="4">建筑工程名称</td><td>建筑物名称</td><td>建筑面积（m²）</td><td>建筑物名称</td><td colspan="2">建筑面积（m²）</td></tr>
<tr><td></td><td></td><td></td><td colspan="2"></td></tr>
<tr><td></td><td></td><td></td><td colspan="2"></td></tr>
<tr><td></td><td></td><td></td><td colspan="2"></td></tr>
<tr><td rowspan="4">拆房情况</td><td>建筑物名称</td><td>结构</td><td>层数</td><td>建筑面积（m²）　产权　是否危房</td><td></td></tr>
<tr><td></td><td></td><td></td><td></td><td></td></tr>
<tr><td></td><td></td><td></td><td></td><td></td></tr>
<tr><td></td><td></td><td></td><td></td><td></td></tr>
</table>

　　随同设计要求申请表，应附送下列图纸、文件：建设工程计划批准文件；建设基地的土地使用权属证件（复印件）；需要拆除基地内房屋

的，加送房屋权属证件（复印件）；危房翻建的，加送危房鉴定报告；建设基地的地形图2份（向市测绘院晒印，比例1/500或1/1 000），建设单位应在地形图上划示本单位基地范围及拟建工程位置；同时报送项目可行性研究报告、建设基地地形图和权属证件等。

9 建筑工程设计方案送审单 ●

建设单位必须填报"建筑工程设计方案送审单",如表1-7所示。

表1-7 建筑工程设计方案送审单

收件编号： 收件日期：

建设单位	名　称		单位隶属		建设单位 盖章
	地　址		联系人		
	电　话		邮政编码		
	建设地点	区(县)　镇(乡)　路(村)　号(队)			
建设计划	名　称				设计 单位 盖章
	地　址		邮政编码		
	勘察设计 证书编号				
	设计负责人		电　话		
建筑工程名称	建筑物名称	建筑面积（m²）		建筑物名称	建筑面积（m²）
建筑设计指标	用地面积（m²）			绿地率	
	建筑容积率			建筑高度	
	建筑密度			其他	

建设单位应随本送审单附送下列图纸、文本:规划管理部门核发的建设项目选址意见书(复印件)或建筑工程规划设计要求通告单(复印件);建设基地的地形图一份(向测绘院晒印,比例1/500或1/1000),并应在地形图上划示拟建工程的基地范围及工程位置;建筑设计方案图(总面积图、平、立、剖面图)二套,需加盖设计单位的设计方案或初步设计图章。

最
新
房
地
产

经
营
管
理
全
套
必
备
解
决
方
案

10　申请建设工程规划许可证程序图 ·················· ●

建设单位申领"建设工程规划许可证"程序如图 1 - 2 所示。

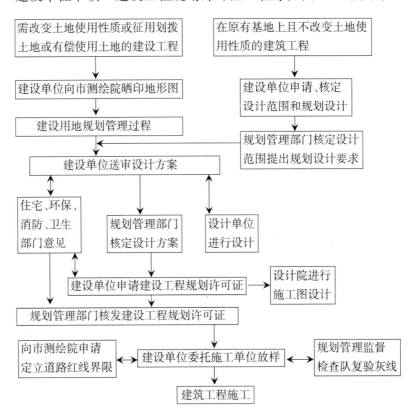

图 1 - 2　申领建设工程规划许可证程序

11 建设工程规划许可证 ●

"建设工程规划许可证"式样如表1-8所示。

表1-8 建设工程规划许可证

中华人民共和国

建设用地规划许可证

编号 第( )号

根据《中华人民共和国城市规划法》第三十二条规定，经审定，本建设工程符合城市规划要求，准予建设。

特发此证

发证机关：

日 期：

建设单位	
建设项目名称	
建设位置	
建设规模	

附件及附图名称：

1. 建筑工程项目表一份

2. 建筑工程位置地形图一份

3. 建筑工程总平面图一份

4. 建筑工程建筑施工图一套

　　建设工程规划许可证是城市规划区内，经城市规划行政主管部门审定，许可建设各类工程的法律凭证。凡未取得建设工程规划许可证或不按建设工程规划许可证规定进行建设的，均属违法建设。未经发证机关许可，建设工程规划许可证的各项规定均不得随意变更。建设工程施工期间，根据城市规划行政主管部门的要求，建设单位有义务随时将建设工程规划许可证提交查验。建设工程规划许可证所需附图与附件由发证机关依法确定，与建设工程规划许可证具有同等法律效力。

建设单位必须按照建设工程规划许可证核准的图纸施工，如变更使用性质、建筑面积、高度、结构和总平面布置的，需经原发证部门审核同意。施工开挖地基，如遇有文物、测量标志、管线等，应立即报告各主管单位处理。领得建设工程规划许可证后，应在6个月内按规定进行建设，逾期进行建设的，应向原发证部门申请延期。申请延期未经批准或逾期未进行建设，建设工程规划许可证自行失效。

12 建筑工程项目表

"建设工程规划许可证"的附件"建筑工程项目表",如表 1-9 所示。

表 1-9　　　　　　　　　　建筑工程项目表

建设地址:　　　　　区(县)　　　　镇(乡)　　　　路(村)　　　号(队)

建筑工程项目:

建筑物名称	结构	层数	高度(m)	栋数	面积(m²)
围墙	长度		m	高度	m
拆除建筑物	面积		m²	结构	
备注					

第二章

房地产项目可行性研究阶段

内容提要

1. 可行性研究工作步骤图
2. 房地产开发项目经济评价备选方案表
3. 竞争力对比分析表
4. 场址方案建设投资费用比较表
5. 场址方案运营费用比较表
......

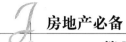

1　可行性研究工作步骤图 ------------------------●

项目可行性研究按以下 5 个步骤进行。

（1）接受委托。

在项目建议被批准之后，开发商即可委托咨询评估公司对拟开发项目进行可行性研究。双方要签订合同，明确规定可行性研究的工作范围、目标意图、进度安排、费用支付办法及协作方式等内容；承办单位在接受委托时，应获得项目建议书和有关项目背景介绍资料，搞清楚委托者的目的和要求，明确研究内容，制订计划，并收集有关的基础资料、指标、规范、标准等基本数据。

（2）调查研究。

调查研究主要从市场调查和资源调查两方面进行。调查研究应查明和预测市场供给和需求量、价格、竞争能力等，以便确定项目的经济规模和项目构成。资源调查包括建设地点、开发项目用地现状、交通运输条件、外围基础设施、环境保护、水文地质、气象等方面的调查，为下一步的规划方案设计、技术经济分析提供准确的资料。

（3）方案选择和优化。

根据项目建议书的要求，结合市场和资源调查，对收集到的资料进行论证和比较，会同委托部门明确方案选择的重大原则问题和优选标准，采用技术经济分析的方法，评选出合理的方案。研究论证项目在技术上的可行性，并进一步确定项目规模、构成、开发进度。

（4）财务评价和国民经济评价。

对经上述分析后所确定的最佳方案，在估算项目投资、成本、价格、收入等基础上，对方案进行详细财务评价和国民经济评价。研究论证项目在经济上的合理性和盈利能力，进一步提出资金筹措建议和项目实施总进度计划。

（5）编制可行性研究报告。

经过上述分析与评价，即可编制详细的可行性研究报告，推荐一个以上的可行方案和实施计划，提出结论性意见、措施和建议，供决策者作为决策依据。

上述工作步骤如图 2 – 1 所示。

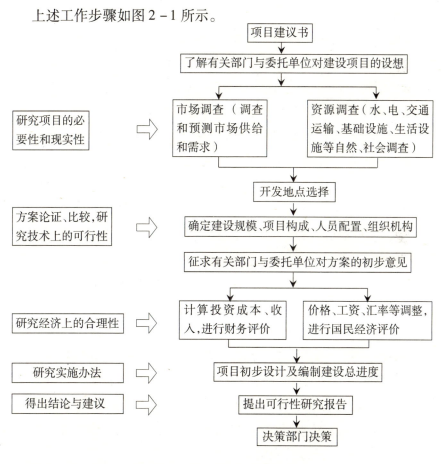

图 2 – 1　可行性研究工作步骤

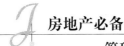

房地产必备
管理工具箱

最新房地产

经营管理全套必备解决方案

2 房地产开发项目经济评价备选方案表⋯⋯⋯⋯●

构造评价方案，就是在项目策划的基础上，构造出可供评价比较的具体开发经营方案。开发项目是否分期进行以及如何分期、开发项目拟建设的物业类型及不同物业类型的比例关系、建筑面积的规模和物业档次、合作方式与合作条件、拟投入资本金的数量和在总投资中的比例、租售与自营的选择及各自在总建筑面积中的比例等，都需要在具体的评价方案中加以明确。

如果允许上述影响评价方案构造的因素任意组合，则会出现非常多的被选方案。在实际操作过程中，通常按照开发项目是否分期以及其开发经营方式，有时还会考虑物业类型的匹配结构，构造2～4个基本评价方案。对于其他因素的影响规律，则可以通过敏感性分析把握。表2-1为某房地产开发项目评价方案构造结果范例。

表 2 - 1　　　　　房地产开发项目经济评价备选方案

建设内容与经营方式 ＼ 是否分期开发	写字楼、公寓	写字楼、商场
	销售	出租
不分期	评价方案一	评价方案三
分两期	评价方案三	评价方案四

3 竞争力对比分析表 ————————————————●

竞争力分析是研究拟建项目在国内外市场竞争中获胜的可能性和获胜能力。进行竞争力分析，既要研究项目自身竞争力，也要研究竞争对手的竞争力，并进行对比。以此进一步优化项目方案，扬长避短，发挥竞争优势。

选择项目目标市场范围内，占市场份额较大、实力较强的几家竞争对手，将项目自身条件与竞争对手条件的优势、劣势对比并排序。竞争力对比分析表如表 2－2 所示。

表 2－2 　　　　　　　　　竞争力对比分析

序号	比较内容	本项目优势、劣势	竞争对手优势、劣势				本项目与竞争对手对比后的优势、劣势排序
			国内竞争对手		国际竞争对手		
			对手Ⅰ	对手Ⅱ	对手Ⅰ	对手Ⅱ	
1	自然资源占有						
2	技术装备						
3	规模效益						
4	开发能力						
5	质量性能						
6	价格						
7	品牌						
8	区位						
9	人力资源						

注：竞争力优势、劣势分析尽可能定量表示。

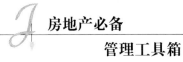

4 场址方案建设投资费用比较表 ·························●

根据房地产项目的建设投资比较的内容，编制场址方案运营费用比较表，如表2－3所示。

表2－3　　　　　　　　场址方案建设投资费用比较　　　　单位：万元

序号	比　较　内　容	建设投资		
		方案1	方案2	方案3
1.	**土地购置费**			
	土地费用			
	拆迁安置费用			
	……			
2.	**场地平整费**			
	土方工程			
	石方工程			
	……			
3.	**基础工程费**			
	基础处理费			
	抗震措施费			
	……			
4.	**场外运输投资**			
	铁路专用线			
	公路			
	码头			
	管道			
	……			
5.	**场外公用工程投资**			
	给水工程			
	排水工程			
	供电工程			
	供热工程			
	……			
6.	**防洪工程投资**			
7.	**环境保护投资**			
8.	**临时建筑设施费用**			
	合计			

5 场址方案运营费用比较表

根据房地产项目的运营费用比较的内容，编制场址方案运营费用比较表，如表2-4所示。

表2-4 　　　　　　　　　　场址方案运营费用比较 　　　　　　单位：万元

序号	比 较 内 容	运营费用		
		方案1	方案2	方案3
1	原材料及燃料运输费			
2	产品运输费			
3	动力费			
4	排污费			
5	其他			
	合计			

6 土地出让市场分析与竞争性开发项目一览表·······●

（1）土地出让市场分析表。

在进行房地产项目市场分析时，应编制土地出让市场分析表，如表2-5所示。

表2-5　　　　　　　　　　　土地出让市场分析

地块编号	土地坐落	占地面积	容积率	土地使用性质	地价			出让日期	受让单位名称
					总价（元）	单位地价（元/m²）	楼面地价（元/m²）		

（2）竞争性开发项目一览表。

在进行房地产项目市场分析时，应编制竞争性开发项目一览表，如表2-6所示。

表2-6　　　　　　　　　　　竞争性开发项目汇总

项目名称	坐落地点	占地面积（m²）	建筑面积（m²）	用地性质	开发商名称

7 写字楼市场分析与用地平衡表

（1）写字楼市场分析表。

在进行房地产项目市场分析时，应编制写字楼市场分析表，如表2－7所示。

表2－7 写字楼市场分析

项目名称	坐落地点	建筑面积（m²）	售价或租金（元/m²）	入伙日期	开发商名称

（2）用地平衡表。

用地平衡表是用地面积指标，表示居住区内各类用地的面积和比例。用地平衡表既可以用于对土地利用现状进行分析，作为调整用地和制定规划的依据，也可以进行方案比较，分析方案的经济性和合理性，还可以作为居住区规划方案的审批依据。用地平衡表如表2－8所示。

表2－8 用地平衡比较

项目		现　状			规　划		
		面积（m²）	人均（m²/人）	比重（%）	面积（m²）	人均（m²/人）	比重（%）
居住区总用地							
居住用地	住宅用地						
	公建用地						
	道路用地						
	公共绿地						
其他用地							

＊此为行业习惯用单位。

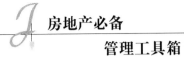

8 住宅评定项目和分值表 ●

我国评价 AAA 级、AA 级、A 级住宅的评定项目和分值如表 2 – 9 所示。

表 2 – 9　　　　　　　　　　住宅评定项目和分值

评定项目名称	AAA			AA			A		
	分项数目	指标数目	评定分值	分项数目	指标数目	评定分值	分项数目	指标数目	评定分值
合理用地	3	13	15	3	11	15	3	10	15
用水和节水	6	15	15	6	15	15	5	13	15
绿地和环境景观	4	20	28	4	18	28	4	15	28
室外噪音与空气	2	6	10	2	5	10	2	3	10
环境卫生	2	6	10	2	5	10	2	5	10
公共设施服务	2	18	22	2	17	22	2	14	22
合　计	19	78	100	19	71	100	18	60	100

9 房地产开发项目销售计划及销售收入测算表……●

在进行房地产开发项目可行性研究时，编制房地产开发项目销售计划及销售收入测算表，如表2－10所示。

表 2－10   房地产开发项目销售计划及销售收入测算

单位：建筑面积（m²），销售收入（元）

销售期间		第 1 期		第 2 期		…	第 N 期		合计
销售计划	面积								
	百分比								
	期间	百分比	销售收入	百分比	销售收入		百分比	销售收入	
收款计划	第 1 期								
	第 2 期								
	第 3 期								
	第…期								
	第 N 期								
总 计									

注：期间可结合项目情况按年、半年、季度或月份划分。

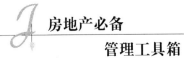

管理工具箱

最新房地产

经营管理全套必备解决方案

10　房地产开发项目出租计划及出租收入测算表···●

在进行房地产开发项目可行性研究时，编制房地产开发项目出租计划及出租收入测算表，如表2-11所示。

表2-11　　　　　　　房地产开发项目出租计划及出租收入测算

单位：建筑面积（m²），出租收入（元）

序号	项目名称	建设期					经营期	
		第1期	第2期	第3期	…	…	… 第N-1期	第N期
1	可出租建筑面积							
2	单位租金							
3	可能毛租金收入							
4	出租率（%）							
5	有效毛租金收入							
6	转售收入							
7	转售成本及税费							
8	净转售收入							

---

11 房地产开发项目成本费用估算表

为了便于对房地产开发项目各项成本与费用进行分析和比较，常把估算结果以汇总表的形式列出，如表2-12所示。在实际项目成本估算中，有关成本费用项目的列示并非一成不变。

表2-12　　　　房地产开发项目成本费用估算

建设内容　　费用项目	建设内容 I（建筑面积 m²）		建设内容 II（建筑面积 m²）		合计	
	单位（元/m²）	总价（万元）	单位（元/m²）	总价（万元）	单位（元/m²）	总价（万元）
一、土地费用						
1. 土地出让金						
2. 城市建设配套费						
3. 征地、拆迁安置补偿费						
二、前期工程费						
1. 可行性研究费						
2. 勘察设计费						
3. 七通一平费						
三、房屋开发费						
1. 建安工程费						
2. 附属工程费						
3. 室外工程费						
4. 其他费用						
四、开发间接费						
五、管理费（含市场推广费）						
六、基础设施费						
七、财务费用						
八、不可预见费						
成本费用总计						

房地产必备
管理工具箱

最新房地产
经营管理全套必备解决方案

12 建筑工程费用与国内设备购置费估算表

（1）建筑工程费用估算表。

建筑工程费用估算需要编制建筑工程费用估算表，如表2－13所示。

表2－13 建筑工程费用估算

序号	建、构筑物名称	单位	工程量	单价（元）	费用合计（万元）

（2）国内设备购置费估算表。

国内设备购置费为设备出厂价加运杂费。设备运杂费主要包括运输费、装卸费和仓库保管费等，运杂费可按设备出厂价的一定百分比计算。应编制国内设备购置费估算表，如表2－14所示。

表2－14 国内设备购置费估算

序号	设备名称	型号规格	单位	数量	设备购置费		
					出厂价（元）	运杂费（元）	总价（万元）
	合计						

13　进口设备购置费估算表 ●

进口设备购置费由进口设备货价、进口从属费用及国内运杂费组成。进口设备货价按交货地点和方式的不同，分为离岸价（FOB）与到岸价（CIF）两种价格。进口从属费用包括国外运费、国外运输保险费、进口关税、进口环节增值税、外贸手续费、银行财务费和海关监管手续费。国内运杂费包括运输费、装卸费、运输保险费等。进口设备购置费估算表如表2－15所示。

表2－15　　　　　　　　进口设备购置费估算　　　单位：万元（或万美元）

序号	设备名称	台套数	离岸价	国外运费	国外运输保险费	到岸价	进口关税	消费税	增值税	外贸手续费	银行财务费	海关监管手续费	国内运杂费	设备购置费总价
1	设备A													
2	设备B													
3	设备C													
4	设备D													
5	设备E													
	…													
	合计													

注：难以按单台（套）计算进口设备从属费用的，可按进口设备总离岸价估算。

房地产必备
管理工具箱

最新房地产

经营管理全套必备解决方案

14 建筑安装工程费用估算表

安装工程费估算应编制安装工程费用估算表，如表 2 - 16 所示。

表 2 - 16　　　　建筑安装工程费用估算

序号	安装工程名称	单　位	数　量	指标（费率）	安装费用（万元）
1	设备				
	A				
	B				
	……				
2	管线工程				
	A				
	B				
…	…				
	合计				

15 工程建设其他费用估算表 ·····························●

工程建设其他费用按各项费用科目的费率或者收费标准估算，编制工程建设其他费用估算表，如表2－17所示。

表2－17　　　　　　　　工程建设其他费用估算　　　　　　单位：万元

序号	费用名称	计算依据	费率或标准	总价
1	土地使用费			
2	建设单位管理费			
3	勘察设计费			
4	研究试验费			
5	建设单位临时设施费			
6	工程建设监理费			
7	工程保险费			
8	施工机构迁移费			
9	引进技术和进口设备其他费用			
10	联合试运转费			
11	生产职工培训费			
12	办公及生活家具购置费			
…	……			
	合计			

注：上表所列费用科目，仅供估算工程建设其他费用参考。项目的其他费用科目，应根据拟建项目实际发生的具体情况确定。

16 流动资金估算表

根据流动资金各项估算的结果，编制流动资金估算表，如表 2 – 18 所示。

表 2 – 18　　　　　　　　流动资金估算　　　　　　单位：万元

序号	项目	最低周转天数	周转次数	投产期 3	达产期 4	5	6	…	n
1	**流动资产**								
1.1	应收账款								
1.2	存货								
1.2.1	原材料								
1.2.2	燃料								
1.2.3	在产品								
1.2.4	产成品								
1.3	现金								
2	**流动负债**								
2.1	应付账款								
3	**流动资金（1－2）**								
4	**流动资金本年增加额**								

17 小区总投资粗略估算表 ●

总投资估算的准确与否，不仅影响对项目财务、经济效益的正确分析，而且影响项目资金筹措、建设中资金供应。因此，应尽量估算得切合实际，并适当留有余地，以保证项目的顺利实施。小区总投资估算表，如表 2 – 19 所示。

表 2 – 19 小区总投资估算

项目内容	单方投资（元/m^2）	投资额（万元）
A. 土地使用费		
B. 前期开发费		
B 1. 可行性研究费		
B 2. 勘察设计费（C 项×2.5%）		
B 3. 工程设计招标管理费		
B 4. 工程施工招标管理费		
B 5. 施工招标代理费（C 项×0.35%）		
B 6. 人防费		
B 7. 执照费 ［（C2 项 + C3 项）×0.1%］		
B 8. 审照费（B7×50%）		
C. 建筑安装工程费		
C 1. 桩基础工程费		
C 2. 土建工程费		
C 3. 水电设备及安装费		
C 4. 电梯设备及安装费		
D. 工程监理费（C 项×1.4%）		
E. 配套设施费		
E 1. 小区内配套设施费		
E 1.1 供电配套工程费		
E 1.2 供水管道工程费		

续表

项目内容	单方投资（元/m²）	投资额（万元）
E 1.3　泵房建设费		
E 1.4　供水征询费及排管贴费		
E 1.5　燃气管道工程		
E 1.6　通信工程费（含宽带网）		
E 1.7　环卫设施及补贴费		
E 1.8　排污处理费		
E 1.9　绿化建设费		
E 1.10　保安设施费		
E 1.11　有线电视费		
E 1.12　智能化设施费		
E 1.13　小区总体及道路设施费		
E 2. 住宅建设配套费		
F. 建设单位管理费（A、C、E项×2.5%）		
G. 工程保险费（C项×0.3%）		
H. 工程承包管理费		
（A～H项）工程费和工程建设其他费		
I. 预备费		
I 1. 基本预备费（A～H项×3%）		
（A～I 1项）固定资产静态投资部分		
I 2. 涨价预备费		
（A～I项）除贷款利息外的固定投资		
J. 固定资产投资方向调节税		
K. 开发期贷款利息		
（A～K项）合计为总投资估算值		

18 项目投入总资金估算汇总表 ----------------•

按投资估算内容和估算方法估算各项投资并进行汇总，编制项目投入总资金估算汇总表，如表 2 - 20 所示。

表 2 - 20　　　　　　　项目投入总资金估算汇总　　　单位：万元（或万美元）

序号	费用名称	投资额		外汇占项目投入总资金的比例（%）	估算说明
		合计	其中：外汇		
1	**建设投资**				
1.1	建设投资静态部分				
1.1.1	建筑工程费				
1.1.2	设备及工器具购置费				
1.1.3	安装工程费				
1.1.4	工程建设其他费用				
1.1.5	基本预备费				
1.2	建设投资动态部分				
1.2.1	涨价预备费				
1.2.2	建设期利息				
2	**流动资金**				
3	**项目投入总资金**（1 + 2）				

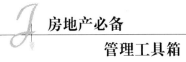

最新房地产

经营管理全套必备解决方案

19　分年资金投入计划表 ················· ●

估算出项目投入总资金后，应根据项目实施进度的安排，编制分年资金投入计划表，如表 2 - 21 所示。

表 2 - 21　　　　　　　分年资金投入计划　　　单位：万元（或万美元）

序号	名称	人民币			外汇		
		第一年	第二年	…	第一年	第二年	…
	分年计划（%）						
1	建设投资（不含建设期利息）						
2	建设期利息						
3	流动资金						
4	项目投入总资金（1 + 2 + 3）						

20 投资计划与资金筹措表 ●

投资计划根据项目投资估算和项目进度计划制订。资金筹措要求满足投资计划中对资金的使用要求。投资计划与资金筹措表如表 2 - 22 所示。

表 2 - 22　　　　　　　　　投资计划与资金筹措　　　　　　单位：万元

序号	项目名称	合计	建设经营期				
			第 1 期	第 2 期	第 3 期	…	第 N 期
1	项目投资总额						
1.1	开发建设投资						
1.2	流动资金						
	小计						
2	资金筹措						
2.1	资本金						
2.2	借贷资金						
2.3	预租售收入						
2.4	其他						
	小计						

说明：（1）预售收入来源于投资回收和未分配利润；（2）建设经营期可进一步细分为建设期和经营期；（3）期间可按年、半年、季度、月划分。

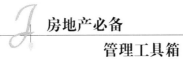
21 营业成本测算表

营业成本测算表主要反映房地产开发项目计算期内各年的开发成本费用、销售费用、经营成本等，如表2-23所示。

表2-23　　　　　　　　　　营业成本测算　　　　　　　　单位：万元

序号	项目名称	合计	建设经营期				
			第1期	第2期	第3期	…	第N期
1	开发成本费用						
2	销售费用						
3	经营成本						
	合计						

22 营业利润测算表

营业利润预测表主要反映开发项目计算期内各年的利润总额、所得税及税后利润的分配情况，用以计算投资（成本）利润率、投资利税率和资本金利润率等指标，如表2-24所示。

表2-24　　　　　　　　　　营业利润测算　　　　　　单位：万元

序号	项目名称	合计	建设经营期				
			第1期	第2期	第3期	…	第N期
1	租售收入						
2	两税一费						
3	开发成本费用						
4	销售成本						
5	经营成本						
6	土地增值税						
7	开发利润						
8	所得税						
9	税后利润						
10	职工奖励基金						
11	企业发展基金						
12	可供分配利润 归还垫支利润						
12.1	盈余公积金						
12.2	应付利润						
12.3	未分配利润						

23 损益表

损益表反映项目计算期内各年的利润总额、所得税及税后利润的分配情况，用以计算投资利润率、投资利税率和资本金利润率等指标，如表 2－25 所示。

表 2－25　　　　　　　　　　损益表　　　　　　　　单位：万元

项目	建设期		销售期				合计
	第 1 年	第 2 年	第 3 年	第 4 年	第 5 年	…	
1. 销售收入							
2. 总成本							
3. 销售税金及附加							
4. 土地增值税							
5. 利润总额							
6. 所得税							
7. 税后利润							
7.1　盈余公积金							
7.2　应付利润							
7.3　未分配利润							
累计未分配利润							

损益表包括销售收入、总成本、销售税金及附加、土地增值税、利润总额、所得税、税后利润、盈余公积金、应付利润和未分配利润等项目，其表达式为：

利润总额＝销售利润－总成本－销售税金及附加－土地增值税

税后利润＝利润总额－所得税

税后利润＝盈余公积金＋应付利润＋未分配利润

　　在损益表中，盈余公积金为法定盈余公积金。根据有关规定，按照税后利润扣除被没收的财务损失、支付各项税收、滞纳金、罚款以及弥补以前年度亏损后的 10% 提取。当盈余公积金已达到注册资本的 50% 时可以不再提取；应付利润为按规定应付给投资者的利润，包括对国家投资分配利润、对其他单位投资分配利润、对个人投资分配利润等；未分配利润为税后利润中扣除盈余公积金和应付利润后的余额。

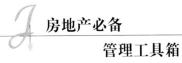

24 房地产开发项目资金使用计划表 ················●

　　房地产项目应根据可能的建设进度和将会发生的实际付款时间和金额，编制资金使用计划表。在房地产项目可行性研究阶段，计算期可取年、半年、季度、月为单位，资金使用计划按期编制。编制资金使用计划应考虑各种投资款项的付款特点，要充分考虑预收款、欠付款、预付订金以及按工程进度付款的具体情况。房地产开发项目资金使用计划，如表 2-26 所示。

表 2-26　　　　　　房地产开发项目资金使用计划　　　　　　单位：万元

时间 费用项目	合计	开发经营期					
		1	2	3	4	…	n
1　土地费用							
1.1　土地出让金							
1.2　城市建设配套费							
1.3　征地拆迁补偿费							
1.4　手续费及税金							
2　前期工程费							
2.1　可行性研究费							
2.2　勘察设计费							
2.3　"三通一平"费							
3　房屋开发费							
3.1　建筑安装工程费							
3.2　公共配套设施建设费							
3.3　基础设施建设费							
4　管理费							
5　财务费用							
6　销售费用							
7　开发期税费							
8　其他费用							
9　不可预见费							
合　计							

25 房地产项目估算收入表 ●

估算房地产开发项目的收入,首先要制订切实可行的租售计划(含销售、出租、自营等计划)。租售计划的内容通常包括:拟租售物业的类型、时间和相应的数量、租售价格、租售收入及收款方式。租售计划应遵守政府有关租售和经营的规定,并与开发商的投资策略相配合。

(1)租售方案。租售物业的类型与数量,要结合房地产开发项目可提供的物业类型、数量来确定,并要考虑到租售期内房地产市场的可能变化对租售数量的影响。对于一个具体的房地产开发项目而言,此时必须明确:出租面积和出售面积的数量及其与建筑物的对应关系,在整个租售期内每期(年、半年、季度、月)拟销售或出租的物业类型和数量,综合用途的房地产开发项目应按不同用途或使用功能划分。

(2)租售价格。租售价格应在房地产市场分析的基础上确定,一般可选择在位置、规模、功能和档次等方面可比的交易实例,通过对其成交价格的分析与修正,最终得到房地产项目的租售价格。也可以参照房地产开发项目产品定价的技术和方法,确定租售价格。

租售价格的确定要与开发商市场营销策略相一致,在考虑政治、经济、社会等宏观环境对物业租售价格影响的同时,还应对房地产市场供求关系进行分析,考虑已建成的、正在建设的以及潜在的竞争项目对拟开发项目和租售价格的影响。

(3)租售收入。房地产开发项目的租售收入等于可租售面积的数量乘以单位租售价格。对于出租的情况,还应考虑空置期(项目竣工后暂时找不到租客的时间)和空置率(未租出面积占总建筑面积的百分比）对年租金收入的影响。租售收入估算要计算出每期（年、半年、季度、月）所能获得的租售收入，并形成租售收入计划。租售收入的估算，如表2－27、表2－28所示。

表2－27　　　　　　　房地产项目估算收入（销售收入）

序号	项目	合计	开发经营期				
			1	2	3	…	n
1	销售收入						
1.1	可销售面积（m²）						
1.2	单位售价（元/m²）						
1.3	销售比例（%）						
2	经营税金及附加						
2.1	营业税（万元）						
2.2	城市维护建设税（万元）						
2.3	教育费附加（万元）						
…							

表2－28　　　　　　　房地产项目估算收入（出租收入）

序号	项目	合计	开发经营期				
			1	2	3	…	n
1	租金收入						
1.1	出租面积（m²）						
1.2	单位租金（元/m²）						
1.3	出租率（%）						
2	经营税金及附加						
2.1	营业税（万元）						
2.2	城市维护建设税（万元）						
2.3	教育费附加（万元）						
…							
3	净销售收入						
3.1	转售价格（万元）						
3.2	转售成本（万元）						
3.3	转售税金（万元）						

26 资金来源与运用表

资金来源与运用表主要用来反映计算期内各年的资金盈余或短缺情况，用以选择资金筹措方案，制订适宜的借款及偿还计划，如表 2 – 29 所示。

表 2 – 29　　　　　　　　　　资金来源与运用　　　　　　单位：万元

序号	项目名称	合计	建设经营期				
			第 1 期	第 2 期	第 3 期	…	第 N 期
1	资金来源						
1.1	开发利润						
1.2	投资回收						
1.3	自有资金						
1.4	贷款						
	小计						
2	资金运用						
2.1	开发建设投资						
2.2	流动资金						
2.3	所得税						
2.4	职工奖励基金						
2.5	企业发展基金						
2.6	各期还本付息						
2.7	分配利润						
2.8	盈余资金						
	小计						

27　贷款还本付息估算表

　　贷款还本付息估算表主要反映每期借款、还款数额，计算每期利息数额，显示偿还贷款本息的资金来源及偿还期限，如表2－30所示。

表2－30　　　　　　　　　　贷款还本付息估算　　　　　　　　单位：万元

序号	项目名称	合计	建设经营期				
			第1期	第2期	第3期	…	第N期
1	借款及还本付息						
1.1	年初借款累计						
1.2	本年借款						
1.3	本年应计利息						
1.4	本年还本付息						
1.5	年底借款累计						
2	偿还本息的资金来源						
2.1	投资回收						
2.2	未分配利润						
2.3	其他						

　　注：计算过程中采用的贷款利率可按期间（年、半年、季度、月）利率。

28 财务现金流量表(全部投资) •

该表不分投资资金来源,以全部投资作为计算基础,用以计算全部投资所得税后的财务内部收益率、财务净现值及投资回收期等评价指标,考察全部投资的盈利能力,为各个投资方案(不论其资金来源及利息多少)进行比较建立共同基础。如表2-31所示。

表2-31 财务现金流量表(全部投资) 单位:万元

序号	项目名称	合计	建设经营期				
			第1期	第2期	第3期	…	第N期
1	现金流入						
1.1	租售收入						
1.2	回收流动资金						
1.3	其他收入						
	小计						
2	现金流出						
2.1	开发建设投资						
2.2	销售费用						
2.3	经营成本						
2.4	流动资金						
2.5	两税一费						
2.6	土地增值税						
2.7	所得税						
2.8	职工奖励基金						
	小计						
	净现金流量						

财务内部收益率= %; 财务净现值= 万元; 动态投资回收期= 年

29　财务现金流量表（自有资金）

该表从投资者角度出发，以投资者的出资额作为计算基础，把借款本金偿还和利息支出作为现金流出，用以计算开发项目自有资金财务内部收益率、财务净现值和投资回收期等评价指标，考察项目自有资金的盈利能力。如表 2－32 所示。

表 2－32　　　　　　　财务现金流量表（自有资金）　　　　　单位：万元

序号	项目名称	合计	建设经营期				
			第 1 期	第 2 期	第 3 期	…	第 N 期
1	现金流入						
1.1	租售收入						
1.2	回收流动资金						
1.3	其他收入						
	小计						
2	现金流出						
2.1	自有资金						
2.2	销售费用						
2.3	经营成本						
2.4	本年还本付息						
2.5	两税一费						
2.6	土地增值税						
2.7	所得税						
2.8	职工奖励基金						
	小计						
	净现金流量						
财务内部收益率 ＝　　%；　　财务净现值 ＝　　万元；　　动态投资回收期 ＝　　年							

最新房地产

经营管理全套必备解决方案

 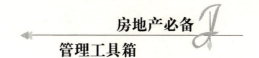
30　房地产开发项目财务报表关系图 ●

　　财务报表的编制可以手工计算，也可以采用 Microsoft Excel 软件进行编制。房地产开发项目财务报表之间的关系如图 2 - 2 所示。

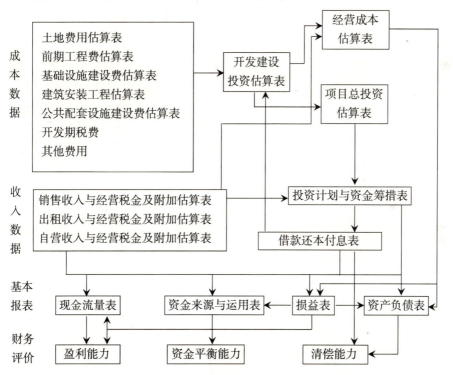

图 2 - 2　房地产开发项目财务报表关系

31 房地产项目风险分析过程图 ···························· ●

　　房地产项目风险分析的过程，可以分为三个阶段：风险辨识、风险估计和风险评价，如图2－3所示。

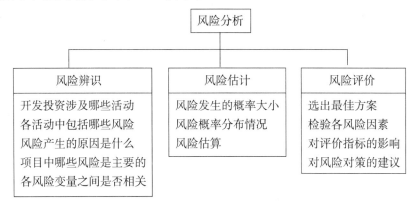

图2－3　风险分析过程图

　　（1）风险辨识。每一个项目本身就是一个复杂的系统，因而影响它的因素很多，而且各风险因素所引起的后果的严重程度也不相同。

　　风险辨识就是从系统的观点出发，横观工程项目所涉及的各个方面，纵观项目建设的发展过程，将引起风险的极其复杂的事物分解成比较简单的、容易被认识的基本单元。在众多的影响中抓住主要因素，并且分析它们引起投资效果变化的严重程度。常用方法有专家调查法（其中代表性的有专家个人判断法、头脑风暴法、德尔菲法）、故障树分析法、幕景分析法以及筛选—监测—诊断技术。

　　房地产开发投资过程中所面临的风险，包括系统风险和非系统风险两类。房地产投资项目的风险分析，主要是针对可判断其变动可能性的风险因素。这些风险因素通过直接影响房地产项目的成本和收入，对房地产项目的经济评价结果产生影响。

（2）风险估计与评价的常用方法。风险估计与评价是指应用各种管理科学技术，采用定性与定量相结合的方式，最终定量地估计风险大小，并评价风险的可能影响，以此为依据对风险采取相应的对策。常用的风险评价方法有以下几种：

①调查和专家打分法。该方法主要适用于项目决策前期，这个时期往往缺乏具体的数据资料，主要依据资深专家的经验和决策者的意向，得出的结论也只是一种大致的程度值，它只能作为进一步分析参考的基础。

②解析法。解析法是在利用德尔菲法进行风险辨识与估计的基础上，将风险分析与反映开发项目特征的收入流和支出流结合起来，在综合考虑主要风险因素影响的情况下，对随机收入流、支出流的概率分布进行估计，并对各个收入流、支出流之间的各种关系进行探讨，用项目预期收入、成本及净效益的现值的平均离散程度来度量风险，进而得到表示风险程度的净效益的概率分析。

③蒙特卡洛法。它是一种通过对随机变量的统计试验、随机模拟求解物理、数学、工程技术问题近似解的数学方法。其特点是用数学方法在计算机上模拟实际概率过程，然后加以统计处理。

解析法和蒙特卡洛法是风险分析主要的两种方法。二者区别主要在于：

●解析法要求对影响现金流的各个现金源进行概率估计。

●蒙特卡洛法则要求在已知各个现金流概率分布情况下实现随机抽样。

●解析法主要用于解决一些简单的风险问题，当项目评估中有若干个变动因素，每个因素又有多种甚至无限多种取值时，就需要采用蒙特卡洛法进行风险分析。

最新房地产

经营管理全套必备解决方案

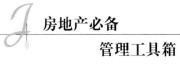

32 房地产项目社会影响分析表

通过对房地产开发项目的社会影响进行统计、分析，编制房地产项目社会影响分析表，如表2-33所示。

表2-33　　　　　　　　房地产项目社会影响分析

序号	社会因素	影响的范围、程度	可能出现的后果	措施建议
1	对居民收入的影响			
2	对居民生活水平与生活质量的影响			
3	对居民就业的影响			
4	对不同利益群体的影响			
5	对脆弱群体的影响			
6	对地区文化、教育、卫生的影响			
7	对地区基础设施、社会服务容量和城市化进程的影响			
8	对少数民族风俗习惯和宗教的影响			

33 社会对项目的可接受程度与风险分析表……●

（1）社会对项目的适应性和可接受程度分析表。

通过项目与所在地的互适性分析，就当地社会对项目适应性和可接受程度作出评价。编制社会对项目的适应性和可接受程度分析表，如表2-34所示。

表2-34　　　　　　社会对项目的适应性和可接受程度分析

序号	社会因素	适应程度	可能出现的问题	措施建议
1	不同利益群体			
2	当地组织机构			
3	当地技术文化条件			

（2）房地产项目社会风险分析表。

房地产项目的社会风险分析是对可能影响项目的各种社会因素进行识别和排序，选择影响面大、持续时间长，并容易导致较大矛盾的社会因素进行预测，分析可能出现这种风险的社会环境和条件。那些可能诱发民族矛盾、宗教矛盾的项目要注重这方面的分析，并提出防范措施。项目社会风险分析表，如表2-35所示。

表2-35　　　　　　房地产项目社会风险分析

序号	风险因素	持续时间	可能导致的后果	措施建议
1				
2				
3				
4				
5				

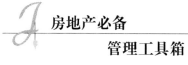
最
新
房
地
产

经
营
管
理
全
套
必
备
解
决
方
案

34 房地产项目风险因素和风险程度分析表⋯⋯●

表 2 – 36　　　　　房地产项目风险因素和风险程度分析

序号	风险因素名称	风险程度				说明
		灾难性	严重	较大	一般	
1	**市场风险**					
1.1	市场需求量					
1.2	竞争能力					
1.3	价格					
2	**资源风险**					
2.1	资源储量					
2.2	品位					
2.3	采选方式					
2.4	开拓工程量					
3	**技术风险**					
3.1	先进性					
3.2	适用性					
3.3	可靠性					
3.4	可得性					
4	**工程风险**					
4.1	工程地质					
4.2	水文地质					

序号	风险因素名称	风险程度				说明
		灾难性	严重	较大	一般	
4.3	工程量					
5	**资金风险**					
5.1	汇率					
5.2	利率					
5.3	资金来源中断					
5.4	资金供应不足					
6	**政策风险**					
6.1	政治条件变化					
6.2	经济条件变化					
6.3	政策调整					
7	**外部协作条件风险**					
7.1	交通运输					
7.2	供水					
7.3	供电					
8	**社会风险**					
9	**其他风险**					

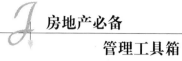
35 风险因素取值评定表

项目风险因素取值评定法是通过估计风险因素的最乐观值、最悲观值和最可能值，计算期望值，将期望值的平均值与已确定方案的数值进行比较，计算两者的偏差值和偏差程度，据以判别风险程度。偏差值和偏差程度越大，风险程度越高。具体方法如表 2 - 37 所示。

表 2 - 37　　　　　　　　××风险因素取值评定　　　　已确定方案值：

专家号	最乐观值 (A)	最悲观值 (B)	最可能值 (C)	期望值 (D) $D = [(A) + 4(C) + (B)]/6$
1				
2				
3				
…				
n				
期望平均值				
偏差值				
偏差程度				

注：1. 表中期望平均值 = $\left[\sum_{i=1}^{n} (D)_i\right] /n$

　　　式中：i ——专家号；n——专家人数。

2. 表中偏差值 = 期望平均值 - 已确定方案值。

3. 表中偏差程度 = 偏差值/已确定方案值。

36 建设工程可行性研究合同 ⋯⋯⋯⋯⋯⋯●

建设工程可行性研究合同

委托方：＿＿＿＿＿＿＿＿＿＿

承包方：＿＿＿＿＿＿＿＿＿＿设计院

经双方协商，由委托方委托承包方承担＿＿＿＿＿工程的可行性研究，特订立本合同。

第一条 委托方在合同签订之日起＿＿＿天以内，向承包方提供所有与研究工程有关的数据和资料，并对资料的准确性负责。

1. 提供数据、资料的内容如下：＿＿＿＿＿＿＿＿＿＿＿。

2. 在合同期内，委托方进行与本工程有关的讨论、询价、对外谈判、调研考察等所得的信息资料，应及时提供给承包方，必要时可吸收承包方参加本工程可行性研究的人员参加。

第二条 承包方应在＿＿＿＿＿年＿＿＿＿月＿＿＿＿日以前，向委托方提交本合同工程的可行性报告，并对此承担责任，可行性报告内容应包括：

1. 经营评价指标：

（1）投资内部收益率：＿＿＿＿＿＿＿＿。

（2）投资回收期：＿＿＿＿＿＿＿＿＿。

2. 贷款偿还能力分析：＿＿＿＿＿＿＿＿。

3. 外汇偿还能力分析：＿＿＿＿＿＿＿＿。

4. 盈亏平衡、灵敏度分析与风险评价：＿＿＿＿＿＿＿＿。

5. 结论：＿＿＿＿＿＿＿＿＿＿＿＿＿。

承包方应向委托方提交可行性报告＿＿＿＿＿＿份。

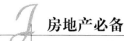
委托方如在合同期间对_____工程提出重大变更，甚至原始资料、数据有重大变动，有可能导致承包方对可行性报告作修改甚至返工时，须经双方协商，对本合同进行修改，或增加任务变更附件，或另订合同。

第三条 费用支付条款。

1. 本工程的可行性研究费为人民币___ ___元整。于合同生效之日，委托方应向承包方付给上述金额的20%。余下金额于合同期满时全部付清。

2. 委托方中止合同时，无权要求承包方退还定金。

3. 承包方不履行本合同规定的责任与义务时，应双倍偿还定金。

第四条 违约罚金。

1. 承包方不按合同规定的日期提交可行性研究报告时，每拖期一天，应扣除其所应得费用的5‰，作为违约罚金。

2. 承包方提供的可行性研究报告中出现错误，且此等错误纯属承包方造成者，视错误性质严重程度，扣除其所应得费用的10%～30%。

3. 因委托方责任造成的可行性研究重大修改，或返工重做，应另行增加费用，其数额由双方商定。

4. 委托方超过合同规定日期付费时，应偿付给承包方以逾期违约罚金，以每逾期一天按合同规定费用的5‰计算。

第五条 本合同自签订之日起生效。合同中如有未尽事宜，由双方共同协商，作出修改或补充规定。修改或补充规定与本合同具有同等效力。

第六条 本合同正本一式_____份，双方各执一份。合同副本一式_____份，送_____各一份备案。

委托方：_____（盖章）

地　址：_____

负责人：_____（签名）

联系人：_____（签名）

承包方：_____（盖章）

地　址：_____

负责人：_____（签名）

联系人：_____（签名）

37　工程造价评估与咨询合同 ----------------●

工程造价评估与咨询合同

合同编号：＿＿＿＿＿＿＿

委托单位名称（以下简称甲方）：＿＿＿＿＿＿＿＿＿＿＿

承接单位名称（以下简称乙方）：＿＿＿＿＿＿＿＿＿＿＿

根据《中华人民共和国合同法》及有关规定，合同双方经协商一致，签订本合同，以资共同遵守。

第一条　咨询项目概况

1. 项目名称：＿＿＿＿＿＿＿＿＿＿＿＿。

2. 项目地点：＿＿＿＿＿＿＿＿＿＿＿＿。

第二条　咨询内容

乙方按甲方提供的文件资料完成该工程的招标代理、工程量清单编制到确定中标单位全过程工作。

第三条　招标代理所需资料及依据

1. 该工程的固定资产许可证、报建审核书、建设用地规划许可证、银行存款余额证明书等相关资料。

2. 工程施工图纸。

3. 省市建设委员会有关工程定额及文件。

第四条　咨询服务收费标准和支付办法

招标代理费和工程量清单编制费共＿＿＿＿＿＿＿人民币，在该工程招标工作完成后＿＿＿＿＿＿＿日内由甲方一次性支付给乙方。

第五条　其他

1. 本合同正本＿＿＿＿＿＿＿份，副本＿＿＿＿＿＿＿份，甲乙各执正本_____份、副本_____份。

委托单位（公章）　　　　　　承接单位（公章）

签约代表：　　　　　　　　　签约代表：

经办人：　　　　　　　　　　经办人：

地址：　　　　　　　　　　　地址：

电话：　　　　　　　　　　　电话：

传真：　　　　　　　　　　　传真：

邮政编码：　　　　　　　　　邮政编码：

最新房地产

经 营 管 理 全 套 必 备 解 决 方 案

第三章

房地产项目建设基础

内容提要

1. 主要设备表
2. 主要建筑物 (构筑物) 工程一览表
3. 建筑工程产品能耗与主要原料需要量表
4. 建筑工程主要燃料年需要量与距离表
5. 院落式组团绿地设置规定表

......

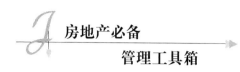

最
新
房
地
产

经
营
管
理
全
套
必
备
解
决
方
案

1 主要设备表 ···●

工程项目设备方案经比选后，提出推荐方案并编制主要设备表，如表3－1所示。

表3－1 主要设备表

序号	设备名称	型号	主要参数	计量单位	数量	设备来源			
						利用原有	国内制造	进口	合作制造

非主要设备在可行性研究阶段可不列出设备清单。为了估算设备总投资，可参考已建成的同类、同规模项目非主要设备所占比例；或者采用行业通用比例，按单项工程估算非主要设备的吨数和投资。

2 主要建筑物（构筑物）工程一览表 ⋯⋯⋯⋯⋯⋯●

　　工程方案经比选后，应编制推荐方案的建筑物、构筑物工程一览表，如表3-2所示。估算建筑安装工程量和"三材"（钢材、木材、水泥）用量，作为投资估算的依据。

表3-2　　　　　　　　　　主要建筑物（构筑物）工程

序号	建筑物构筑物名称	层数	占地面积（m²）	建筑物构筑物面积（m²）	结构型式	建筑物构筑物长×宽×高（m×m×m）	基础型式	三材用量		
								钢材（t）	木材（m³）	水泥（t）

　　非主要建筑物、构筑物工程，在可行性研究阶段可不列出工程一览表，为估算投资，可参考已建成的同类项目的类似工程估算工程量和投资。

3 建筑工程产品能耗与主要原料需要量表

（1）建筑工程单位产品能耗表。

建筑工程单位产品能耗表如表 3-3 所示。

表 3-3 单位产品能耗

序号	能源名称	计算单位	产品年产量	能源年消耗量	单位产品实物消耗	折标准煤能耗	综合能耗比较		
							国内先进水平	国际水平	企业原有水平

（2）建筑工程主要原材料年需要量表。

建筑工程主要原材料年需要量表如表 3-4 所示。

表 3-4 主要原材料年需要量

序号	原材料名称	技术条件	计量单位	年需要量	预测价格	供应来源

4 建筑工程主要燃料年需要量与距离表 ●

（1）建筑工程主要燃料年需要量表。

建筑工程主要燃料年需要量表如表3-5所示。

表3-5　　　　　　　　建筑工程主要燃料年需要量

序号	燃料名称	技术条件	计量单位	年需要量	预测价格	供应来源

（2）道路边缘至建筑物、构筑物最小距离表。

道路边缘至建筑物、构筑物最小距离的有关规定，如表3-6所示。

表3-6　　　　　　道路边缘至建筑物、构筑物最小距离　　　　　单位：m

与建、构筑物关系		居住区道路	小区路	组团路及宅间小路
建筑物面向道路	无出入口	（高层）5	3	2
		（多层）3	3	2
	有无入口	—	5	2.5
建筑物山墙面向道路		（高层）4	2	1.5
		（多层）2	2	1.5
围墙面向道路		1.5	1.5	1.5

房地产必备

管理工具箱

5 院落式组团绿地设置规定表

院落式组团绿地设置的有关规定，如表3-7所示。

表3-7 院落式组团绿地设置规定

封闭型绿地		开敞型绿地	
南侧多层楼	南侧高层楼	南侧多层楼	南侧高层楼
$L \geq 1.5 L_2$	$L \geq 1.5 L_2$	$L \geq 1.5 L_2$	$L \geq 1.5 L_2$
$L \geq 30m$	$L \geq 50m$	$L \geq 30m$	$L \geq 50m$
$S_1 \geq 800m^2$	$S_1 \geq 1\,800m^2$	$S_1 \geq 500m^2$	$S_1 \geq 1200m^2$
$S_2 \geq 1000m^2$	$S_2 \geq 2000m^2$	$S_2 \geq 600m^2$	$S_2 \geq 1400m^2$

注：L——南北楼正面间距（m）；

L_2——当地住宅的标准日照间距（m）；

S_1——北侧为多层楼的组团绿地面积（m^2）；

S_2——北侧为高层楼的组团绿地面积（m^2）。

最新房地产

经营管理全套必备解决方案

6 居住区用地平衡表

影响居民区用地构成的因素很多，因此 4 类用地的上下限相差很大，主要根据城市的规模、经济水平和用地现状以及住宅区的人口规模、住宅的平均层数决定。北方纬度高、日照的间距大些，住宅用地比重或人均用地要多一些。控制绿化用地指标是居住区生态、环境质量的关键，规划行政主管部门的控制比较严格。住宅用地比例高，住宅建筑面积就多，一般情况下能安排到 60% ~ 65% 已很不容易。节约公建用地的方法是将公建化零为整，紧凑合理地向空中发展。如某新村，将大型超市、文化娱乐、影剧院综合为一体，效果很好。在居住区内部道路布置要进行多方案比较，同时尽可能使小区、组团用地呈正方形，线形简捷，道路用地最省。居住区用地平衡表如表 3 - 8 所示。

表 3 - 8　　　　　　　　居住区用地平衡表

规模等级		居住区	小区	组团
居住区用地		100%	100%	100%
1	住宅用地	50% ~ 60%	55% ~ 65%	70% ~ 80%
2	公建用地	15% ~ 25%	12% ~ 22%	6% ~ 12%
3	道路用地	10% ~ 18%	9% ~ 17%	7% ~ 15%
4	公共绿地	7.5% ~ 18%	5% ~ 15%	3% ~ 6%

最
新
房
地
产

经
营
管
理
全
套
必
备
解
决
方
案

7 居住区用地控制指标表

高层、小高层住宅应节约用地，高层住宅覆盖率小，有宽敞的室外空间和绿化用地，在城市中心地段，土地十分紧张，地价昂贵，选择高层或小高层比较可行。但在一般地段，建造高层住宅必须谨慎，应就开发地段的市场需求、成本和售价，进行可行性论证。具体指标如表3-9所示。

表 3-9 居住区用地控制指标 单位：m²/人

居住规模	层数	建筑气候区划		
		Ⅰ、Ⅱ、Ⅵ、Ⅶ	Ⅲ、Ⅴ	Ⅳ
居住区	低 层	33~47	30~43	28~40
	多 层	20~28	19~27	18~25
	多层、高层	17~26	17~26	17~26
小 区	低 层	30~43	28~40	26~37
	多 层	20~28	19~26	18~25
	中高层	17~24	15~22	14~20
	高 层	10~15	10~15	10~15
组 团	低 层	25~35	23~32	21~30
	多 层	16~23	15~22	14~20
	中高层	14~20	13~18	12~16
	高 层	8~11	8~11	8~11

8 图纸幅面规格与图纸图标表 ·················●

（1）图纸幅面规格表。

图纸幅面规定幅面内应有标题栏和会签栏。幅面规格分别为0，1，2，3，4号，共5种，其尺寸大小如表3-10所示。

表3-10 图纸幅面规格 单位：mm

幅面代号	0	1	2	3	4
B×L	841×1189	594×841	420×594	297×420	210×297
C	10	10	10	5	5
A	25	25	25	25	25
A_i	A_0	A_1	A_2	A_3	A_4

（2）图纸图标。

图纸常用图标格式及内容，如表3-11所示，括号中为示例。其中，工程名称指某建设项目的名称；项目指建设项目中的具体工程；图名常用以表明本张图的主要内容；设计号是设计部门对该工程的编号；图别表明本图所属工种和实际阶段；图号是指图纸的编号。

表3-11 图 标

设计单位全称	工程名称			
（同济大学建筑设计研究院）	项目			
审定			设计号	（03-12）
校核	图　名		图别	（建施）
设计	（首层平面图或结构扩初说明）		图号	（10）
制图			日期	（03.10）

最新房地产

经营管理全套必备解决方案

9 图纸会签栏与图纸常用比例尺

（1）图纸会签栏。

图纸会签栏是各工种负责人签字的表格，其格式与内容如表3－12所示。

表3－12　　　　　　　会签栏

工程名称	姓名	签字

（2）图纸常用比例尺。

一套完整的施工图，既有总图也有细部大样详图，选用一种比例尺显然不合适。这就要根据图纸的具体内容选择恰当的比例尺。常用的比例尺如表3－13所示。建筑和设备工种图纸应注明比例尺。一个图形一般只采用一种比例尺。结构施工图一般不注比例尺，允许一个图形使用两种比例尺。结构施工图在施工中以所注尺寸为准。

表3－13　　　　　　　图纸常用比例尺

图名	常用比例
总平面图	1:500，1:1 000，1:2 000
基本图	1:50，1:100，1:200，1:300
详图	1:1，1:2，1:5，1:10，1:20，1:25，1:50

10　建筑物的耐久性等级表 ●

建筑物的耐久性（年限）等级，是根据建筑物适应要求规定的耐久性年限，如表 3 – 14 所示。

表 3 – 14　　　　　建筑物的耐久性等级

建筑物等级	建筑物性质	耐久性年限（年）
1	具有历史性、纪念性、代表性的重要建筑物（如纪念馆、博物馆、国家会堂等）	>100
2	重要的公共建筑（如一级行政机关办公楼、大城市火车站、国际宾馆、大体育馆、大剧院以及居住建筑）	50 ~ 100
3	重要的公共建筑和居住建筑（如医院、高等院校以及主要工业厂房等）	40 ~ 50
4	普通的建筑物（如文教、交通、居住建筑以及工业厂房等）	15 ~ 40
5	简易建筑和使用年限在 5 年以下的临时建筑	<15

由建筑物的耐久年限划分为 5 个等级，为此要求在设计和建造时，对基础主体结构（墙、柱、梁、板、屋架）、屋面构造、围护结构（包括外墙、门、窗、屋顶）等，以及防水、防腐、抗冻性所用的建筑材料或所采用的防护措施，应与要求的耐久性年限相适应，并在建筑物正常使用期间，定期检查和采取防护维修措施，以确保耐久性年限的要求。

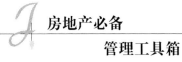
11 建筑物的耐火等级表 ●

建筑物的耐火等级分为 4 级，如表 3 – 15 所示。

表 3 – 15　　　　　　　建筑物的耐火等级

构件名称	燃烧性能和耐火极限（h）			
	一级	二级	三级	四级
承重墙和楼梯间的墙	非燃烧体 3.00	非燃烧体 2.50	非燃烧体 2.50	难燃烧体 0.50
支承多层的柱	非燃烧体 3.00	非燃烧体 2.50	非燃烧体 2.50	难燃烧体 0.50
支承单层的柱	非燃烧体 2.25	难燃烧体 2.00	难燃烧体 2.00	燃烧体
梁	非燃烧体 2.00	非燃烧体 1.50	非燃烧体 1.00	难燃烧体 0.50
楼板	非燃烧体 1.50	非燃烧体 1.00	非燃烧体 0.50	难燃烧体 0.25
吊顶（包括吊顶搁栅）	非燃烧体 0.25	非燃烧体 0.25	非燃烧体 0.15	燃烧体
屋顶的承重构件	非燃烧体 1.50	非燃烧体 0.50	燃烧体	燃烧体
疏散楼梯	非燃烧体 1.50	非燃烧体 1.00	非燃烧体 1.00	燃烧体
框架填充墙	非燃烧体 1.00	非燃烧体 0.50	非燃烧体 0.50	难燃烧体 0.25
隔墙	非燃烧体 1.00	非燃烧体 0.50	非燃烧体 0.50	难燃烧体 0.25
防火墙	非燃烧体 4.00	非燃烧体 4.00	非燃烧体 4.00	非燃烧体 4.00

注：以木柱承重且以非燃烧材料作为墙体的建筑物，其耐火等级按四级考虑。

12 建筑物的重要性等级表

建筑物的重要性等级共分 5 个等级，如表 3－16 所示。

表 3－16　　　　　　　建筑物的重要性等级表

等级	适用范围	建筑类别举例
特等	具有重大纪念性、历史性、国际性和国家级的各类建筑	国家级建筑：如国家宾馆、国家大剧院、大会堂、纪念堂、国家美术馆、博物馆、图书馆，国家级科研中心、体育、医疗建筑等
		国际性建筑：如重点国际教科文建筑、重点国际性旅游贸易建筑、重点国际福利卫生类建筑、大型国际航空港等
甲等	高级居住建筑和公共建筑	高级住宅：高级科研人员单身宿舍；高级旅馆；部、委、市、自治区级重点文娱集会建筑，博览建筑，体育建筑；外事托幼建筑、医疗建筑、交通邮电类建筑、商业类建筑等
乙等	中级居住建筑和公共建筑	中级住宅：中级单身宿舍；高等院校与科研单位和科教建筑；省、市、自治区级一般文娱集会建筑、博览建筑、体育建筑、福利卫生类建筑、交通邮电类建筑、商业类建筑及其他公共类建筑等
丙等	一般居住建筑和公共建筑	一般住宅：单身宿舍；一般旅馆、行政企业事业单位办公楼、中小学教学建筑、文娱集会建筑、一般博览、县级福利卫生建筑、交通邮电建筑、一般商业及其他公共建筑等
丁等	低标准的居住建筑和公共建筑	防火等级为四级的各类建筑，包括：住宅建筑、宿舍建筑、旅馆建筑、办公楼建筑、科教建筑、福利卫生建筑、商业建筑及其他公共类建筑等

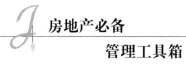

13 墙厚名称及尺寸表 ⋯⋯⋯⋯⋯⋯⋯⋯⋯⋯⋯⋯⋯⋯●

　　砖墙的基本尺寸包括砖墙的厚度、高度。其中砖墙的厚度依其承受的重力、稳定性、保温、隔热、隔声、防火等要求分为多种标准尺寸。如表 3 – 17 所示。

表 3 – 17　　　　　　　　　　墙厚名称及尺寸　　　　　　　　单位：mm

墙厚名称	实际尺寸	墙厚名称	实际尺寸
半砖墙（12 墙）	115	一砖半墙（37 墙）	365
3/4 砖墙（18 墙）	178	二砖墙（49 墙）	490
一砖墙（24 墙）	240	二砖半墙（62 墙）	615

14 常见的屋顶类型及构造表 ●

屋顶是房屋上部的构造部分，由屋面、屋顶承重结构层、保温隔热层和顶棚组成。常见的屋顶类型与划分如表 3 - 18 所示。

表 3 - 18 常见的屋顶类型及构造

屋顶名称		构造及说明
坡屋顶 （屋面坡度大于10%）	双坡顶	主要由承重部分和屋面部分组成，承重部分包括屋架、梁架、檩条等。屋面部分包括屋面板、防水层、挂瓦条以及屋面覆盖屋等
	四坡顶	
	歇山顶	
平屋顶 （屋面坡度在2% ~5%）		主要由结构层和防水层组成，其他如隔热、保温、隔音、隔气等根据需要而设。其结构层常为钢筋混凝土，防水层有柔性防水（卷材防水）和刚性防水两种
曲面形屋顶		常用于体育、展览、工业及其他特殊建筑中

对于平屋顶的防水层由所采用的材料的构造不同分为柔性防水层和刚性防水层，柔性防水层目前多采用沥青卷材，它具有造价适中、施工方便、翻修简单的优点，在过去的砖混结构建筑物中大量采用，但它有易老化、龟裂、寿命不长的缺点，一般经过3~5年就须进行修补，10年应进行翻新。但近几年卷材防水的替代产品正不断出现并应用。

刚性防水层是利用细石混凝土加钢筋网做成的屋面，具有施工方法简便、耐久性强的优点，但是存在自重大、施工技术要求高，容易产生细小裂缝而渗漏的缺点。目前多采用"分大为小，以小拼大，刚柔结

最新房地产

经营管理全套必备解决方案

合，以柔补刚"的原则，特大面积屋面分成若干方格，格缝填充防水油膏，并采用架空隔热层以达到抵抗变形、提高防水层效果和延长使用寿命的目的。

15 住宅区市政、公用配套设施分类图········●

住宅区市政、公用配套设施分类如图 3 - 1 所示。

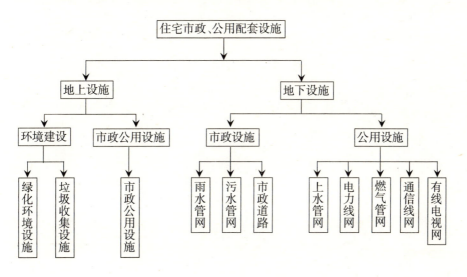

图 3 - 1 住宅区市政、公用与套设施分类

第四章

房地产设计阶段的造价控制

内容提要

1.工程设计阶段的设计程序

2.设计阶段工程造价的决定因素

3.设计阶段工程造价管理的主要内容

4.设计阶段工程造价控制的措施和方法

5.设计方案的优化管理

......

最新房地产

经营管理全套必备解决方案

1 工程设计阶段的设计程序

1. 工程设计的含义

工程设计是指在工程开始施工之前，根据已批准的设计任务书，为具体实现拟建项目的技术、经济要求，拟定建筑、安装及设备制造等所需的规划、图纸、数据等技术文件的工作。工程设计是建设项目由计划变为现实的具有决定意义的工作阶段。设计文件是建筑安装施工的依据。拟建工程在建设过程中能否保证进度、质量和节约投资，在很大程度上取决于设计质量的优劣。工程建成后，能否获得满意的经济效果，除了项目决策之外，设计工作起着决定性的作用。设计工作的重要原则之一是保证设计的整体性，为此，设计工作必须按一定的程序分阶段进行。

2. 设计阶段

根据建设程序的进展，为保证工程建设和设计工作有机配合和衔接，按照由粗到细，将工程设计划分阶段进行。一般工业项目与民用建设项目设计分两个阶段设计，即初步设计和施工图设计。对于技术上复杂而又缺乏设计经验的项目，分三个阶段进行设计，即初步设计、技术设计和施工图设计。在各设计阶段，都需要编制相应的工程造价文件，与初步设计、技术设计对应的是设计概算、修正概算，与施工图设计对应的是施工图预算。

3. 设计程序

设计程序是指设计工作的先后顺序，包括：设计准备阶段、初步方案阶段、初步设计、技术设计阶段、施工图设计阶段、设计交底和配合施工阶段，如图 4-1 所示。

（1）设计准备阶段。

在设计之前，首先要了解并熟悉外部条件和客观情况，具体内容包括地形、气候、地质、自然环境等自然条件；城市规划对建筑物的要求：交通、水、电、气、通信等基础设施状况；业主对工程的要求，特别是工程应具备的各项使用要求；对工程经济估算的依据和所能提供的资金、材料、施工技术和装备等供应情况以及可能影响工程设计的其他客观因素，为进行设计作好充分准备。

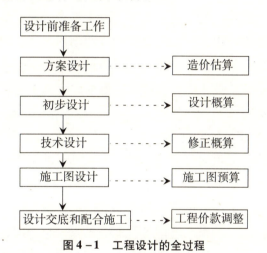

图4-1　工程设计的全过程

（2）方案阶段。

设计人员应对工程主要内容（包括功能与形式）的安排有个大概的布局设想，还要考虑工程与周围环境之间的关系。在这一阶段设计者可以与使用者和规划部门充分交换意见，最后使自己的设计取得规划部门的同意，与周围环境有机地融为一体。对于不太复杂的工程，这一阶段可以省略，把有关的工作并入初步设计阶段。

（3）初步设计阶段。

初步设计是设计过程的一个关键性阶段，也是整个设计构思基本形成的阶段。通过初步设计，可以进一步明确拟建工程在指定地点和规定期限内进行建设的技术可行性和经济合理性，并规定主要技术方案、工程总造价和主要技术经济指标，以利于在项目建设和使用过程中最有效地利用人力、物力和财力。工业项目的初步设计包括总平面设计、工艺设计和建筑设计三部分，在初步设计阶段还应编制设计总概算。

（4）技术设计阶段。

技术设计是初步设计的具体化，也是各种技术问题的定案阶段。技术设计研究和决定的问题与初步设计大致相同，但需要根据更详细的勘察资料和技术经济计算加以补充修正。技术设计的详细程度应满足确定设计方案中重大技术问题和有关实验、设备选择等方面的要求，应能保证根据它进行施工图设计和提出设备订货明细表。技术设计时，如果对初步设计中所确定的方案有所更改，应对更改部分编制修正概算书。对于不太复杂的工程，技术设计阶段可以省略，把这个阶段的工作纳入施工图设计阶段进行。

（5）施工图设计阶段。

施工图设计阶段主要是通过图纸，把设计者的意图和全部设计结果表达出来，作为施工的依据，是设计工作和施工工作的桥梁。具体内容包括建设项目各部分工程的详图和零部件、结构构件明细表，以及验收标准、方法等。施工图设计的深度应能满足设备材料的选择与确定、非标准设备的设计与加工制作、施工图预算的编制、建筑工程施工和安装工程施工的要求。

（6）设计交底和配合施工阶段。

施工图交付给施工单位之后，根据现场需要，设计单位应派人到施工现场，与建设、施工单位共同会审施工图纸，并进行技术交底，介绍设计意图和技术要求，修改不符合实际和有错误的图纸，参加试运转和竣工验收，解决试运转过程中的各种技术问题，并检验设计的正确和完善程度。

2　设计阶段工程造价的决定因素 ⋯⋯⋯⋯⋯⋯●

（1）工业建筑设计影响工程造价的因素。

在工业建筑设计中，影响工程造价的主要因素有总平面图设计、工业建筑的平面和立面设计、建筑结构方案的设计、工艺技术方案选择、设备选型和设计等。

①厂区总平面图设计。

厂区总平面图设计是指总图运输设计和总平面布置。主要包括的内容有：厂址方案、占地面积和土地利用情况；总图运输、主要建筑物和构筑物及公用设施的布置；外部运输、水、电、气及其他外部协作条件等。

正确合理的总平面设计可以大大减少建筑工程量，节约建设用地，节省建设投资，降低工程造价和项目运行后的使用成本，加快建设进度，并可以为企业创造良好的生产组织、经营条件和生产环境，还可以为工业区创造完美的建筑艺术整体。总平面设计与工程造价的关系体现在以下几个方面：

● 运输方式的选择。不同的运输方式其运输效率及成本不同。有轨运输运量大，运输安全，但需要一次性投入大量资金；无轨运输无需一次性大规模投资，但是运量小，运输安全性较差。从降低工程造价的角度来看，应尽可能选择无轨运输，可以减少占地，节约投资。但是运输方式的选择不能仅仅考虑工程造价，还应考虑项目运营的需要，如果运输量较大，则有轨运输往往比无轨运输成本低。

● 占地面积。占地面积的大小一方面影响征地费用的高低，另一方面也会影响管线布置成本及项目建成运营的运输成本。因此，在总平面

设计中应尽可能节约用地。

• 功能分区。工业建筑有许多功能组成，这些功能之间相互联系，相互制约。合理的功能分区既可以使建筑物的各项功能充分发挥，又可以使总平面布置紧凑、安全，避免大挖大填，减少土石方量和节约用地，降低工程造价。同时，合理的功能分区还可以使生产工艺流程顺畅，运输简便，降低项目建成后的运营成本。

②工业建筑的平面和立面设计。

新建工业厂房的平面和立面设计方案是否合理和经济，不仅与降低建筑工程造价和使用费有关，也直接影响到节约用地和建筑工业化水平的提高。要根据生产工艺流程合理布置建筑平面，控制厂房高度，充分利用建筑空间，选择合适的厂内起重运输方式，尽可能把生产设备露天或半露天布置。

• 工业厂房层数的选择。选择工业厂房层数应考虑生产性质和生产工艺的要求。对于需要大跨度和高层厂房拥有重型生产设备和起重设备、生产时有较大振动及散发大量热和气的重型工业，采用单层厂房是经济合理的；而对于工艺过程紧凑，采用垂直工艺流程和利用重力运输方式，设备和产品重量不大，并要求恒温条件的各种轻型车间，可采用多层厂房。多层厂房的突出优点是占地面积小，减少基础工程量，缩短交通线路、工程管线和围墙等的长度，降低屋盖和基础单方造价，缩小传热面，节约热能，经济效果显著。工业建筑层数与单位面积造价的关系如图 4-2 所示。

确定多层厂房的经济层数主要有两个因素：一是厂房展开面积的大小。展开面积越大，层数越可提高。二是厂房的宽度和长度，如宽度和长度越大，则经济层数越可增高，而造价则相应降低。比如，当厂房宽为 30m，长为 120m 时，经济层数为 3～4 层，而厂房宽为 37.5m，长为 150m 时，则经济层数为 4～5 层，后者比前者造价降低 4%～6%。

• 工业厂房层高的选择。在建筑面积不变的情况下，建筑层高的增

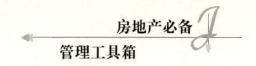

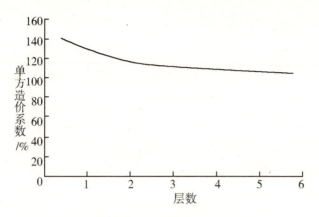

图4-2 层数与单位面积造价的关系

加会引起各项费用的增高。如墙与隔墙及有关粉刷、装饰费用提高，供暖空间体积增大，起重运输费的增加，卫生设备的上下水管道长度增加，楼梯间造价和电梯设备费用的增加，等等，从而增加单位面积造价。

据分析，单层厂房层高每增加1m，单位面积造价增加1.8%～3.6%，年度采暖费约增加3%；多层厂房的层高每增加0.6m，单位面积造价提高8.3%左右。由此可见，随着层高的增加，单位建筑面积造价也在不断增加（如图4-3所示）。多层厂房造价增加幅度比单层厂房大的主要原因是多层厂房的承重部分占总造价的比重较大，而单层厂房的墙柱部分占总造价的比重较小。

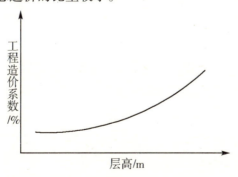

图4-3 层高与每平方米造价关系

●合理确定柱网。柱网的布置是指确定柱子的行距（跨度）和间距（每行柱子中两个柱子间的距离）。工业厂房柱网布置是否合理，对工程造价和厂房面积的利用效率都有较大的影响。

柱网的选择与厂房中有无吊车、吊车的类型及吨位、屋顶的承重结构以及厂房的高度等因素有关。对于单跨厂房，当柱间距不变时，跨度越大则单位面积的造价越小。因为除屋架外，其他结构件分摊在单位面积上的平均造价随跨度的增大而减少；对于多跨厂房，当跨度不变时，中跨数量越多越经济。这是因为柱子和基础分摊在单位面积上的造价减少了。

●尽量减少厂房的体积和面积。对于工业建筑，在不影响生产能力的条件下，厂房、设备布置力求紧凑合理；要采用先进工艺和高效能的设备，节省厂房面积；要采用大跨度、大柱距的大厂房平面设计形式，提高平面利用系数；尽可能把大型设备设置于露天，以节省厂房的建筑面积。

③设备的选型和设计。

工艺设计确定生产工艺流程后，就要根据工厂生产规模和工艺流程的要求，选择设备的型号和数量，对一些标准和非标准设备进行设计。设备和工艺的选择是相互依存、紧密相连的。设备选择的重点因设计形式的不同而不同，应该选择能满足生产工艺和达到生产能力需要的最适用的设备和机械。设备选型和设计应注意下列要求：应该注意标准化、通用化和系列化；采用高效率的先进设备要本着技术先进、稳妥可靠、经济合理的原则；设备的选择必须首先考虑国内可供的产品。如需进口国外设备，应力求避免成套进口和重复进口；在选择和设计设备时，要结合企业建设地点的实际情况和动力、运输、资源等具体条件。

④建筑材料与结构的选择。

建筑材料与结构的选择是否经济合理，对建筑工程造价有直接影响。这是因为材料费一般占直接费的70%左右，同时直接费用的降低也会导致间接费用的降低。采用各种先进的结构形式和轻质高强度的建筑材料，能减轻建筑物的自重，简化和减轻基础工程，减少建筑材料和构配件的费用及运输费，并能提高劳动生产率和缩短建设工期，经济效果十分明显。因此，工业建筑结构正在向轻型、大跨、空间、薄壁的方向发展。

⑤工艺技术方案的选择。

工艺技术方案，主要包括：建设规模、标准和产品方案；工艺流程和主要设备的选型；主要原材料、燃料供应；"三废"治理及环保措施，此外还包括生产组织及生产过程中的劳动定员情况等。设计阶段应按照可行性研究阶段已经确定的建设项目的工艺流程进行工艺技术方案的设计，确定从原料到产品整个生产过程的具体工艺流程和生产技术。在具体项目工艺设计方案的选择时，应以提高投资的经济效益为前提，认真进行分析、比较、综合考虑各方面因素进行确定。

（2）民用建筑设计影响工程造价的因素。

①住宅建筑的平面布置。

在同样建筑面积下，由于住宅建筑平面形状不同，其建筑周长系数 K（即每平方米建筑面积所占的外墙长度）也不相同。圆形、正方形、矩形、T形、L形等，其建筑周长系数依次增长，即外墙面积、墙身基础、墙身内外表面装修面积依次增大。但由于圆形建筑施工复杂，施工费用较矩形建筑增加 20% ~ 30%，故其墙体工程量的减少不能使建筑工程造价降低。因此，一般来讲，正方形和矩形的住宅既有利于施工，又能降低工程造价，而在矩形住宅建筑中，又以长宽比为2:1最佳。

当房屋长度增加到一定程度时，就需要设置带有两层隔墙的变温伸缩；当长度超过90m时，就必须有贯通式过道。这些都要增加房屋的造价，所以一般小单元住宅以 4 个单元、大单元住宅以 3 个单元，房屋长度60~80m较为经济。在满足住宅的基本功能、保证居住质量的前提下，加大住宅的进深（宽度）对降低造价也有明显的效果。

②小区建设规划的设计。

在进行小区规划时，要根据小区基本功能和要求确定各构成部分的合理层次与关系，据此安排住宅建筑、公共建筑、管网、道路及绿地的布局，确定合理人口与建筑密度、房屋间距和建筑层数，布置公共设施项目、规模及其服务半径，以及水、电、热、燃气的供应等，并划分包括土地开发在内的上述各部分的投资比例。

小区用地面积指标，反映小区内居住房屋和非居住房屋、绿化园地、道路和工程管网等占地面积及比重，是考察建设用地利用率和经济性的重要指标。它直接影响小区内道路管线长度和公用设备的多少，而这些费用约占小区建设投资的1/5。因而，用地面积指标在很大程度上影响小区建设的总造价。

小区的居住建筑面积密度、居住面积密度和居住人口密度也直接影响小区的总造价。在保证小区居住功能的前提下，密度越高，越有利于降低小区的总造价。

③住宅的层高和净高。

据有关资料分析，住宅层高每降低10cm，可降低造价1.2%～1.5%。层高降低还可提高住宅区的建筑密度，节约征地费、拆迁费及市政设施费。一般来说，住宅层高不宜超过2.8m，可控制在2.5～2.8m。目前我国有不少地区住宅层高还沿用2.9～3.2m的标准，认为层高低了就降低了住宅标准。其实，住宅标准的高低取决于面积和设备水平。

④住宅单元的组成、户型和住户面积。

住宅结构面积与建筑面积之比为结构面积系数，这个系数越小，设计方案越经济。因为结构面积减少，有效面积就相应增加，因而它是评比新型结构经济的重要指标。该指标除与房屋结构有关外，还与房屋外形及其长度和宽度有关，同时也与房间平均面积的大小和户型组成有关。房屋平均面积越大，内墙、隔墙在建筑面积中所占比重就越低。

⑤住宅的层数。

民用住宅按层数划分为低层住宅（1～3层）、多层住宅（4～6层）、中高层住宅（7～9层）、高层住宅（10层以上）。在民用建筑中，多层住宅具有降低工程造价和使用费、节约用地的优点。房间内部和外部的设施、供水管道、排水管道、煤气管道、电力照明和交通道路等费用，在一定范围内都随着住宅层数的增加而降低。表4－1对低、多层结构住宅造价进行了分析。

表4－1   砖混结构低、多层住宅层数与造价的关系

住宅层数	一	二	三	四	五	六
单方造价系数/%	138.05	116.95	108.38	103.51	101.68	100.00
边际造价系数/%		－21.10	－8.57	－4.87	－1.83	－1.68

由表4－1可知，随着住宅层数的增加，单方造价系数在逐渐降低，即层数越多越经济。但是边际造价系数也在逐渐减少，说明随着层数的增加，单方造价系数下降幅度减缓，住宅超过7层，就要增加电梯费用，需要较多的交通面积（过道、走廊要加宽）和补充设备（供水设备和供电设备等）。特别是高层住宅，要经受较强的风荷载，需要提高结构强度，改变结构形式，使工程造价大幅度上升。因而，一般来讲，在中小城市以建筑多层住宅为经济合理，在大城市可沿主要街道建设一部分中高层和高层住宅，以合理利用空间，美化市容。

⑥住宅建筑结构类型的选择。

对同一建筑物来说，不同的结构类型其造价是不同的。一般来说，砖混结构比框架结构的造价低，因为框架结构的钢筋混凝土现浇构件的比重较大，其钢材、水泥的材料消耗量大，因而建筑成本也高。由于各种建筑体系的结构形式各有利弊，在选用结构类型时应结合实际，因地制宜，就地取材，采用适合本地区本部门的经济合理的结构形式。

3　设计阶段工程造价管理的主要内容 ⋯⋯⋯⋯●

随着设计工作的开展，各个阶段工程造价管理的内容又有所不同，各个阶段工程造价管理工作的主要内容和程序如下。

（1）方案设计阶段。

根据方案图纸和说明书，作出专业详尽的工程造价估算书。

（2）初步设计阶段。

根据初步设计方案图纸和说明书及概算定额编制初步设计总概算，概算一经批准，即为控制拟建项目工程造价的最高限额。总概算是确定建设项目的投资额、编制固定资产投资计划的依据；是签订建设工程总包合同、贷款总合同、实行投资包干的依据；同时也可作为控制建设工程拨款、组织主要设备订货、进行施工

根据技术设计的图纸和说明书及概算定额编制初步设计修正总概算。这一阶段往往是针对技术比较复杂、工程比较大的项目而设立的。

（4）施工图设计阶段。

根据施工图纸和说明书及预算定额编制施工图预算，用以核实施工图阶段造价是否超过批准的初步设计概算。以施工图预算为基础进行招标投标的工程，则是以中标的施工图预算价作为确定承包合同价的依据，同时也是作为结算工程价款的依据。

（5）设计交底和配合施工。

设计单位应负责交代设计意图，进行技术交底，解释设计文件，及时解决施工中设计文件出现的问题，参加试运转和竣工验收、投产及进行全面的工程设计总结。设计过程中应及时地对项目投资进行分析对比，反馈造价信息，能动地影响设计，控制投资。

设计阶段的造价控制是一个有机联系的整体，各设计阶段的造价（估算、概算、预算）相互制约、相互补充，前者控制后者，后者补充前者，共同组成工程造价的控制系统。

4 设计阶段工程造价控制的措施和方法⋯⋯⋯⋯●

设计阶段控制工程造价的方法有：对设计方案进行优选或优化设计，推广限额设计和标准化设计，加强对设计概算、施工图预算的编制管理和审查。

（1）方案的造价估算、设计概算和施工图预算的编制与审查。

实际工作中，经常发现有的方案估算不够完整，有的限额设计的目标值缺乏合理性，有的概算不够正确，有的施工图预算或者标底不够准确，影响到设计过程中各个阶段造价控制目标的制定，最终不能达到以造价目标控制设计工作的目的。所以说设计阶段加强对设计方案估算、初步设计概算、施工图预算编制的管理和审查是至关重要的。

首先，方案估算要建立在分析测算的基础上，能够比较全面、真实地反映各个方案所需的造价。在方案的投资估算过程中，要多考虑一些影响造价的因素，如施工的工艺和方法的不同、施工现场的不同情况等，因为这些都会使按照经验估算的造价发生变化，只有这样才能使估算更加完善。对于设计单位来说，当务之急是要对各类设计资料进行分析测算，以掌握大量的第一手资料数据，为方案的造价估算积累有效的数据。

设计概算不准，与施工图预算差距很大的现象常有发生，其原因主要是因为初步设计图纸深度不够，概算编制人员缺乏责任心，概算与设计和施工脱节，概算编制中错误太多等。要提高概算的质量，首先，必须加强设计人员与概算编制人员的联系与沟通；其次，要提高概算编制人员的素质，加强责任心，多深入实际，丰富现场工作经验；再其次，加强对初步设计概算的审查。概算审查可以避免重大错误的发生，避免不必要的经济损失，设计单位要建立健全三审制度（自审、审核、审定），大的设计单位还应建立概算抽查制度。概算审查不仅仅局限于设计单位，建设单位和概算审批部门也应加强对初步设计概算的审查，严格概算的审批，从而有效控制工程造价。

施工图预算是签订施工承包合同，确定承包合同价，进行工程结算的重要依据，其质量的高低直接影响到施工阶段的造价控制。提高施工图预算的质量可以从加强对编制施工图预算的单位和人员的资质审查，以及加强对他们的管理来实现。

（2）设计方案的优化和比选。

为了提高工程建设投资效果，从选择建设场地和工程总平面布置开始，直到最后结构构件的设计，都应进行多方案比选，从中选取技术先进、经济合理的最佳设计方案，或者对现有的设计方案进行优化，使其能够更加经济合理。在设计过程中，可以利用价值工程的思路和方法对设计方案进行比较，对不合理的设计提出改进意见，从而达到控制造价、节约投资的目的。

（3）推广限额、标准设计。

限额设计是设计阶段控制工程造价的重要手段，它能有效地克服和控制"三超"现象，使设计单位加强技术与经济的对立统一管理，能克服设计概预算本身的失控对工程造价带来的负面影响。另外，推广成熟的、行之有效的标准设计不但能够提高设计质量，而且能够提高效率，节约成本；同时因为标准设计大量使用标准构配件，压缩现场工作量，最终有利于工程造价的控制。

（4）推行设计索赔、监理制度，加强设计变更管理。

设计索赔及设计监理等制度的推行，能够真正提高人们对设计工作的重视程度，从而使设计阶段的造价控制得以有效开展，同时也可以促进设计单位建立完善的管理制度，提高设计人员的质量意识和造价意识。设计索赔制度的推行和加大索赔力度是切实保障设计质量和控制造

价的必要手段。另外，设计图纸变更得越早，造成的经济损失越小；反之则损失越大。工程设计人员应建立设计施工轮训或继续教育制度，尽可能地避免设计与施工相脱节的现象发生，由此可减少设计变更的发生。对非发生不可的变更，应尽量控制在设计阶段，切要用先算账后变更、层层审批的方法，以使投资得到有效控制。

5 设计方案的优化管理①

（1）通过优化设计进行造价控制。

①把握不同设计内容的造价控制重点。

• 建筑方案设计。在满足建设项目主题鲜明、形象美观，充分展示设计师设计理念的前提下，要充分考虑功能完善、简洁耐用、运行可靠、经济合理等房屋使用和经济要求。在建筑设计阶段重点是把握好平面布置、柱网、长宽比的合理性；合理确定建筑物的层数和层高，按功能要求确定不同的建筑层高；按销售要求，合理分布户型、确定内墙分割，减少隔墙和装饰面；尽可能地避免建筑形式的异型化和色彩、材料的特殊化。

• 结构工程设计。应在建筑方案设计的基础上，在满足结构安全的前提下，充分优化结构设计，必要时应委托专业的设计公司进行结构设计和结构的优化设计，降低建筑物的自身载荷，减少主要材料的消耗。通过工程概算及其主要技术经济指标分析结构设计的优化程度。

• 设备选型。在满足建筑环境和使用功能的前提下，以经济实用、运行可靠、维护管理方便为原则进行主要设备选型。通过主要技术经济指标对设备选型进行限额控制，通过设备询价对主要设备提出可靠的价格信息，详细制定大型设备选型、招标、采购控制办法，尽可能采用性价比较优的设备。在建筑设备造价控制方面重点是控制好通风空调设备、电气设备、电梯设备、水处理设备、建筑智能设备等。

---

①全国造价工程师执业资格考试培训教材编审委员会，《2006年版工程造价计价与控制》，中国计划出版社2006年版。

● 装饰工程。装饰工程以满足销售目标、形象要求和主题宣传为前提进行设计。外墙装饰工程应尽可能采用成熟可靠、经济实用、形象美观的设计方案，并进行必要的深化设计。如采用幕墙方案时，一方面严格控制幕墙的深化设计，节省结构和装饰材料，避免设计与材料规格脱节而导致的饰面材料消耗系数增大；另一方面严格控制饰面材料的档次和标准。室内精装修工程应以销售对象需求为前提，做到简洁、美观，重点是做好公共部位的装饰工程，并要保证适当的建设标准和档次要求，并根据部位的形象要求适当区分不同档次；门窗工程做到与整体风格协调一致，按部位要求区分不同的材料选用档次。对于可以预留目标客户的室内装饰工程（包括照明和弱电工程）尽量由客户进行装饰设计和投资，降低开发费用，防止投资沉没。

● 特殊专业工程。对于特殊的火灾自动报警及消防联动系统、综合布线系统、有线电视及卫星电视系统、车辆管理系统、无线网络覆盖系统等专业工程宜进行深化设计，以满足销售为前提；对于建筑智能和网络工程等尽可能地预留接口由目标客户自行投资建设。该类工程在造价控制上尽可能地采用限额设计。

● 室外附属工程。与主体工程配套的室外道路工程、园林绿化工程、雨污水工程等在保证道路应用、绿化指标的前提下，尽可能减少高标准道路面积、使道路工程、停车场与绿化工程相结合，在营造园林小景、绿化、美化的同时，充分考虑形象与维护、保养费用。

②优化设计的步骤。

● 优化设计的提出。优化设计应贯穿整个建设项目的全过程，优化设计带来的直接效益包括造价的降低、质量的提高、工期的缩短以及安全隐患的降低等。建设项目的参与各方均有义务提出工程优化设计建议，建设项目的业主和造价咨询单位、招标代理机构等在各类施工合同、咨询服务合同的拟订过程中，要明确优化设计提出和实施的激励措施，调动提出和实施优化设计的积极性。

• 优化设计的审查和实施。因为优化设计的目的不仅仅是以单一的降低工程造价为目的，在实施过程中必须进行全面的、综合的技术经济分析。造价咨询一方面针对单项工程、单位工程、部分分部分项工程中的某项技术经济指标过高的情况，应及时反馈到业主和设计、监理单位，提出优化设计的建议，协助建设单位、设计单位进行设计方案的优化；另一方面对建设项目参与各方提出的优化设计建议，应充分运用价值工程的理论，以降低工程建设投资、提高工程质量为主要目的，进行全面的技术经济分析，提出是否实施的建议。

优化设计步骤可如图4-4所示。

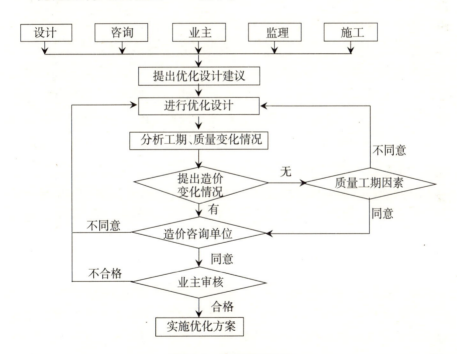

图4-4 优化设计程序

（2）通过设计招标和设计方案来优化设计方案。

建设单位首先就拟建工程的设计任务通过报刊、信息网络或其他媒介发布公告，吸引设计单位参加设计招标或设计方案竞选，以获得众多的设计方案；然后组织专家评定小组，由专家评定小组采用科学的方法，按照经济、适用、美观的原则，以及技术先进、功能全面、结构合理、安全适用、满足建设节能及环境等要求，综合评定各设计方案优劣，从中选择最优的设计方案，或将各方案的可取之处重新组合，提出最佳方案。专家评价法有利于多种设计方案的比较与选择，能集思广益，吸收众多设计方案的优点，使设计更完美。通过设计招标和设计方案竞选优化设计方案，有利于控制建设工程造价，使投资概算控制在投资者限定的投资范围内。

（3）运用价值工程优化设计方案。

①在设计阶段实施价值工程的意义

在设计阶段，实施价值工程意义重大，尤其是建筑工程。一方面，在设计过程中涉及多部门多专业工种，就一项简单的民用住宅工程设计来说，就要涉及建筑、结构、电气、给排水、供暖、煤气等专业工种。在工程设计过程中，每个专业都各自独立进行设计，势必会产生各个专业工种设计的相互协调问题。通过实施价值工程，不仅可以保证各专业工种的设计符合各种规范和用户的要求，而且可以解决各专业工种设计的协调问题，得到整体合理和优良的方案；另一方面，建筑产品具有单件性的特点，工程设计往往也是一次性的，设计过程中可以借鉴的经验教训不一而足，而利用价值工程可以发挥集体智慧，群策群力，得到最佳设计方案。建筑工程在设计阶段实施价值工程的意义有：

● 可以有效地控制工程造价。价值工程需要对研究对象的功能与成本之间关系进行系统分析。设计人员参与价值工程，就可以避免在设计过程中只重视功能而忽视成本的倾向，在明确功能的前提下，发挥设计人员的创造精神，提出各种实现功能的方案，从中选取最合理的方案。这样既保证了用户所需功能的实现，又有效地控制了工程造价。

● 可以使建筑产品的功能更合理。工程设计实质上就是对建筑产品的功能进行设计，而价值工程的核心就是功能分析。通过实施价值工程，可以使设计人员更准确地了解用户所需及建筑产品各项功能之间的比重，同时还可以考虑设计、建筑材料和设备制造、施工技术专家的建议，从而使设计更加合理。

● 可以节约社会资源。价值工程着眼于寿命周期成本，即研究对象在其寿命期内所发生的全部费用。对于建设工程而言，寿命周期成本包括工程造价和工程使用成本。价值工程的目的是以研究对象的最低寿命周期成本可靠地实现使用者所需功能，使工程造价、使用成本及建筑产品功能合理匹配，节约社会资源消耗。

②价值工程在新建项目设计方案优选中的应用。

在新建项目设计中应用价值工程与一般工业产品中应用价值工程略有不同，因为建设项目具有单件性和一次性的特点。利用其他项目的资料选择价值工程研究对象，效果较差。而设计主要是对项目的功能及其实现手段进行设计，因此，整个设计方案就可以作为价值工程的研究对象。在设计阶段实施价值工程的步骤一般为：

● 功能分析。建筑功能是指建筑产品满足社会需要的各种性能的总和。不同的建筑产品有不同的使用功能，它们通过一系列建筑因素体现出来，反映建筑物的使用要求。建筑产品的功能一般分为社会性功能、适用性功能、技术性功能、物理性功能和美学功能五类。功能分析首先应明确项目各类功能具体有哪些，哪些是主要功能，并对功能进行定义和整理，绘制功能系统图。

● 功能评价。功能评价主要是比较各项功能的重要程度，用 $0 \sim 1$ 评分法、$0 \sim 4$ 评分法、环比评分法等方法，计算各项功能评价系数，作为该功能的重要度权数。

● 方案创新。根据功能分析的结果，提出各种实现功能的方案。

● 方案评价。对方案创新提出的各种方案各项功能的满足程度打分，然后以功能评价系数作为权数计算各方案的功能评价得分，最后再计算各方案的价值系数，以价值系数最大者为最优。

【例4-1】某厂有三层混砖结构住宅14幢。随着企业的不断发展，职工人数逐年增加，职工住房条件日趋紧张。为改善职工居住条件，该厂决定在原有住宅区内新建住宅。

(1) 新建住宅功能分析。为了使住宅扩建工程达到投资少、效益高的目的，价值工程小组工作人员认真分析了住宅扩建工程的功能，认为增加住房户数 (F_1)、改善居住条件 (F_2)、增加使用面积 (F_3)、利用原有土地 (F_4)、保护原有林木 (F_5) 等五项功能作为主要功能。

(2) 功能评价。经价值工程小组集体讨论，认为增加住房户数是最重要的功能；其次，改善居住条件与增加使用面积有同等重要的功能；最后是利用原有土地与保护原有林木有同等重要的功能。即 $F_1 > F_2 = F_3 > F_4 = F_5$，利用 0~4 评分法，各项功能的评价系数见表4-2。

表4-2　　　　　　　　　　0~4评分法

功能	F_1	F_2	F_3	F_4	F_5	得分	功能评价系统
F_1	×	3	3	4	4	14	0.35
F_2	1	×	2	3	3	9	0.225
F_3	1	2	×	3	3	9	0.225
F_4	0	1	1	×	2	4	0.1
F_5	0	1	1	2	×	4	0.1
合计						40	1.00

(3) 方案创新。在对该住宅功能评价的基础上，为确定住宅扩建工程设计方案，价值工程人员走访了住宅原设计施工负责人，调查了解住宅的居住情况和建筑物自然状况，认真审核住宅楼的原设计图纸和施工记录，最后认定原住宅地基条件较好，地下水位深且地耐力大；原建筑虽经多年使用，但各承重构件尤其原基础十分牢固，具有承受更大荷载的潜力。价值工程人员经过严密计算分析和征求各方面意见，提出两个不同的设计方案：

方案甲：在对原住宅楼实施大修理的基础上加层。工程内容包括：屋顶地面翻修，内墙粉刷、外墙抹灰，增加厨房、厕所 ($333m^2$)，改造给排水工程，增建两层住房（605m^2）。工程需投资50万元，工期4个月，施工期间住户需全部迁出。工程完工后，可增加住户18户，原有绿化林木50%被破坏。

方案乙：拆除旧住宅，建设新住宅。工程内容包括：拆除原有住宅两栋，可新建一栋，新建住宅每栋60套，每套80m^2，工程需投资100万元，工期8个月，施工期间住户需全部迁出。工程完工后，可增加住户18户，原有绿化林木全部被破坏。

（4）方案评价。利用加权评分法对甲、乙两个方案进行综合评价，结果见表4-3、表4-4。

表4-3 各方案的功能评价

项目功能	重要度权数	方案甲		方案乙	
		功能得分	加权得分	功能得分	加权得分
F_1	0.35	10	3.5	10	3.5
F_2	0.225	7	1.575	10	2.25
F_3	0.225	9	2.025	9	2.025
F_4	0.1	10	1	6	0.6
F_5	0.1	5	0.5	1	0.1
方案加权得分和		8.5		8.475	
方案功能评价系数		0.5037		0.4963	

表4-4 各方案价值系数计算

方案名称	功能评价系数	成本费用（万元）	成本指数	价值系数
修理加层	0.5037	50	0.333	1.513
拆旧建新	0.4963	100	0.667	0.744
合计	1.000	150	1.000	

经计算可知，修理加层方案价值系数较大，据此选定方案甲为最优方案。

③价值工程在设计阶段工程造价控制中的应用。

价值工程在设计阶段工程造价控制中应用的程序是：

• 对象选择。在设计阶段应用价值工程控制工程造价，应以对控制造价影响较大的项目作为价值工程的研究对象。因此，可以应用 ABC 分析法，将设计方案的成本分解并分成 A、B、C 三类，A 类成本比重大，品种数量少，作为实施价值工程的重点。

●功能分析。分析研究对象具有哪些功能，各项功能之间的关系如何。

●功能评价。评价各项功能，确定功能评价系数，并计算实现各项功能的现实成本是多少，从而计算各项功能的价值系数。价值系数小于 1 的，应该在功能水平不变的条件下降低成本，或在成本不变的条件下，提高功能水平；价值系数大于 1 的，如果是重要的功能，应该提高成本，保证重要功能的实现；如果该项功能不重要，可以不做改变。

●分配目标成本。根据限额设计的要求，确定研究对象的目标成本，并以功能评价系数为基础，将目标成本分摊到各项功能上，与各项功能的现实成本进行对比，确定成本改进期望值，成本改进期望值大的，应首先重点改进。

●方案创新及评价。根据价值分析结果及目标成本分配结果的要求，提出各种方案，并用加权评分法选出最优方案，使设计方案更加合理。

【例 4-2】某房地产开发公司拟用大模板工艺建造一批高层住宅。设计方案完成后，造价超标。须运用价值工程分析来降低工程造价。

（1）对象选择：分析其造价构成，发现结构造价占土建工程的 70%，而外墙造价又占结构造价的 1/3，外墙体积在结构混凝土总量中只占 1/4。从造价构成上看，外墙是降低造价的主要矛盾，应作为实施价值工程的重点。

（2）功能分析：通过调研和功能分析，了解到外墙的功能主要是抵抗水平力（F_1）、挡风防雨（F_2）、隔热防寒（F_3）。

（3）功能评价：目前该设计方案中，使用的是长 330cm、高 290cm、厚 28cm，重约 4 吨的配钢筋陶粒混凝土墙板，造价 345 元，其中抵抗水平力功能的成本占 60% ，挡风防雨功能的成本占 16% ，隔热防寒功能的成本占 24% 。这三项功能的重要程度比为 $F_1 : F_2 : F_3 = 6 : 1 : 3$ ，各项功能的价值系数计算结果见表 4-5、表 4-6。

表 4-5　　　　　　　　功能评价系数计算结果

功能	重要度比	得分	功能评价系数
F_1	$F_1 : F_2 = 6 : 1$	2	0.6
F_2	$F_2 : F_3 = 1 : 3$	1/3	0.1
F_3		1	0.3
合计		10/3	1.00

表 4-6　　　　　　　　各项功能价值系数计算结果

功能	功能评价系数	成本指数	价值系数
F_1	0.6	0.6	1.0
F_2	0.1	0.16	0.625
F_3	0.3	0.24	1.25

由表 4-6 计算结果可知，抵抗水平力功能与成本匹配较好；挡风防雨功能不太重要，但是成本比重偏高，应降低成本；隔热防寒功能比较重要，但是成本比重偏低，应适当增加成本。假设相同面积的墙板，根据限额设计的要求，目标成本是 320 元，则各项功能的成本改进期望值计算结果见表 4-7。

表 4-7　　　　　　　目标成本的分配及成本改进期望值的计算

功能	功能评价系数 （1）	成本指数 （2）	目前成本 （3）= 345 × (2)	目标成本 （4）= 320 × (1)	成本改进期望值 （5）= (3) - (4)
F_1	0.5	0.6	207	192	15
F_2	0.1	0.16	55.2	32	23.2
F_3	0.3	0.24	82.8	96	-13.2

由以上计算结果可知，应首先降低 F_2 的成本，其次是 F_1，最后适当增加 F_3 的成本。

（4）推广标准化设计，优化设计方案。

标准化设计又称定型设计、通用设计，是工程建设标准化的组成部分。各类工程建设的构件、配件、零部件、通用的建筑物、构筑物、公用设施等，只要有条件的，都应该实施标准化设计。设计标准规范是重要的技术规范，是进行工程建设、勘察设计施工及验收的重要依据。设计标准规范按其实施范围划分，可以分为全国统一的设计规范及标准设计、行业范围内统一的设计规范及标准设计、省市自治区范围内统一的设计规范及标准设计、企业范围内统一的设计规范及标准设计。随着工程建设和科学技术的发展，设计规范和标准设计必须经常补充，及时修订，不断更新。

①广泛采用标准化设计是改进设计质量、加快实现建筑工业化的客观要求。

因为标准化设计来源于工程建设实际经验和科技成果，是将大量成熟的、行之有效的实际经验和科技成果，按照统一简化、协调选优的原则，提炼上升为设计规范和标准设计，所以设计质量都比一般工程设计质量要高。另外，由于标准化设计采用的都是标准构配件，建筑构配件和工具式模板的制作过程可以从工地转移到专门的工厂中批量生产，使施工现场变成"装配车间"和机械化浇筑场所，把现场的工程量压缩到最小程度。

②广泛采用标准化设计，可以提高劳动生产率，加快工程建设进度。

设计过程中，采用标准构件，可以节省设计力量，加快设计图纸的提供速度，大大缩短设计时间，一般可以加快设计速度 1~2 倍，从而使施工准备工作和订制预制构件等生产准备工作提前，缩短整个建设周期。另外，由于生产工艺定型，生产均衡，统一配料，劳动效率提高，因而使标准配件的生产成本大幅度降低。

③广泛采用标准化设计，可以节约建筑材料，降低工程造价。

由于标准构配件的生产是在工厂内批量生产，便于预制厂统一安排，合理配置资源，发挥规模经济的作用，节约建筑材料。

标准设计是经过多次反复实践加以检验和补充完善的，所以能较好地贯彻国家技术经济政策，密切结合自然条件和技术发展水平，合理利用能源资源，充分考虑施工生产、使用维修的要求，既经济又优质。

（5）限额设计。

①限额设计的概念。

设计阶段的投资控制，就是编制出满足设计任务书要求、造价受控于投资决策的设计文件，限额设计就是根据这一点要求提出来的。所谓限额设计，就是按照设计任务书批准的投资估算额进行初步设计，按照初步设计概算造价限额进行施工图设计，按施工图预算造价对施工图设计的各个专业设计文件作出决策，所以限额设计实际上是建设项目投资控制系统中的一个重要环节或称为一项关键措施。在整个设计过程中，设计人员与经济管理人员密切配合，做到技术与经济的统一。设计人员在设计时考虑经济支出，作出方案比较，有利于强化设计人员的工程造价意识，优化设计；经济管理人员及时进行造价计算，为设计人员提供信息，使设计小组内部形成有机整体，克服相互脱节现象，改变了设计过程不算账、设计完成见分晓的现象，达到动态控制投资的目的。

②限额设计的目标。

• 限额设计目标的确定。限额设计目标是在初步设计开始前，根据批准的可行性研究报告及其投资估算确定的。限额设计指标经项目经理或总设计师提出，经主管院长审批下达，其总额度一般只下达直接工程费的90％，以便项目经理或总设计师和室主任留有一定的调节指标，限额指标用完后，必须经批准才能调整。专业之间或专业内部节约下来的单项费用，未经批准不能相互调用。

虽然说限额设计是设计阶段控制造价的有效方法，但工程设计是一个从概念到实施的不断认识的过程，控制限额的提出也难免会产生偏差或错误，因此限额设计应以合理的限额为目标。如果限额设计的目标值过低会造成这个目标值被突破，限额设计无法实施；另一方面，目标值过高会造成投资浪费现象。限额设计目标值的提出绝不是建设单位和领导机关或权力部门随意提出的限额，而是对整个建设项目进行投资分解后，对各个单项工程、单位工程、分部分项工程的各个技术经济指标提出科学、合理、可行的控制额度。在设计过程中，一方面要严格按照限额控制目标，选择合理的设计标准进行设计，另一方面要不断分析限额的合理性，若设计限额确定不合理，必须重新进行投资分解，修改或调整限额设计目标值。

• 采用优化设计，确保限额目标的实现。优化设计是以系统工程理论为基础，应用现代数学方法对工程设计方案、设备选型、参数匹配、效益分析等方面进行最优化的设计方法。它是控制投资的重要措施，在进行优化设计时，必须根据问题的性质，选择不同的优化方法。一般来说，对于一些确定性问题，如投资、资源消耗、时间等有关条件已确定的，可采用线性规划、非线性规划、动态规划等理论和方法进行优化；对于一些非确定性问题，可以采用排队论、对策论等方法进行优化；对于涉及流量的问题，可以采用图与网络理论进行优化。

优化设计通常是通过数学模型进行的。一般工作步骤是：首先，分析设计对象的综合数据，建立设计目标；其次，根据设计对象的数据特征选择合适的优化方法，并建立模型；最后，用计算机对问题求解，并分析计算结果的可行性，对模型进行调整，直到得到满意结果为止。

优化设计不仅可选择最佳设计方案，提高设计质量，而且能有效控制投资。

③限额设计的全过程。

限额设计的全过程实际上就是建设项目投资目标管理的过程，即目标分解与计划、目标实施、目标实施检查、信息反馈的控制循环过程。这个过程如图4－5所示。

• 投资分配。投资分配是实行限额设计的有效途径和主要方法。设计任务书获批准后，设计单位在设计之前应在设计任务书的总框架内将

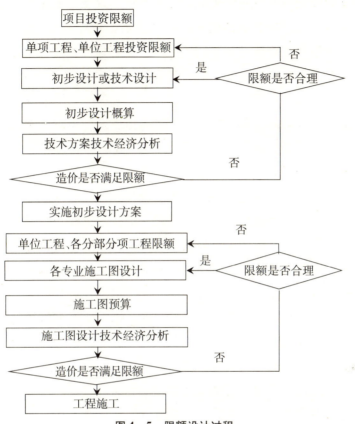

图4-5　限额设计过程

投资先分解到各专业，然后再分配到各单项工程和单位工程，作为进行初步设计的造价控制目标。这种分配往往不是只凭设计任务书就能办到，而是要进行方案设计，在此基础上作出决策。

●限额初步设计。初步设计应严格按分配的造价控制目标进行设计。在初步设计开始之前，项目总设计师应将设计任务书规定的设计原则、建设方针和投资限额向设计人员交底，将投资限额分专业下达到设计人员，发动设计人员认真研究实现投资限额的可能性，切实进行多方案比选，对各个技术经济方案的关键设备、工艺流程、总图方案、总图建筑和各项费用指标进行比较和分析，从中选出既能达到工程要求、又不超过投资限额的方案，作为初步设计方案。如果发现重大设计方案或某项费用指标超出任务书的投资限额，应及时反映，并提出解决问题的办法。不能等到设计概算编出后才发觉投资超限额，再被迫压低造价，减项目、减设备，这样不但影响设计进度，而且造成设计上的不合理，给施工图设计超投资埋下隐患。

•施工图设计的造价控制。已批准的初步设计及初步设计概算是施工图设计的依据，在施工图设计中，无论是建设项目总造价，还是单项工程造价，均不应该超过初步设计概算造价。设计单位按照造价控制目标确定施工图设计的构造，选用材料和设备。

进行施工图设计应把握两个标准：一个是质量标准，另一个是造价标准，并应做到两者协调一致，相互制约，防止只顾质量而放松经济要求的倾向，当然也不能因为经济上的限制而消极地降低质量，因此必须在造价限额的前提下优化设计。在设计过程中，要对设计结果进行技术经济分析，看是否有利于造价目标的实现。每个单位工程施工图设计完成后，都要做出施工图预算，判别是否满足单位工程造价限额要求。如果不满足，应修改施工图设计，直到满足限额要求。只有施工图预算造价满足施工图设计造价限额时，施工图才能归档。

•设计变更。在初步设计阶段，由于外部条件的制约和人们主观认识的局限，往往会造成施工图设计阶段甚至施工过程中的局部修改和变更。这是使设计、建设更趋完善的正常现象，但是由此却会引起对已经确认的概算价值的变化。这种变化在一定范围内是允许的，但必须经过核算和调整。如果施工图设计变化涉及建设规模、产品方案、工艺流程或设计方案的重大变更，使原初步设计失去指导施工图设计的意义时，必须重新编制或修改初步设计文件，并重新报原审查单位审批。对于非发生不可的设计变更，应尽量提前，以减少变更对工程造成的损失。对影响工程造价的重大设计变更，更要采取先算账后变更的办法解决，以使工程造价得到有效控制。

④限额设计的纵向控制和横向控制。

限额设计控制工程造价可以从两个角度入手，一种是按照限额设计过程从前往后依次进行控制，称为纵向控制；另外一种是对设计单位及其内部各专业、科室及设计人员进行考核，实施奖惩，进而保证设计质量，称为横向控制。横向控制首先必须明确各设计单位以及设计单位内部各专业科室对限额设计所负的责任，将工程投资按专业进行分配，并分段考核，下段指标不得突破上段指标，责任落实越接近于个人，效果就越明显，并赋予责任者履行责任的权利；其次，要建立健全奖惩制度。设计单位在保证工程安全和不降低工程功能的前提下，采用新材料、新工艺、新设备、新方案，从而节约了投资的，应根据节约投资额的大小对设计单位给予奖励；因设计单位设计错误，漏项或扩大规模和提高标准而导致工程静态投资超支，要视其超支比例扣减相应比例的设计费。

（6）运用寿命周期成本理论优化设备选型。

工程设计是规划如何实现建设项目使用功能的过程，对设计方案的评价一般也是在保证功能水平的前提下，尽可能节约工程建设成本，限额设计就是在设计阶段节约建设成本的主要措施之一。然而，建设成本低的方案未必是功能水平优的方案。建设项目具有一次性投资大、使用周期长的特点。在项目的长期运营过程中，每年支出的项目维持费与大额的建设投资相比，也许数量不多，但是长期的积累也会产生巨额的支出。传统的设计方案评价对这部分费用重视不够。如果我们过分强调节约投资，往往会造成项目功能水平不合理而导致项目维持费迅速增加的情况。因此，设计方案评价应该从寿命周期成本的角度进行评价。

①在设计阶段应用寿命周期成本理论的意义。

众所周知，建设项目的使用功能在决策和设计阶段就已基本确定，项目的寿命周期成本也已基本确定，因此，决策和设计阶段就成为寿命周期成本控制潜力最大的阶段，在决策和设计阶段进行寿命周期成本评价有着极其重要的意义。

● 寿命周期成本评价能够真正实现技术与经济的有机结合。设计阶段控制成本的一个重要原则是技术与经济的有机结合。传统的成本控制方法是设计人员从技术角度进行方案设计，然后由经济人员计算相关费用，再从费用角度调整设计方案，或者先制定限额目标，设计人员在设计限额内进行方案设计。这种方法是技术和经济相互割裂的两个过程，而寿命周期成本评价将寿命周期成本作为一个设计参数，与其他功能设计参数一同考虑进行方案设计，真正实现了技术与经济的有机结合。

● 寿命周期成本为确定项目合理的功能水平提供了依据。不同类型的建设项目，其功能水平有不同的指标来衡量。人们当然希望项目的功能水平越高越好，但是，较高的功能水平往往需要高额的建设成本，而节约建设成本又会导致项目功能水平降低。这是一种两难的选择，尤其是公共投资项目，由于市场的不完善性，无法通过市场确定其合理的功能水平，导致很多公共投资项目超标准建设。而寿命周期成本评价为设计阶段确定项目的合理功能水平提供了依据，即费用效率尽可能大，并且寿命周期成本尽可能小的功能水平是比较合理的功能水平。

● 寿命周期成本评价有助于增强项目的抗风险能力。寿命周期成本评价在设计阶段即对未来的资源需求进行预测，并根据预测结果合理确定项目功能水平及设备选择，并且鉴别潜在的问题，使项目对未来的适应性增强，有助于提高项目的经济效益。

● 寿命周期成本评价可以使设备选择更科学。在建设项目的运行过程中，还需要对项目的功能不断地进行更新，以适应技术进步和外界经济环境的变化。项目运营过程中功能的更新主要是通过设备更新来实现的。因此，在建设项目的设计阶段就综合考虑技术进步、项目寿命及设备投资等因素，可以使设备选择更科学。

②寿命周期成本理论在设计阶段设备选型的应用。

寿命周期成本评价是一种技术与经济有机结合的方案评价方法，它要考虑项目的功能水平与实现功能的寿命周期费用之间的关系。这种方法在设备选型中应用较为广泛，对于设备的功能水平的评价一般可用生产效率、使用寿命、技术寿命、能耗水平、可靠性、可操作性、环保性和安全性等指标。在设备选型中应用寿命周期成本评价方法的步骤是：

• 提出各项备选方案，并确定系统效率评价指标。

• 明确费用构成项目，并预测各项费用水平。

• 计算各方案的经济寿命，作为分析的计算期。

• 计算各方案在经济寿命期内的寿命周期成本。

• 计算各方案可以实现的系统效率水平，然后与寿命周期成本相除，计算费用效率，费用效率较大的方案较优。

【例4-3】某集装箱码头需要购置一套装卸设备，有三个方案可供选择：设备A投资1800万元、设备B投资1000万元、设备C投资600万元。设备的年维持费包括能耗费、维修费和养护费。各设备的年维持费和工作量见表4-8，不考虑时间价值因素，进行方案比选。

表4-8　　　　　　　　　装卸设备方案有关数据

年份	年维持费（万元）			年工作量（万吨）		
	A	B	C	A	B	C
1	180	100	80	29	20	8
2	200	120	100	29	20	8
3	220	140	120	38	25	7
4	240	160	140	32	28	12
5	260	180	160	33	30	13
6	300	200	180	52	40	9
7	340	240	220	45	48	10
8	380	280	240	48	45	11
9	420	320	280	50	53	8
10	480	380	340	52	55	9
11	540	440	400	54	50	14
12	600	500	460	55	46	10

首先计算各方案的经济寿命，根据公式：$AC_i = \dfrac{K_i}{n} + \dfrac{1}{n}\sum\limits_{i=1}^{n} C_{it}$

式中， AC_i——方案 i 的年折算费用；

$\dfrac{1}{n}\sum\limits_{i=1}^{n} C_{it}$——设备使用 n 年的年均使用成本；

K_i——方案 i 的初始投资；

C_{it}——方案 i 第 t 年的维持费；

n——设备使用年限。

计算各方案的年折算费用，年折算费用最小时即为该方案的经济寿命。计算过程见表4－9。

表4－9 三个方案的经济寿命计算过程

年份	年维持费（万元）			年均使用成本（万元）			年折算费用（万元）		
	A	B	C	A	B	C	A	B	C
1	180	100	80	180	100	80	1980	1100	680
2	200	120	100	190	110	90	1090	610	390
3	220	140	120	200	120	100	800	453.33	300
4	240	160	140	210	130	110	660	380	260
5	260	180	160	220	140	120	580	340	240
6	300	200	180	233.33	150	130	533.33	316.67	230
7	340	240	220	248.57	162.86	142.86	505.71	305.71	**228.57**
8	380	280	240	265	177.5	155	490	**302.5**	230
9	420	320	280	282.22	193.33	168.89	482.22	304.44	235.5556
10	480	380	340	302	212	186	**482**	312	246
11	540	440	400	323.64	232.73	205.45	487.27	323.64	260
12	600	500	460	346.67	255	226.67	496.67	338.33	276.67

由表4－9可知，设备 A 的经济寿命为10年，设备 B 的经济寿命为8年，设备 C 的经济寿命为7年。则各方案的寿命周期成本为：

A：482×10＝4820（万元）

B：302.5×8＝2420（万元）

C：228.57×7＝1600（万元）

在经济寿命期内各方案的总工作量为：A 为 408 万吨；B 为 256 万吨；C 为 67 万吨，则各方案的费用效率（CE）计算见表 4 - 10。

表 4 - 10 各方案费用效率计算过程

方案	A	B	C
寿命周期（年）	10	8	7
寿命周期成本（万元）	4820	2420	1600
工作量（万吨）	408	256	67
费用效率（CE）	0.085	0.106	0.042

方案 B 的费用效率值最高，因此选购设备 B。

6 设计概算的编制与审查

（1）设计概算的编制原则。

①严格执行国家的建设方针和经济政策的原则。设计概算是一项重要的技术经济工作，要严格按照党和国家的方针、政策办事，坚决执行勤俭节约的方针，严格执行规定的设计标准。

②完整、准确地反映设计内容的原则。编制设计概算时，要认真了解设计意图，根据设计文件、图纸准确计算工程量，避免重算和漏算。设计修改后，要及时修正概算。

③坚持结合拟建工程的实际，反映工程所在地当时价格水平的原则。为提高设计概算的准确性，要实事求是地对工程所在地的建设条件、可能影响造价的各种因素进行认真的调查研究。在此基础上正确使用定额、指标、费率和价格等各项编制依据，按照现行工程造价的构成，根据有关部门发布的价格信息及价格调整指数，考虑建设期的价格变化因素，使概算尽可能地反映设计内容、施工条件和实际价格。

（2）设计概算的编制依据。

①国家发布的有关法律、法规、规章、规程等。

②批准的可行性研究报告及投资估算、设计图纸等有关资料。

③有关部门颁布的现行概算定额、概算指标、费用定额等和建设项目设计概算编制办法。

④有关部门发布的人工、设备材料价格、造价指数等。

⑤建设地区的自然、技术、经济条件等资料。

⑥有关合同、协议等。

⑦其他有关资料。

（3）设计概算的编制方法。

①单位工程概算的编制方法。

单位工程是单项工程的组成部分，是指具有单独设计可以独立组织施工，但不能独立发挥生产能力或使用效益的工程。单位工程概算是确定单位工程建设费用的文件，是单项工程综合概算的组成部分。它由直接费、间接费、利润和税金组成。

单位工程概算分建筑工程概算和设备及安装工程概算两大类。建筑工程概算的编制方法有概算定额法、概算指标法、类似工程预算法等；设备及安装工程概算的编制方法有预算单价法、扩大单价法、设备价值百分比法和综合吨位指标法等。

• 概算定额法编制建筑工程概算。概算定额法又叫扩大单价法或扩大结构定额法，是采用概算定额编制建筑工程概算的方法，类似用预算定额编制建筑工程预算。其主要步骤是：

第一，计算工程量；

第二，套用概算定额；

第三，计算直接费；

第四，人工、材料、机械台班用量分析及汇总；

第五，计算间接费、利润和税金；

第六。汇总为概算工程造价。

概算定额法要求初步设计达到一定深度，建筑结构比较明确，能按照初步设计的平面、立面、剖面图纸计算出楼地面、墙身、门窗和屋面等扩大分项工程（或扩大结构构件）项目的工程量时，才可采用。

【例4-4】某市拟建一座7560m^{2}教学楼，请按给出的扩大单价和工程量表4-11编制出该教学楼土建工程设计概算造价和平方米造价。按有关规定标准计算得到措施费为438000元，其中：材料调整系数为1.10，材料费占直接工程费比率为60%。各项费率分别为：措施费为直接工程费的10%，间接费费率5%，利润率7%，综合税率3.413%

（计算结果：平方米造价保留一位小数，其余取整）。

表4-11   某教学楼土建工程量和扩大单价

分部工程名称	工程量	扩大单价/元
基础工程/10m³	160	2500
混凝土及钢筋混凝土/10m³	150	6800
砌筑工程/100m²	280	3300
地面工程/100m²	40	1100
楼面工程/100m²	90	1800
卷材屋面/100m²	40	4500
门窗工程/100m²	35	5600
脚手架/100m²	180	600

解： 根据已知条件和表4-11中的数据，求得该教学楼土建工程造价见表4-12。

表4-12   某教学楼土建工程概算造价计算

序号	分部工程或费用名称	工程量	单价/元	合价/元
1	基础工程/10m³	160	2500	400000
2	混凝土及钢筋混凝土/10m³	150	6800	1020000
3	砌筑工程/10m³	280	3300	924000
4	地面工程/100m²	40	1100	44000
5	楼面工程/100m²	90	1800	162000
6	卷材屋面/100m²	40	4500	180000
7	门窗工程/100m²	35	5600	196000
8	脚手架/100m²	180	600	108000
A	直接工程费小计=以上8项之和			3034000
B	措施费			438000
C	间接费=（A+B）×5%			173600
D	利润=（A+B+C）×7%			255192
E	材料价差=A×60%×10%			182040
F	税金=（A+B+C+D+E）×3.413%			139347
	概算造价=A+B+C+D+E+F			4 222179
	平方米造价=4 222179÷7560			558.5

● 概算指标法编制建筑工程概算。当设计图纸为较简单，无法根据图纸计算出详细的实物工程量时，可以选择恰当的概算指标来编制概算。其主要步骤：

第一，根据拟建工程的具体情况，选择恰当的概算指标；

第二，根据选定的概算指标计算拟建工程概算造价；

第三，根据选定的概算指标计算拟建工程主要材料用量。

概算指标法的适用范围是当初步设计深度不够，不能准确地计算出工程量，但工程设计采用技术比较成熟而又有类似工程概算指标可以利用时，可采用此法。

由于拟建工程往往与类似工程概算指标的技术条件不尽相同，而且概算指标编制年份的设备、材料、人工等价格与拟建工程当时当地的价格也不会一样。因此，必须对其进行调整。其调整方法是：

设计对象的结构特征与概算指标有局部差异时的调整：

$$结构变化修正概算指标（元/m^2）= J + Q_1P_1 - Q_2P_2$$

式中：J——原概算指标；

Q_1——换入新结构的含量；

Q_2——换出旧结构的含量；

P_1——换入新结构的单价；

P_2——换出旧结构的单价。

或

$$\begin{aligned}结构变化修正概算指\\标人工材料机械数量\end{aligned} = \begin{aligned}原概算指标的人工\\材料机械数量\end{aligned} + \begin{aligned}换入结构构\\件工程量\end{aligned} \times \begin{aligned}相应定额人工\\材料机械消耗量\end{aligned} - \begin{aligned}换出结构构\\件工程量\end{aligned} \times \begin{aligned}相应定额人工材\\料机械消耗量\end{aligned}$$

以上两种方法中，前者是直接修正结构件指标单价，后者是修正结构构件指标人工、材料、机械数量。

设备、人工、材料、机械台班费用的调整：

$$\begin{aligned}设备、人工、机械材\\料修正概算费用\end{aligned} = \begin{aligned}原概算指标设备、\\人工、材料、机械费\end{aligned} + \sum[\begin{aligned}换入设备、人工、材\\料、机械数量\end{aligned} \times$$

拟建地区相应单价] $-\sum[$ 换 $\times$ 原概算指标的设备、人
出设备、人工、材料、机械数量 工、材料、机械单价]

【例4-5】 某市一栋普通办公楼为框架结构2700m²，建筑工程直接费为378元/m²，其中：毛石基础为39元/m²。而今拟建一栋办公楼3 000m²，采用钢筋混凝土带形基础，基础的概算为51元/m²，其他结构相同。求该拟建新办公楼建筑工程直接费造价。

解： 调整后的概算指标为：

$$378 - 39 + 51 = 390 \text{（元/m}^2\text{）}$$

拟建新办公楼建筑工程直接费：

$$3000 \times 390 = 1170000 \text{（元）}$$

然后按上述概算定额法的计算程序和方法，计算出措施费、间接费、利润和税金，便可求出新建办公楼的建筑工程造价。

②类似工程预算法编制建筑工程概算。

如果找不到合适的概算指标，也没有概算定额时，可以考虑采用类似的工程预算来编制设计概算。其主要编制步骤是：

第一，根据设计对象的各种特征参数，选择最合适的类似工程预算；

第二，根据本地区现行的各种价格和费用标准计算类似工程预算的人工费修正系数、材料费修正系数、机械费修正系数、措施费修正系数、间接费修正系数等；

第三，根据类似工程预算修正系数和五项费用占预算成本的比重，计算预算成本总修正系数，并计算出修正后的类似工程平方米预算成本；

第四，根据类似工程修正后的平方米预算成本和编制概算地区的利税率计算修正后的类似工程平方米造价；

第五，根据拟建工程的建筑面积和修正后的类似工程平方米造价，计算拟建工程概算造价。

用类似工程预算编制概算时应选择与所编概算结构类型、建筑面积基本相同的工程预算为编制依据，并且设计图纸应能满足计算工程量的要求，只需对个别项目按设计图纸进行调整。由于所选工程预算提供的各项数据较齐全、准确，概算编制的速度就较快。

用类似工程预算编制概算时的计算公式为

$$D = A \times K$$

$$K = a\%K_1 + b\%K_2 + c\%K_3 + d\%K_4 + e\%K_5$$

$$拟建工程概算造价 = D \times S$$

式中：D——拟建工程单方概算造价；

A——类似工程单方预算造价；

K——综合调整系数；

S——拟建工程建筑面积；

$a\%$、$b\%$、$c\%$、$d\%$、$e\%$——类似工程预算的人工费、材料费、机械台班费、措施费、间接费占预算造价的比重；

如：$a\% = \dfrac{类似工程人工费（或工资标准）}{类似工程预算造价} \times 100\%$，$b\%$、$c\%$、$d\%$、$e\%$

类同；

K_1、K_2、K_3、K_4、K_5——拟建工程地区与类似工程预算造价在人工费、材料费、机械台班费、措施费和间接费之间的差异系数，如：

$$K_1 = \frac{拟建工程概算的人工费（或工资标准）}{类似工程预算人工费（或地区工资标准）},$$

K_2、K_3、K_4、K_5 类同。

【例 4 – 6】某市 2009 年拟建住宅楼，建筑面积 6500m²，编制土建工程概算时采用 2006 年建成的 6000m² 某类似住宅工程预算造价资料，见表 4 – 13。由于拟建住宅楼与已建成的类似住宅在结构上作了调整，拟建住宅每平方米建筑面积比类似住宅工程增加直接工程费 25 元。拟建新住宅工程所在地区的利润率为 7%，综合税率为 3.413%。试求：

（1）计算类似住宅工程成本造价和平方米成本造价是多少？

（2）用类似工程预算法编制拟建新住宅工程的概算造价和平方米造价是多少？

表 4-13　　　　　2009 年某住宅类似工程预算造价资料

序号	名称	数量	1997 年单价/元	2001 年第一季度单价/元
1	人工/工日	37908	13.5	20.3
2	钢筋/t	245	3100	3500
3	型钢/t	147	3600	3800
4	木材/m³	220	580	630
5	水泥/t	1221	400	390
6	砂子/m³	2863	35	32
7	石子/m³	2778	60	65
8	红砖/千块	950	180	200
9	木门窗/m³	1171	120	150
10	其他材料/万元	18		调增系数 10%
11	机械台班费/万元	28		调增系数 10%
12	措施费占直接工程费比率/%		15	17
13	间接费率/%		16	17

解：（1）求类似住宅工程成本造价和平方米成本造价。

类似住宅工程人工费 $= 37908 \times 13.5 = 511758$（元）

类似住宅工程材料费 $= 245 \times 3100 + 147 \times 3600 + 220 \times 580 + 1221 \times$

$$400 + 2863 \times 35 + 2778 \times 60 + 950 \times 180 +$$

$$1171 \times 120 + 180000 = 2\,663105 \text{（元）}$$

类似住宅工程机械台班费 $= 280000$（元）

类似住宅直接工程费 $=$ 人工费 $+$ 材料费 $+$ 机械台班费

$$= 511758 + 2663105 + 280000 \text{（元）}$$

$$= 3454863 \text{（元）}$$

措施费 $= 3454863 \times 15\% = 518229$（元）

则：直接费 $= 3454\,863 + 518229 = 3973092$（元）

间接费 $= 3973092 \times 16\% = 635694$（元）

类似住宅工程的成本造价 = 直接工程费 + 间接费

$$= 3973092 + 635694$$

$$= 4608786 （元）$$

类似住宅工程平方米成本造价 $= \dfrac{4608786}{600} = 7861.31$（元/m²）

（2）求拟建新住宅工程的概算造价和平方米造价。

首先求出类似住宅工程人工、材料、机械台班费占其预算成本造价的百分比。然后，求出拟建新住宅工程的人工费、材料费、机械台班费、措施费、间接费与类似住宅工程之间的差异系数。进而求出综合调整系数（置）和拟建新住宅的概算造价。

①求类似住宅工程各费用占其造价的百分比：

人工费占造价百分比 $= \dfrac{511758}{4608786} \times 100\% = 11.10\%$

材料费占造价百分比 $= \dfrac{2663105}{4608786} \times 100\% = 57.78\%$

机械台班费占造价百分比 $= \dfrac{280000}{4608786} \times 100\% = 6.08\%$

措施费占造价百分比 $= \dfrac{518229}{4608786} \times 100\% = 11.24\%$

间接费占造价百分比 $= \dfrac{635694}{4608786} \times 100\% = 13.79\%$

②求拟建新住宅与类似住宅工程在各项费用上的差异系数：

人工费差异系数（K_1）$= \dfrac{20.3}{13.5} = 1.5$

材料费差异系数（K_2）$= (245 \times 3500 + 147 \times 3800 + 220 \times 630 + 1221$

$\times 390 + 2863 \times 32 + 2778 \times 65 + 950 \times 200 +$

$1171 \times 150 + 180000 \times 1.1） \div 2663105$

$= 1.08$

机械台班差异系数（K_3）= 1.07

措施费差异系数（K_4）= $\dfrac{17\%}{15\%}$ = 1.13

间接费差异系数（K_5）= $\dfrac{17\%}{16\%}$ = 1.06

③求综合调价系数（K）：

$K = 11.10\% \times 1.5 + 57.78\% \times 1.08 + 6.08\% \times 1.07 + 11.24\%$
$\times 1.13 + 13.78\% \times 1.06 = 1.129$

④拟建新住宅平方米造价 = [7681.31 × 1.129 + 25 × （1 + 17%）（1
+ 17% ）]（1 + 7%）（1 + 3.413% ）

= （8672.20 + 34.22）（1 + 7%）（1
+ 3.413% ）

= 9633.82（元/m²）

⑤拟建新住宅总造价 = 9633.82 × 6500 = 62619841（元）≈ 6261.98
（万元）

● 设备购置费概算的编制。设备购置费是根据初步设计的设备清单
计算出设备原价，并汇总求出设备总原价，然后按有关规定的设备运杂
费率乘以设备总原价，两项相加即为设备购置费概算。其公式为：

设备购置费概算 = ∑（设备清单中的设备数量×设备原价）×（1 + 运杂费率）

或

设备购置费概算 = ∑（设备清单中的设备数量×设备预算价格）

国产标准设备原价可根据设备型号、规格、性能、材质、数量及附
带的配件，向制造厂家询价或向设备、材料信息部门查询或按主管部门
规定的现行价格逐项计算。非主要标准设备和工器具、生产家具的原价
可按主要标准设备原价的百分比计算，百分比指标按主管部门或地区有
关规定执行。

● 设备安装工程费概算的编制。设备安装工程费概算的编制方法是
根据初步设计深度和要求明确的程度来确定的，其主要编制方法有：

预算单价法。当初步设计较深，有详细的设备清单时，可直接按安装工程预算定额单价编制安装工程概算，概算编制程序基本同安装工程施工图预算。该法具有计算比较具体、精确性较高的优点。

扩大单价法。当初步设计深度不够，设备清单不完备，只有主体设备或仅有成套设备重量时，可采用主体设备、成套设备的综合扩大安装单价来编制概算。

上述两种方法的具体操作与建筑工程概算相类似。

设备价值百分比法，又叫安装设备百分比法。当初步设计深度不够，只有设备出厂价而无详细规格、重量时，安装费可按占设备费的百分比计算。其百分比值（即安装费率）由主管部门制定或由设计单位根据已完类似工程确定。该法常用于价格波动不大的定型产品和通用设备产品。公式为：

设备安装费＝设备原价×安装费率（％）

综合吨位指标法。当初步设计提供的设备清单有规格和设备重量时，可采用综合吨位指标编制概算，其综合吨位指标由主管部门或由设计院根据已完类似工程资料确定。该法常用于设备价格波动较大的非标准设备和引进设备的安装工程概算。公式为：

设备安装费＝设备重量×每吨设备安装费指标/元/吨

③单项工程综合概算的编制方法。

单项工程综合概算是确定单项工程建设费用的综合性文件，是由该单项工程各专业的单位工程概算汇总而成的，是建设项目总概算的组成部分。

单项工程综合概算文件一般包括编制说明（不编制总概算时列入）和综合概算表（含其所附的单位工程概算表和建筑材料表）两大部分。当建设项目只有一个单项工程时，此时综合概算文件（实为总概算）除包括上述两大部分外，还应包括工程建设其他费用、建设期贷款利息、预备费和固定资产投资方向调节税的概算。

● 编制说明。应列在综合概算表的前面，其内容为：

——编制依据。包括国家和有关部门的规定、设计文件、现行概算

定额或概算指标、设备材料的预算价格和费用指标等。

——编制方法。说明设计概算是采用概算定额法，还是采用概算指标法。

——主要设备、材料（钢材、木材、水泥）的数量。

——其他需要说明的有关问题。

• 综合概算表是根据单项工程所辖范围内的各单位工程概算等基础资料，按照国家或部委所规定统一表格进行编制。工业建设项目综合概算表由建筑工程和设备及安装工程两大部分组成；民用工程项目综合概算表就是建筑工程一项。

• 综合概算的费用组成。一般应包括建筑工程费、安装工程费、设备购置及工器具和生产家具购置费所组成。当不编制总概算时，还应包括工程建设其他费用、建设期贷款利息、预备费和固定资产方向调节税等费用项目。

【例4-7】单项工程综合概算实例。某地区铝厂电解车间工程项目综合概算是按工程所在地现行概算定额和价格编制的，见表4-14，单位工程概算表和建筑材料表从略。

表4-14　　　　　　　　　　　单项工程概算

序号	工程或费用名称	概算价值/元					技术经济指标	
		建筑工程费	安装工程费	设备及工器具购置费	工程建筑其他费	合计	数量（m²）	单位价值（元/m²）
①	②	③	④	⑤	⑥	⑦	⑧	⑨
1	建筑工程	4857914				4857914	3600	1349.4
1.1	一般土建	3187475				3187475		
1.2	电解槽基础	203800				203800		
1.3	氧化铝	120000				120000		
1.4	工业炉窑	1268700				1286700		
1.5	工艺管道	25646				25646		
1.6	照明	34293				34293		

续表

序号	工程或费用名称	概算价值/元					技术经济指标	
		建筑工程费	安装工程费	设备及工器具购置费	工程建筑其他费	合计	数量(m²)	单位价值(元/m²)
2	设备及安装工程		3843972	3188173		7032145	3600	1953.4
2.1	机械设备及安装		2005995	3153609		5159604		
2.2	电解系列母线安装	1778550				1778550		
2.3	电力设备及安装		57337	30574		57337	87911	
2.4	自控系统设备及安装		2090	3990		6080		
3	工器具和生产家具购置			47304		47304	3600	13.1
4	合计	4857914	3843972	3235477		11937363	3315.9	
75	占综合概算造价比例/%	40.7	32.2	27.1		100		

④建设项目总概算的编制方法。

建设项目总概算是设计文件的重要组成部分，是确定整个建设项目从筹建到竣工交付使用所预计花费的全部费用的文件。它是由各单项工程综合概算、工程建设其他费用、建设期贷款利息、预备费、固定资产投资方向调节税和经营性项目的铺底流动资金概算所组成，按照主管部门规定的统一表格进行编制而成。

设计总概算文件一般应包括：封面及目录、编制说明、总概算表、工程建设其他费概算表、单项工程综合概算表、单位工程概算表、工程量计算表、分年度投资汇总表、分年度资金流量汇总表、主要材料汇总表与工日数量表等。现将有关主要情况说明如下：

● 封面、签署页及目录。封面、签署页格式见表4-15。

表 4 – 15　　　　　　　　　封面、签署页格式

建设项目设计概算文件

建设单位：_____

建设项目名称：_____

设计单位（或工程造价咨询单位）：_____

编制单位：_____

编制人（资格证号）：_____

审核人（资格证号）：_____

项目负责人：_____

总工程师：_____

单位负责人：_____

年　　月　　日

● 编制说明。编制说明应包括下列内容：

——工程概况。简述建设项目性质、特点、生产规模、建设周期、建设地点等主要情况。引进项目要说明引进内容以及与国内配套工程等主要情况。

——资金来源及投资方式。

——编制依据及编制原则。

——编制方法。说明设计概算是采用概算定额法，还是采用概算指标法等。

——投资分析。主要分析各项投资的比重、各专业投资的比重等经济指标。

——其他需要说明的问题。

● 总概算表。总概算表应反映静态投资和动态投资两个部分。静态投资是按设计概算编制期价格、费率、利率、汇率等确定的投资；动态投资是指概算编制时期到竣工验收前因价格变化等多种因素所需的投资。

● 工程建设其他费用概算表。工程建设其他费用概算按国家、地区

或部委所规定的项目和标准确定，并按统一格式编制。

- 单项工程综合概算表和建筑安装单位工程概算表。
- 工程量计算表和工、料数量汇总表。
- 分年度投资汇总表和分年度资金流量汇总表，示例详见表4－16和表4－17。

表4－16　　　　　　　　　　　分年度投资汇总

序号	主项号	工程项目或费用名称	总投资(万元)		分年度投资(万元)										备注
			总计	其中外币	第一年		第二年		第三年		第四年		......		
					总计	其中外币	总计	其中外币	总计	其中外币	总计	其中外币	总计	其中外币	

编制：　　　　　　　　　　　　　　核对：　　　　　　　　　　　　　　审核：

表4－17　　　　　　　　　　　分年度资金流量汇总

序号	主项号	工程项目或费用名称	资金总供应量(万元)		分年度投资(万元)										备注
			总计	其中外币	第一年		第二年		第三年		第四年		......		
					总计	其中外币	总计	其中外币	总计	其中外币	总计	其中外币	总计	其中外币	

编制：　　　　　　　　　　　　　　核对：　　　　　　　　　　　　　　审核：

（4）设计概算的审查内容。

①审查设计概算的编制依据。

- 依据的合法性。采用的各种编制依据必须经过国家和授权机关的批准，符合国家的编制规定，未经批准的不能采用。不能强调情况特殊，擅自提高概算定额、指标或费用标准。
- 依据的时效性。各种依据，如定额、指标、价格、取费标准等，都应根据国家有关部门的现行规定进行，注意有无调整和新的规定，如有，应按新的调整办法和规定执行。

• 依据的适用范围。各种编制依据都有规定的适用范围，如各主管部门规定的各种专业定额及其取费标准，只适用于该部门的专业工程；各地区规定的各种定额及其取费标准，只适用于该地区范围内，特别是地区的材料预算价格区域性更强。如某市有该市区的材料预算价格，又编制了郊区内一个矿区的材料预算价格，在编制该矿区某工程概算时，应采用该矿区的材料预算价格。

②审查概算编制深度。

• 审查编制说明。审查编制说明可以检查概算的编制方法、深度和编制依据等重大原则问题，若编制说明有差错，具体概算必有差错。

• 审查概算编制深度。一般大中型项目的设计概算，应有完整的编制说明和"三级概算"（即总概算表、单项工程综合概算表、单位工程概算表），并按有关规定的深度进行编制。审查其编制深度是否到位，有无随意简化的情况。

• 审查概算的编制范围。审查概算编制范围及具体内容是否与主管部门批准的建设项目范围及具体工程内容一致；审查分期建设项目的建筑范围及具体工程内容有无重复交叉，是否重复计算或漏算；审查其他费用应列的项目是否符合规定，静态投资、动态投资和经营性项目铺底流动资金是否分别列出等。

③审查工程概算的内容。

• 审查概算的编制是否符合党的方针、政策，是否根据工程所在地的自然条件编制。

• 审查建设规模（投资规模、生产能力等）、建设标准（用地指标、建筑标准等）、配套工程、设计定员等是否符合原批准的可行性研究报告或立项批文的标准。对总概算投资超过批准投资估算 10% 以上的，应查明原因，重新上报审批。

• 审查编制方法、计价依据和程序是否符合现行规定，包括定额或指标的适用范围和调整方法是否正确。进行定额或指标的补充时，要求补充定额的项目划分、内容组成、编制原则等要与现行的定额精神相一致等。

• 审查工程量是否正确。工程量的计算是否根据初步设计图纸、概算定额、工程量计算规则和施工组织设计的要求进行，有无多算、重算和漏算，尤其对工程量大、造价高的项目要重点审查。

• 审查材料用量和价格。审查主要材料（钢材、木材、水泥、砖）的用量数据是否正确，材料预算价格是否符合工程所在地的价格水平，材料价差调整是否符合现行规定及其计算是否正确等。

• 审查设备规格、数量和配置是否符合设计要求，是否与设备清单相一致，设备预算价格是否真实，设备原价和运杂费的计算是否正确，非标准设备原价的计价方法是否符合规定，进口设备的各项费用的组成及计算程序、方法是否符合国家主管部门的规定。

• 审查建筑安装工程的各项费用的计取是否符合国家或地方有关部门的现行规定，计算程序和取费标准是否正确。

• 审查综合概算、总概算的编制内容、方法是否符合现行规定和设计文件的要求，有无设计文件外项目，有无将非生产性项目以生产性项目列入。

• 审查总概算文件的组成内容，是否完整地包括了建设项目从筹建到竣工投产为止的全部费用组成。

• 审查工程建设其他各项费用。这部分费用内容多、弹性大，约占项目总投资25%以上，要按国家和地区规定逐项审查，不属于总概算范围的费用项目不能列入概算，具体费率或计取标准是否按国家、行业有关部门规定计算，有无随意列项，有无多列、交叉计列和漏项等。

• 审查项目的"三废"治理。拟建项目必须同时安排"三废"（废水、废气、废渣）的治理方案和投资，对于未作安排、漏项或多算、重算的项目，要按国家有关规定核实投资，以满足"三废"排放达到国家标准。

● 审查技术经济指标。技术经济指标计算方法和程序是否正确，综合指标和单项指标与同类型工程指标相比，是偏高还是偏低，其原因是什么并予纠正。

● 审查投资经济效果。设计概算是初步设计经济效果的反映，要按照生产规模、工艺流程、产品品种和质量，从企业的投资效益和投产后的运营效益全面分析，是否达到了先进可靠、经济合理的要求。

（5）审查设计概算的方法。

采用适当方法审查设计概算，是确保审查质量、提高审查效率的关键。常用方法有：

①对比分析法。

对比分析法主要是通过建设规模、标准与立项批文对比，工程数量与设计图纸对比，综合范围、内容与编制方法、规定对比，各项取费与规定标准对比，材料、人工单价与统一信息对比，引进设备、技术投资与报价要求对比，技术经济指标与同类工程对比等，发现设计概算存在的主要问题和偏差。

②查询核实法。

查询核实法是对些关键设备和设施、重要装置、引进工程图纸不全、难以核算的较大投资进行多方查询核对，逐项落实的方法。主要设备的市场价向设备供应部门或招标公司查询核实；重要生产装置、设施向同类企业（工程）查询了解；引进设备价格及有关费税向进出口公司调查落实；复杂的建筑安装工程向同类工程的建设、承包、施工单位征求意见；深度不够或不清楚的问题直接向原概算编制人员、设计者询问清楚。

③联合会审法。

联合会审前，可先采取多种形式分头审查，包括设计单位自审，主管、建设、承包单位初审，工程造价咨询公司评审，邀请同行专家预审，审批部门复审等，经层层审查把关后，由有关单位和专家进行联合会审。在会审大会上，由设计单位介绍概算编制情况及有关问题，各有关单位、专家汇报初审、预审意见。然后进行认真分析、讨论，结合对各专业技术方案的审查意见所产生的投资增减，逐一核实原概算出现的问题。经过充分协商，认真听取设计单位意见后，实事求是地处理和调整。

通过以上复审后，对审查中发现的问题和偏差，按照单项、单位工程的顺序，先按设备费、安装费、建筑费和工程建设其他费用分类整理，然后按照静态投资、动态投资和铺底流动资金三大类，汇总核增或核减的项目及其投资额。最后将具体审核数据，按照"原编概算"、"审核结果"、"增减投资"、"增减幅度"四栏列表，并按照原总概算表汇总顺序，将增减项目逐一列出，相应调整所属项目投资合计，再依次汇总审核后的总投资及增减投资额。对于差错较多、问题较大或不能满足要求的，责成按会审意见修改返工后，重新报批；对于无重大原则问题，深度基本满足要求，投资增减不多的，当场核定概算投资额，并提交审批部门复核后，正式下达审批概算。

7 施工图预算的编制与审查 ·········●

（1）施工图预算编制依据。

①施工图纸及说明书和标准图集。

②现行预算定额及单位估价表。

③施工组织设计或施工方案。

④材料、人工、机械台班预算价格及调价规定。

⑤建筑安装工程费用定额。

⑥预算员工作手册及有关工具书。

（2）施工图预算的编制方法。

①单价法编制施工图预算。

单价法是用事先编制好的分项工程的单位估价表来编制施工图预算的方法。按施工图计算的各分项工程的工程量，并乘以相应单价，汇总相加，得到单位工程的人工费、材料费、机械使用费之和；再加上按规定程序计算出来的措施费、间接费、利润和税金，便可得出单位工程的施工图预算造价。

单价法编制施工图预算的计算公式表述为：

单位工程预算直接工程费 = ∑（工程量 × 预算定额单价）

单价法编制施工图预算的步骤如图4-6所示。

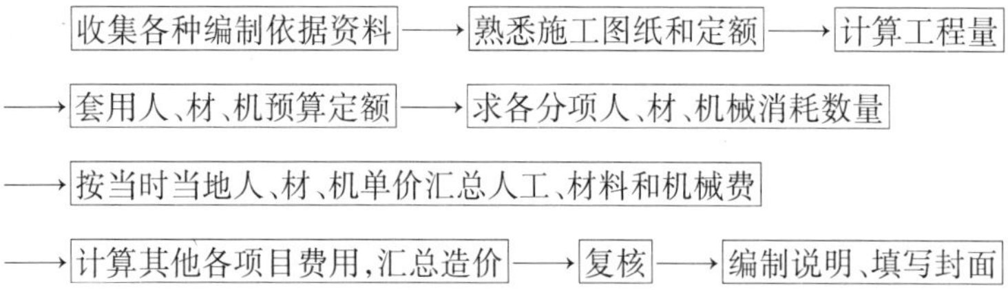

收集各种编制依据资料 ⟶ 熟悉施工图纸和定额 ⟶ 计算工程量

⟶ 套用人、材、机预算定额 ⟶ 求各分项人、材、机械消耗数量

⟶ 按当时当地人、材、机单价汇总人工、材料和机械费

⟶ 计算其他各项目费用,汇总造价 ⟶ 复核 ⟶ 编制说明、填写封面

图4-6 实物法编制施工图预算步骤

②实物法编制施工图预算。

实物法编制施工图预算，首先根据施工图纸分别计算出分项工程量，然后套用相应预算人工、材料、机械台班的定额用量，再分别乘以工程所在地当时的人工、材料、机械台班的实际单价，求出单位工程的人工费、材料费和施工机械使用费，并汇总求和，进而求得直接工程费，然后按规定计取其他各项费用，最后汇总就可得出单位工程施工图预算造价。

实物法编制施工图预算，其中直接工程费的计算公式为：

单位工程直接工程费 = ∑（工程量×人工预算定额用量×当时当地人工费单价）

+ ∑（工程量×材料预算定额用量×当时当地材料费单价）

+ ∑（工程量×机械预算定额用量×当时当地机械费单价）

实物法编制施工图预算的步骤如图 4-7 所示。

熟悉施工图纸和定额 ⟶ 收集各种编制依据和资料 ⟶ 计算工程量

⟶ 套用预算定额单价 ⟶ 编制工料分析表 ⟶ 计算其他各项费用汇总造价

⟶ 复核 ⟶ 编制说明填与封面

图 4-7　单价法编制施工图预算步骤

由图 4-7 可见，实物法与单价法首尾部分的步骤是相同的，所不同的主要是中间的 3 个步骤，即：

• 工程量计算后，套用相应人工、材料、机械台班定预算额用量。建设部 1995 年颁发的《全国统一建筑工程基础定额》（土建部分，是一部量价分离定额）和现行全国统一安装定额、专业统一和地区统一的计价定额的实物消耗量，是完全符合国家技术规范、质量标准的，并反映一定时期施工工艺水平的分项工程计价所需的人工、材料、施工机械消耗量的标准。这个消耗量标准，在建材产品、标准、设计、施工技术及其相关规范和工艺水平等没有大的突破性变化之前，是相对稳定不变的，因此是合理确定和有效控制造价的依据。这个定额消耗量标准是由工程造价主管部门按照定额管理分工进行统一制定，并根据技术发展适时地补充修改。

• 求出各分项工程人工、材料、机械台班消耗数量，并汇总单位工程所需各类人工工日、材料和机械台班的消耗量。各分项工程人工、材料、机械台班消耗数量由分项工程的工程量分别乘以预算人工定额用量、材料定额用量和机械台班定额用量而得出的，然后汇总便可得出单位工程各类人工、材料和机械台班的消耗量。

• 用当时当地的各类人工、材料和机械台班的实际单价分别乘以相应的人工、材料和机械台班的消耗量，并汇总便得出单位工程的人工费、材料费和机械使用费。

在市场经济条件下，人工、材料和机械台班单价是随市场而变化的，而且是影响工程造价最活跃、最主要的因素。用实物法编制施工图预算，是采用工程所在地的当时人工、材料、机械台班价格，较好地反映实际价格水平，工程造价的准确性高。虽然计算过程较单价法烦琐，但用计算机来计算也就快捷了。因此，实物法是与市场经济体制相适应的预算编制方法。

（3）施工图预算的审查。

①审查施工图预算的意义。

施工图预算编完之后，需要认真进行审查。加强施工图预算的审查，对于提高预算的准确性，正确贯彻党和国家的有关方针政策，降低工程造价具有重要的现实意义。

• 有利于控制工程造价，克服和防止预算超概算。

• 有利于加强固定资产投资管理，节约建设资金。

• 有利于施工承包合同价的合理确定和控制。因为，施工图预算对于招标工程来说是编制标底的依据；对于不宜招标工程而言是合同价款结算的基础。

• 有利于积累和分析各项技术经济指标，不断提高设计水平。通过审查工程预算，核实了预算价值，为积累和分析技术经济指标，提供了准确数据，进而通过有关指标的比较，找出设计中的薄弱环节，以便及时改进，不断提高设计水平。

②审查施工图预算的内容。

审查施工图预算的重点，应该放在工程量计算、预算单价套用、设备材料预算价格取定是否正确、各项费用标准是否符合现行规定等方面。

- 审查工程量。
- 审查设备、材料的预算价格。
- 审查预算单价的套用。
- 审查有关费用项目及其计取。

③审查施工图预算的方法。

审查施工图预算的方法较多，主要有全面审查法、标准预算审查法、分组计算审查法、筛选审查法、重点抽查法、对比审查法、利用手册审查法和分解对比审查法等 8 种。

- 全面审查法。全面审查又叫逐项审查法，就是按预算定额顺序或施工的先后顺序，逐一地全部进行审查的方法。其具体计算方法和审查过程与编制施工图预算基本相同。此方法的优点是全面、细致，经审查的工程预算差错比较少，质量比较高；缺点是工作量大。对于一些工程量比较小、工艺比较简单的工程，编制工程预算的技术力量又比较薄弱，可采用全面审查法。

- 标准预算审查法。对于利用标准图纸或通用图纸施工的工程，先集中力量，编制标准预算，以此为标准审查预算的方法。按标准图纸设计或通用图纸施工的工程一般上部结构和做法相同，可集中力量细审一份预算或编制一份预算，作为这种标准图纸的标准预算，或以这种标准图纸的工程量为标准，对照审查，而对局部不同的部分作单独审查即可。这种方法的优点是时间短、效果好、好定案；缺点是只适应按标准图纸设计的工程，适用范围小。

• 分组计算审查法。分组计算审查法是一种加快审查工程量速度的方法，把预算中的项目划分为若干组，并把相邻且有一定内在联系的项目编为一组，审查或计算同一组中某个分项工程量，利用工程量间具有相同或相似计算基础的关系，判断同组中其他几个分项工程量计算的准确程度的方法。

• 对比审查法。对比审查法是用已建成工程的预算或虽未建成但已审查修正的工程预算对比审查拟建类似工程预算的一种方法。

• 筛选审查法。筛选法是统筹法的一种，也是一种对比方法。建筑工程虽然有建筑面积和高度的不同，但是它们的各个分部分项工程的工程量、造价、用工量在每个单位面积上的数值变化不大，我们把这些数据加以汇集、优选、归纳为工程量、造价（价值）、用工三个单方基本值表，并注明其适用的建筑标准。这些基本值犹如"筛子孔"，用来筛选各分部分项工程，筛下去的就不审查了；没有筛下去的就意味着此分部分项的单位建筑面积数值不在基本值范围之内，应对该分部分项工程详细审查。当所审查的预算的建筑面积标准与"基本值"所适用的标准不同时，就要对其进行调整。

• 重点抽查法。此法是抓住工程预算中的重点进行审查的方法。审查的重点一般是：工程量大或造价较高、工程结构复杂的工程，补充单位估价表，计取各项费用（计费基础、取费标准等）。

• 利用手册审查法。此法是把工程中常用的构件、配件事先整理成预算手册，按手册对照审查的方法。如工程常用的预制构配件：洗池、大便台、检查井、化粪池、碗柜等，几乎每个工程都有，把这些按标准图集计算出工程量，套上单价，编制成预算手册使用，可大大简化预结算的编审工作。

• 分解对比审查法。一个单位工程，按直接费与间接费进行分解，然后再把直接费按工种和分部工程进行分解，分别与审定的标准预算进行对比分析的方法，叫分解对比审查法。

④审查施工图预算的步骤。

第一步，做好审查前的准备工作。

● 熟悉施工图纸。施工图是编审预算分项数量的重要依据，必须全面熟悉了解，核对所有图纸，清点无误后依次识读。

● 了解预算包括的范围。根据预算编制说明，了解预算包括的工程内容，例如配套设施、室外管线、道路以及会审图纸后的设计变更等。

● 弄清预算采用的单位估价表。任何单位估价表或预算定额都有一定的适用范围，应根据工程性质，搜集熟悉相应的单价、定额资料。

第二步，选择合适的审查方法，按相应内容审查。

由于工程规模、繁简程度不同，施工方法和施工企业情况不一样，所编工程预算的质量也不同，因此，需选择适当的审查方法进行审查。综合整理审查资料，并与编制单位交换意见，定案后编制调整预算。审查后，需要进行增加或核减的，经与编制单位协商，统一意见后，进行相应的修正。

第五章

房地产项目建设阶段

内容提要

1.前期工作阶段主要工序表

2.开发建设期及经营管理期主要工序表

3.工序时间参数表

4.住宅项目建设管理工作流程图

5.发包单位自行发包应配备人员条件表

......

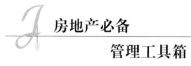
1 前期工作阶段主要工序表 ●

房地产开发项目前期工作阶段主要工序如表 5 - 1 所示。

表 5 - 1 前期工作阶段主要工序

序号	代号	工序名称	工期（月）	紧前工序	紧后工序
1		市场调查，预测			
2		投资机会研究与方案构思			
3		规划设计及报建			
4		投资经营方案策划			
5		项目开发方案策划			
6		项目营销方案策划			
7		项目可行性分析			
8		方案优化			
9		建筑设计			
10		征地拆迁			
11		建筑施工图设计1			
12		建筑施工图设计2			
13		项目报建			
14		交纳各种税费			
15		办理建筑工程许可证			

2 开发建设期及经营管理期主要工序表 ●

房地产项目的开发建设期及经营管理期的主要工序如表 5-2 所示。

表 5-2　　　　　　　　　开发建设期及经营管理期主要工序

序号	代号	工序名称	工期（月）	紧前工序	紧后工序
1		一期工程招标			
2		一期预算审核			
3		一期工程准备工作			
4		一期基础施工			
5		一期主体工程施工			
6		一期装修工程施工			
7		一期设备安装			
8		一期竣工验收			
9		交楼			
10		二期工程招标			
11		二期预算审核			
12		二期工程准备工作			
13		二期基础施工			
14		二期主体工程施工			
15		二期装修工程施工			
16		二期配套工程施工			
17		二期绿化道路工程			
18		二期竣工验收			
19		交楼			
20		项目后评价			

3　工序时间参数表

房地产开发过程的工序时间参数如表5-3所示。

表5-3　　　　　　　　工序时间参数

序号	代号	工序名称	工期（月）	紧前工序	最早开始	最早完工	最迟开始	最迟结束	总时差	关键路线
1		市场调查，预测								
2		投资机会研究与方案构思								
3		规划设计及报建								
4		投资经营方案策划								
5		项目开发方案策划								
6		项目营销方案策划								
7		项目可行性分析								
8		方案优化								
9		建筑设计								
10		征地拆迁								
11		建筑施工图设计1								
12		建筑施工图设计2								
13		项目报建								
14		交纳各种税费								
15		办理建筑工程许可证								
16		一期工程招标								
17		一期预算审核								
18		一期工程准备工作								
19		一期基础施工								

续表

序号	代号	工序名称	工期（月）	紧前工序	最早开始	最早完工	最迟开始	最迟结束	总时差	关键路线
20		一期主体工程施工								
21		一期设备安装								
22		一期装修工程施工								
23		一期竣工验收								
24		交楼								
25		二期工程招标								
26		二期预算审核								
27		二期工程准备工作								
28		二期基础施工								
29		二期主体工程施工								
30		二期装修工程施工								
31		二期公建配套工程施工								
32		二期绿化道路工程								
33		二期竣工验收								
34		交楼								
35		项目后评价								

4 住宅项目建设管理工作流程图 ·····················●

住宅项目建设管理工作的流程如图 5－1 所示。

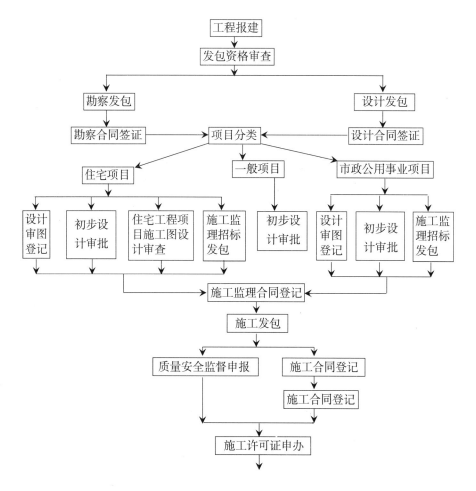

图 5－1 住宅项目建设管理工作流程

5 发包单位自行发包应配备人员条件表⋯⋯⋯⋯●

根据有关规定，如果没有与建设工程相适应的人员，住宅建设项目工程的发包单位不得自行发包，必须委托有资质的发包代理机构代理发包。发包单位自行发包应配备人员条件，如表5－4所示。

表5－4 发包单位自行发包应配备人员条件

投资总额		大于6000万元	2000万～6000万元	1000万～2000万元
在职专业技术职称人员总数	高级工程师	2人	1人	1人
	高级经济师	1人	—	—
	经济师、工程师	6人	4人	2人
	其他专业人员	3人	5人	5人
审查设计、审核概（预）算能力		较强	具有	有一定
工程主要负责人参加过工程的总投资额		6000万元以上	2000万元以上	1000万元以上

6 建筑施工承发包工作程序图 ··●

建设单位建筑施工承发包工作程序如图 5 - 2 所示。

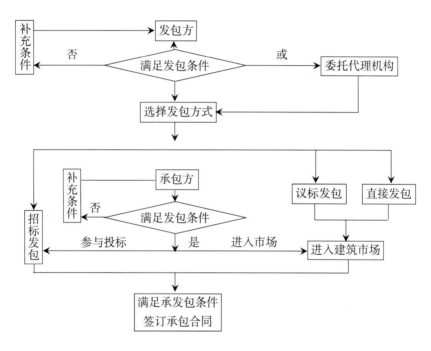

图 5 - 2 建筑施工承发包工作程序

7 中国部分城市工程招标情况统计表············●

在国际市场上，招标方式基本上可以分为两种，即公开招标和限制性招标。房地产开发商可依开发项目的建设规模和复杂程度选择其中的某种方式。

（1）公开招标。

公开招标是指招标人以招标公告的方式邀请不特定的法人或者其他组织投标。进行公开招标时，开发商或其委托的招标代理机构，可通过报刊、电子网络或其他媒体，在一定范围内，如全市、全国，大项目甚至可在全世界，公开发布招标公告，或直接将招标公告寄给具有投标潜力的某些公司，以招揽具备相应条件而又愿意参加的一切承包商前来投标。

公开招标使开发商有较大的选择范围，开发商可以在众多的投标者之间选择报价合理、工期短、信誉良好的承包商，同他签订承包合同，将工程委托他负责完成。这种公开竞争的方式会促使承包商努力提高开发项目建设工程的质量，缩短工期并降低成本造价。

公开招标通常适用于工程项目规模较大、建设周期较长、技术复杂的开发项目建设。此时，开发商不易掌握其造价和控制工期，因而可以通过公开招标方式，从中选择提供合理标价和较短工期的承包商作为承包单位。按常规，开发商公开招标项目应授标给最低报价者，除非该最低报价者的标价是不合理的或根本无法实现的。

需要说明的是，由于开发商审查投标者资格及其标书的工作量比较大，所以公开招标需要经历相当长的一段时间，招标支出费用也较高。

（2）邀请招标。

邀请招标是指招标人以投标邀请书的方式邀请特定的法人或者其他组织投标。邀请招标也称选择性招标。进行邀请招标时，开发商或其委托的招标代理机构根据自己的经验和有关供应商、承包商资料，如企业信誉、设备性能、技术力量、以往业绩等情况，选择一定数目的企业（一般以邀请 5~10 家为宜，不能少于 3 家），向其发出投标邀请书，邀请他们参加投标竞争。邀请招标属于非公开招标方式的一种。

采取邀请招标方式，由于被邀请参加竞争的投标人有限，开发商不仅可以节省招标费用，而且可以提高招标工作的效率，节省时间。但是这种招标方式限制了竞争范围，把许多可能的竞争者排除在外，这样也就缩小了开发商的选择余地。

邀请招标方式一般适用于那些工程性质比较特殊、要求建筑承包商有专门经验的技术人员和专业技术，只有少数建筑承包商能够胜任的建设项目，或者是公开招标的结果未产生出中标单位的建设项目，以及由于工期紧迫或保密的要求等原因而不宜公开招标的建设工程。

中国部分城市工程招标情况统计如表 5-5 所示。

表 5-5　　　　　　　　中国部分城市工程招标情况统计

城市	报告期发包工程个数（个）	直接发包工程		招标工程		公开招标工程		邀请招标工程	
		个数（个）	直接发包率（%）	个数（个）	招标率（%）	个数（个）	公开招标率（%）	个数（个）	邀请招标率（%）
北京市	133	18	13.53	115	86.47	95	82.61	20	17.39
天津市	187	0	0	187	100	115	61.50	72	38.50
沈阳市	202	2	0.99	200	99.01	42	21.00	158	79.00
大连市	92	0	0	92	100	72	78.26	20	21.74
上海市	450	9	2.00	441	98.00	180	40.82	261	59.18

城市	报告期发包工程个数（个）	直接发包工程		招标工程		公开招标工程		邀请招标工程	
		个数（个）	直接发包率（%）	个数（个）	招标率（%）	个数（个）	公开招标率（%）	个数（个）	邀请招标率（%）
南京市	175	15	8.57	160	91.43	119	74.38	41	25.63
杭州市	64	0	0	64	100	47	73.44	17	26.56
宁波市	408	211	51.72	197	48.28	181	91.88	16	8.12
合肥市	83	16	19.28	67	80.72	29	43.28	38	56.72
青岛市	170	13	7.65	157	92.35	77	49.04	80	50.96
武汉市	78	0	0	78	100	40	51.28	38	48.72
长沙市	78	0	0	78	100	49	62.82	29	37.18
广州市	122	0	0	122	100	108	88.52	14	11.48
深圳市	138	73	52.90	65	47.10	59	90.77	6	9.23
重庆市	463	169	36.50	294	63.50	140	47.62	154	52.38

资料来源：中国工程建设信息网，http://www.cein.com.cn，2005年8月。

最新房地产

经营管理全套必备解决方案

8 施工招标程序图

施工招标程序（以施工公开招标为例），如图 5 - 3 所示。

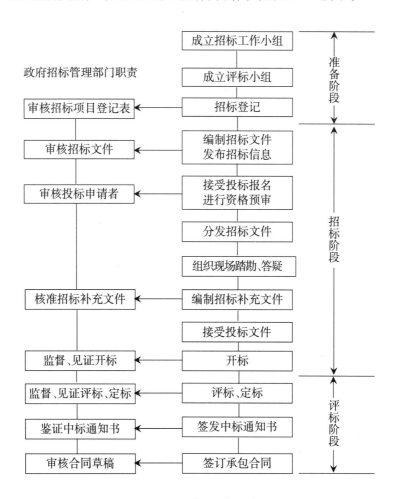

图 5 - 3 施工招标程序

施工公开招标工作程序可分为3个阶段（准备阶段、招标阶段、评标阶段）13个步骤。

（1）准备阶段。

施工招标准备阶段，共分3个步骤。

①成立招标工作小组。作为发包方的招标单位应当在实施招标前成立招标工作小组，以组织实施整个招标工作。招标工作小组除应有项目投资者代表或项目法人法定代表人或其委托代理人参加，有与施工工程规模相适应的技术、预算、财务等管理人员参加外，还应具备对投标单位进行评审的能力。不具备上述条件的招标单位，应根据《中华人民共和国招标投标法》的规定，委托有相应资质的发包代理单位代理招标工作。

②成立评标小组。评标小组由招标单位依法组建，其成员由招标人的代表和技术、经济等方面的专家（这些专家均应来自当地政府招标投标单位管理部门的专家库）组成，成员人数为5人以上的单数，其中技术、经济等方面的专家不得少于成员总数的2/3。根据上海市的有关规定，采用公开招标的评标小组，其成员则100%应由技术、经济等方面的专家组成。

③招标登记。招标单位在具备施工条件后，应立即按施工工程管理权限到有管辖权的招标投标管理办公室（以下简称招标办）领取相关表格。在填妥相关表格后，随附满足施工招标条件所需提供的资料报送到招标办审核。

审核后全部满足要求的，即由招标办同意办理登记手续，施工工程招标进入下一阶段。

（2）招标阶段。

施工招标阶段可分6个步骤。根据《中华人民共和国招标投标法》的规定，依法必须进行招标的项目，自招标文件开始发出之日起至投标文件截止之日止，最短不得少于20天。

①编制招标文件、发布招标信息。招标文件是整个招标过程中的纲领性文件，用以指导整个招投标活动，所以要求编写规范。通常，招标单位在确定招标方式后，即可自行编制或委托招标代理单位编制招标文件，并将招标文件送交招标办审核。招标文件是投标单位编制标书的主要依据，一般包括工程综合说明、设计图纸和技术说明书、工程量清单和单价表、投标须知、合同主要条件等。

招标单位应根据经核准的招标文件，通过报刊、交易中心等发布招标信息，也可以利用信息网络来发布有关招标信息，如上海市招标办公室以 http：//www. contruction. online. sh. cn 的网址发布上海市范围内的公开招标信息。通常，发布招标信息必须在接受投标报名前 5 个工作日前进行。

②接受投标申请，进行资格预审。招标单位应在规定的时间内，公开接受投标单位的投标报名，并可从资质等级、人员配备、车辆设备、施工业绩、财务状况等方面对投标者进行资格预审。但根据《中华人民共和国招标投标法》的规定，招标人不得以不合理的条件限制或者排斥潜在的投标者。此外，只有通过资格预审的投标者才能办理投标手续。

③分发招标文件，办理投标手续。招标单位应通知经资格预审合格的投标单位，按规定的时间、地点购买招标文件，办理投标手续。

④组织现场踏勘和召开答疑会。招标单位在分发招标文件后的 3 ~ 4 天内，要统一组织投标单位到施工工程所在地进行现场踏勘。踏勘后，招标单位要及时组织召开招标文件答疑会，由投标单位提出关于招标文件中的疑问，招标单位负责逐一解答。

⑤编制招标补充文件。答疑会后，招标单位应将会上对各疑问所作的答复形成会议纪要，并整理成招标补充文件，报招标办核准后，分发各投标单位，连同原招标文件作为编制投标文件的依据。

⑥接受投标文件。招标单位应根据招标文件的规定，按照约定的时

间、地点接受投标单位送交的投标文件，并在接受投标文件的截止之日开标。

（3）评标阶段。

施工评标阶段共分4个步骤，通常该阶段为7~30天。

①开标。开标由招标人主持，所有招标单位参加，招标办的管理人员到场监督、见证。开标时，由投标人或者其推选的代表检查投标文件的密封情况，也可由招标人委托的公证机关检查并公证。经确认无误后，由工作人员当众启封，宣读投标人名称、投标价格和投标文件的其他主要内容。整个开标过程应当记录，并存档备查。

②评标、定标。评标由评标小组负责，其过程必须保密，不得外泄。通常采用的评标方法有："百分制打分法"、"两阶段评标法"和"低价中标法"等。评标小组根据送交招标办审核批准的评标办法，在所有的投标者中，评选出一个最适合本施工工程的承包商，作为中标单位，报招标办审核。

③签发中标通知书。招标办在收到招标单位填妥的中标通知书后，应及时签证，作为中标结果的凭证。同时，招标单位应将中标通知书及未中标通知书同时发送中标单位和未中标单位。

④签订承发包合同。招标单位在发出中标通知书之后的30天内与中标单位签订施工工程承包合同，并将合同副本同时报政府主管部门备案。

最
新
房
地
产

经
营
管
理
全
套
必
备
解
决
方
案

9　施工投标工作程序图

施工投标的工作程序如图5－4所示。

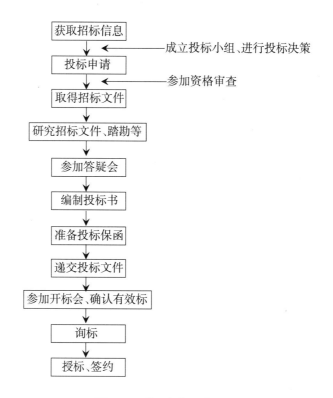

图5－4　施工投标工作程序

施工投标工作程序的主要内容如下：

（1）成立投标小组，获取招标信息。

由于建筑施工市场的激烈竞争，要承包工程就必须参加投标已成为不争的事实。要提高投标工作的质量，建筑施工企业常设一个投标小组是必需的。一个良好的投标小组应由三类专业人员组成：经营管理人员、专业技术人员、商务金融人员。投标小组的主要职责就是获取招标信息、进行投标决策及开展投标活动。

信息是投标的前提，建筑施工企业应加强信息管理工作，多种渠道地广泛收集各种情报信息，对建设项目实施跟踪，及时获悉招标投标管理部门发布的公开招标公告，并对信息进行定性、定量分析，以选择合适的投标目标。

（2）进行招标决策。

由于投标活动具有强烈的竞争性和高风险性的特点，因此，在投标过程中进行慎重的投标决策是必需的。投标决策包括：投不投标、投何种标、采用何种策略和技巧等。建筑施工企业进行投标决策的根据主要有：企业的装备、技术优势，招标项目的知名度，企业的经营策略，企业的经营现状，项目的风险预测及中标可能受到的影响分析等。在下列情况下，建筑施工企业应考虑放弃投标，如：招标项目超越企业经营范围，自身资质等级不够，各方面都不如已知竞争对手，目前任务饱满而招标项目为难度较大的工程，与招标单位或招标单位确定的监理单位曾有纠纷等。

（3）招标申请。

确定投标目标后，投标单位应根据招标单位的要求，在规定的时间内向招标单位提出投标申请，并提交所需的证明文件，力争通过招标单位的资格审查。

（4）取得招标文件。

当投标单位通过招标单位的资格审查后，应根据招标单位的通知要求，去指定地点购买招标文件，并领取相关的资料。

（5）研究招标文件。

招标文件是整个投标活动的指导性文件，投标单位必须仔细阅读，认真研究，以响应招标文件的要求。

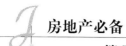
（6）现场踏勘。

现场踏勘是对施工项目进行的实地查勘，它不但是投标单位的权利而且也是投标单位的义务。投标单位现场考察的内容主要有：所投标段的性质及相关标段的情况，项目所在地的自然地理条件、工程经济条件、社会法律条件、风俗习惯条件等。

（7）参加答疑会。

答疑会是由招标单位或发包代理单位组织，就招标文件及现场状况，针对投标单位提出的疑问进行解答的一次重要会议。投标单位应充分重视这次会议，因为这次会议不但是一个解答疑问的会议，而且是一个重要的获取信息的机会，投标单位在弄清招标文件中的问题的同时，可进一步明确招标单位的意图和要求，以便及时调整投标策略。

（8）编制投标书。

投标书是投标工作的主要成果，一般编制的投标书应包括以下内容：标书综合说明，有报价的工程量表，技术保证措施，进度计划，施工方案及选用的主要设备，开、竣工日期及总工期，招标文件规定的合同条件等。

（9）递交投标文件。

编制好的投标文件应加以密封，并按照投标须知的要求，按时送达或邮寄（以邮戳日期为准）到规定地点。在投标截止日期前，投标单位若有补充或修改内容，密封后送达规定地点，同样具有效力，且修改部分以补充内容为准。

（10）投标保函（保证金）。

投标保函是银行出具的一张信用凭证，其作用是保证投标单位在中标后与招标单位签订合同。一般情况下投标保函的金额为投标报价的1%～2%，最高不得超过投标报价的20%。若投标单位在中标后不与招标单位签订合同，该保证金将被没收；当招标单位在确定中标单位后不与中标单位签订合同时，该保证金将由招标单位双倍返回。

（11）参加开标会。

开标会是整个投标活动的重要一环，投标单位负责人应准时参加。如果在开标时，投标单位无人到场，则视为该投标无效。

（12）询标。

询标又称澄清，是招标单位或发包代理单位对有效标作详细询问的重要活动。投标单位应对投标书中不详尽的内容作详细解释，作出询标回函，加盖公章后报送招标单位。询标回函与投标标书具有同等法律效力。

（13）授标签约。

投标单位中标后，应在规定的时间内（招标法规定30天内），以招标文件、招标书、中标通知书为基础，签订施工合同。

10 工程招标代理机构基本情况表

工程招标代理机构基本情况如表5-6所示。

表5-6　　　　　　　　工程招标代理机构基本情况

机构名称				联系电话	
经济性质				成立时间	
营业执照注册号					
开户银行及账号					
注册资金	万元				
详细地址	省(自治区、直辖市)　　地区(市、州、盟)　　县(区、市、旗)				
	街（路、道、巷、乡、镇）　号（村）　邮政编码				
法定代表人	是否本单位专职人员		学历		电话
技术经济负责人	是否本单位专职人员	职称或执业注册资格		从事工程管理年限	
财务负责人	是否本单位专职人员		学历		电话
具有中级以上职称或者相应执业注册资格人员　　人		其中具有造价工程师执业资格人员　　人			
营业范围	主营				
	兼营				

资金及经营情况	资产总额	万元	资本金	万元	流动资金	万元
			国家资本金	万元	利润总额	万元
	所有者权益	万元	法人资本金	万元	所得税	万元
	负债总额	万元	个人资本金	万元	净利润	万元
			外商资本金	万元	实收资本	万元
	资产负债率	%	营业盈余	万元	资本收益率	%

甲级资格填写	近三年内代理经营情况	近三年内代理招标的工程累计中标金额	万元	近三年内代理中标金额3 000万元以上的工程	个
暂定资格填写	近一年内代理经营情况	近一年内代理招标的工程累计中标金额	万元	近一年内代理中标金额1 000万元以上、3 000万元以下的工程	个

最新房地产

经营管理全套必备解决方案

11 甲级资格机构主要招标代理项目表 ●

工程招标代理机构甲级资格机构近三年内（暂定资格为近一年内）承担过的主要招标代理项目如表5-7所示。

表5-7　　　甲级资格机构近三年内（暂定资格为近一年内）
承担过的主要招标代理项目

工程代号	工程名称	委托单位	招标代理内容及代理起止日期	招标代理工程中标金额（万元）	中标通知书编号	委托单位联系人和电话	委托人评价意见
甲级资格填写	近三年内代理中标金额3 000万元以上工程个数累计						
	近三年内代理招标的工程累计中标金额						
暂定资格填写	近一年内代理中标金额1 000万元以上、3 000万元以下工程个数累计						
	近一年内代理招标的工程累计中标金额						

12 工程招标代理机构法定代表人简况表⋯⋯⋯⋯●

工程招标代理机构法定代表人简况如表5-8所示。

表5-8 工程招标代理机构法定代表人简况

姓名		性别		出生年月		照片
职务		职称或者执业注册资格		文化程度		
何时何校何专业毕业						
工程管理资历			年	传 真		
区号及电话				手 机		
工作简历	由何年月至何年月			在何单位从事何工作、任何职		
	年 月至 年 月					
	年 月至 年 月					
	年 月至 年 月					
	年 月至 年 月					
	年 月至 年 月					
	年 月至 年 月					
	年 月至 年 月					
	年 月至 年 月					
	年 月至 年 月					
	年 月至 年 月					
	年 月至 年 月					
	年 月至 年 月					
本人签章：				200 年 月 日		

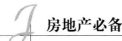
13 工程招标代理机构技术经济负责人简况表……●

工程招标代理机构技术经济负责人简况如表5-9所示。

表5-9 工程招标代理机构技术经济负责人简况

姓名		性别		出生年月		照
职务		职称或者执业 注册资格		文化程度		片
何时何校何专业毕业						
工程管理资历		年		传 真		
区号及 电 话				手 机		

	由何年月至何年月		在何单位从事何工作、任何职
工 作 简 历	年 月至 年 月		
	年 月至 年 月		
	年 月至 年 月		
	年 月至 年 月		
	年 月至 年 月		
	年 月至 年 月		
	年 月至 年 月		
	年 月至 年 月		
	年 月至 年 月		
	年 月至 年 月		
	年 月至 年 月		
	年 月至 年 月		

本人签章: 200 年 月 日

14 工程招标代理机构中级以上专业技术职称或者相应执业注册资格专职人员名单……●

工程招标代理机构中级以上专业技术职称或者相应执业注册资格专职人员名单如表5-10所示。

表5-10   工程招标代理机构

中级以上专业技术职称或者相应执业注册资格专职人员名单

序号	姓名	出生年月	是否离退休	学历	身份证号码	专业	职称或执业注册资格证书号	何时毕业于何校
								年毕业于
								年毕业于
								年毕业于
								年毕业于
								年毕业于
								年毕业于
								年毕业于
								年毕业于
								年毕业于
								年毕业于
								年毕业于
								年毕业于
								年毕业于
								年毕业于

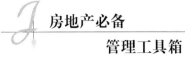
15 工程招标代理机构外聘中级以上专业技术职称或者相应执业注册资格人员名单……●

工程招标代理机构外聘中级以上专业技术职称或者相应执业注册资格人员名单如表5-11所示。

表5-11　　　　　　　　　工程招标代理机构外聘

中级以上专业技术职称或者相应执业注册资格人员名单

序号	姓名	学历	职称或执业注册资格证书号	身份证号码	是否离退休	是否兼职	原工作单位

16 技术经济专家库

技术经济专家库如表5－12所示。

表5－12 技术经济专家库

序号	姓名	工作单位	职称或执业注册资格证书号	专业及突出业绩	联系区号及电话	是否离退休

17　投标者须知前附表 ●

建筑工程投标者须知前附表如表 5 – 13 所示。

表 5 – 13　　　　　　　　投标者须知前附表

项号	内容规定
1	工程名称： 建设地点： 结构类型： 承包方式： 要求工期：　　年　月　日开工 　　　　　　　年　月　日竣工 　　　　　　工　期　　天（日历天） 招标范围
2	合同金额：
3	资金来源：
4	投标单位资质等级：
5	投标有效期：　　天（日历天）
6	投标保证金：　　%或　元人民币
7	投标预备会： 时间：　　地点：
8	投标文件份数： 正本：　　份；副本：　　份
9	投标文件递交至：
10	投标截止日期：
11	开标时间、地点： 时间：　　地点：
12	评标办法：

投标须知是招标文件最为重要的一部分内容，投标者在投标时必须仔细阅读和理解。按须知的要求进行投标，是投标单位有可能中标的最基本条件之一。一般情况下，投标须知包括以下内容：总则、招标文件、投标报价说明、投标文件的编制、投标文件的递交、开标、评标、授予合同等八项内容。一般情况下在投标须知中有一张"前附表"。

"前附表"是将投标者须知中最重要条款规定的内容用一个表格的形式列出来，以便投标者在整个投标过程中严格遵守和深入思考。前附表的格式和内容如表 5-13 所示。

最新房地产

经营管理全套必备解决方案

18　投标书附录 ·· ●

投标书附录是对合同条件规定的重要要求具体化，如表 5－14 所示。

表 5－14　　　　　　　　　　投标书附录

序号	项目内容	合同条款号	标准或比例数
1	履约保证金		合同价格　％
	银行保函金额		合同价格　％（5％）
	履约担保金额		合同价格　％（10％）
2	发出通知的时间		签订合同协议　天内
3	延期赔偿费金额		元/天
4	误期赔偿费限额		合同价格的　％
5	提前工期奖		元/天
6	工程质量达到优良标准补偿金		元
7	工程质量未达到优良标准的赔偿金		元
8	预付款金额		合同价格的　％
9	保留金金额		每次付款额的　％（10％）
10	保留金限额		合同价格的　％（3％）
11	工期时间		天（日历天）
12	保修期		天（日历天）

19　进度管理横道图

房地产建设中应用的进度管理横道图如图 5 – 5 所示。

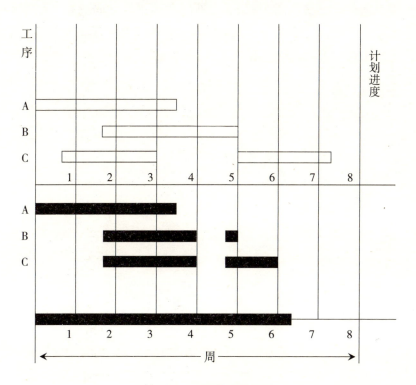

图 5 – 5　进度管理横道图

横道图具有直观、易懂、绘制简便等优点，因此，迄今已应用了
80 多年，国外还在继续使用，我国各行业在进度管理中仍较普通地采
用，通过图示简明地显示出各项作业的开始与结束时间、已完成的情
况。

图5-5中，空白横道表示完成某项工作的计划时间，黑色横道表示完成某项工作所花费的实际时间。从图5-5中可知，A 工序已按计划要求时间完成；B 工序已完成大约85%，虽然 B 的生产是按计划时间开始的，但在第四周后中断了半周又继续生产；C 工序第一部分按计划完成，但工作开始时间推迟了1周，C 的第二总值分已完成了60%，反映生产速度是很快的。

横道图的缺点是从图5-5中看不出各项工程之间的相互依赖和制约的关系，看不出一个工作提前或错后对整个计划有无影响和影响的程度，看不出哪些是关键性工作。

20　进度计划网络图

　　网络计划是以网络图的形式来表达工程的进度计划，在网络图中可确切地表明各项工作间的相互联系和制约关系，也可以计算出工程各项工作的最早和最迟开始时间，从而可以找出关键工作的关键线路。所谓关键线路是指在该工程中，直接影响工程总工期的那一部分连贯的工作。通过不断改善网络计划，就可以求得各种优化方案。

　　此外，在工程实施过程中，根据工程实际情况和客观条件的变化，可随时调整网络计划，使计划永远处于最切合实际的最佳状态，保证该项工程以最小的消耗，取得最大的经济效益。网络图有单代号网络、双代号网络和时标网络三种表现形式。图 5－6 是某小型建设项目施工进度计划网络图。

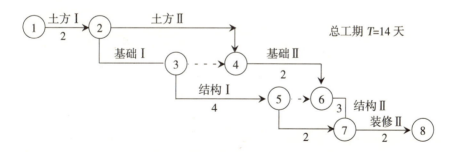

　　说明：①该工程分为两段施工，即Ⅰ段和Ⅱ段。

　　　　　②施工过程包括四个工序：土方工程、基础工程、结构工程和装修工程。

图 5－6　某小型建设项目施工进度计划网络图

21 住宅建设工程现场管理工作流程图 ⚫

住宅建设工程现场管理工作流程如图 5-7 所示。

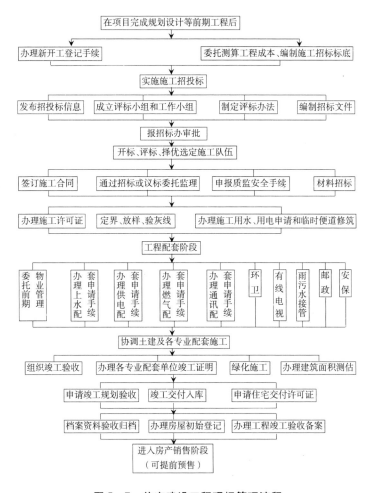

图 5-7 住宅建设工程现场管理流程

22 专业人员费用和施工费用现金流表 ----------●

房地产建设过程中专业人员费用和施工费用现金流表如表 5 – 15 所示。

表 5 – 15 专业人员费用和施工费用现金流表

××大厦写字楼项目 合同号： 日期：2008 年 月 日

单位：万元

项 目	预算额	已支出额	2008 年												2009 年											
			1	2	3	4	5	6	7	8	9	10	11	12	1	2	3	4	5	6	7	8	9	10	11	12
建筑师																										
结构工程师																										
造价工程师																										
电气工程师																										
项目经理																										
建筑声学专家																										
绿化																										
照明																										
围墙																										
场地勘探																										
基地测量																										
规划																										
建设审批																										
其他																										
拆迁																										
主承包合同																										
政府收费																										
入住前准备																										
总预算																										
实际预算																										

23 建造成本支出现金流分析图 ·······························●

房地产施工中建造成本支出现金流的分析如图 5-8 所示。

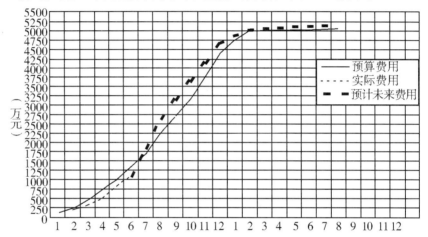

计划年月：　　　　　合同编号：　　　　　　　日期：

图 5-8 建造成本支出现金流分析图

24 房地产资本市场的结构分类表 ···●

随着房地产价值的逐渐提高，房地产开始需要从金融机构贷款，房地产信贷开始流行。随着房地产信贷规模逐渐扩大，传统的房地产金融机构为了规避相关贷款风险，开始实施抵押贷款证券化。同时，商用房地产价值的提高，使单个自然人无法提供全部权益资金。大宗商用房地产逐渐变成由公司、房地产有限责任合伙企业、房地产投资信托等机构持有。这些机构通过发行股票和债券等方式为开发持有房地产融资，从而实现了房地产权益的证券化。

这时，房地产市场和资本市场之间变得密不可分。主要包括：土地储备贷款、房地产开发贷款、个人住房贷款、商业用房贷款在内的房地产贷款，并已经成为商业银行、储蓄机构等金融机构资产的主要组成部分；房地产开发公司、房地产有限责任合伙企业和房地产投资信托的股票和其他股票一样在股票交易所交易；房地产抵押贷款支持证券也逐渐成为证券市场的重要组成部分。

房地产市场资本市场的上述联系，形成了房地产资本市场。按照房地产市场各类资金的来源渠道划分，房地产资本市场的结构如表 5 – 16 所示。

最新房地产

经营管理全套必备解决方案

表 5-16　　　　　　　　房地产资本市场的结构分类表

融资分类 ＼ 市场道路	私人市场	公众市场
权益融资	个人	房地产上市公司
	企业	权益型 REITs
	退休基金	
债务融资	商业银行	抵押贷款支持证券
	保险公司	抵押型 REITs
	退休基金	

　　相对于高速发展的房地产市场来说，中国房地产资本市场的发展还处于非常初级的阶段，且越来越不能适应房地产市场发展的需要。根据表 5-16 所示的房地产资本市场结构划分，我国的房地产资本市场，是以私人债务融资子市场上的商业银行融资为主，公众权益融资子市场中的上市融资为辅。房地产投资信托基金、抵押贷款证券化、保险公司和社保基金等机构投资者的进入等，仍然停留在研究探索阶段。

25 我国房地产开发资金来源结构表 ⋯⋯⋯⋯⋯⋯⋯⋯⋯●

我国房地产开发资金来源经统计其结构如表 5 – 17 所示。

表 5 – 17   我国房地产开发资金来源结构表   单位：

项目＼年份	2003	2004	2005	2006	2007	2008	2009
国家预算内资金	0.33	0.24	0.11	0.18	0.12	0.08	0.07
国内贷款	23.01	22.89	23.09	21.99	22.52	23.80	18.40
债券	0.19	0.23	0.06	0.00	0.03	0.00	0.00
利用外资	8.75	5.35	2.81	1.76	1.64	1.40	1.33
自筹资金	27.88	29.33	26.91	28.38	28.51	28.63	30.33
其他资金（定金及预付款）	39.83	41.95	47.01	47.69	47.18	46.08	49.87
合计	100	100	100	100	100	100	100

最新房地产

经营管理全套必备解决方案

26　房地产开发过程与资金流动关系图 ------●

房地产开发过程与资金的流动关系如图5-9所示。

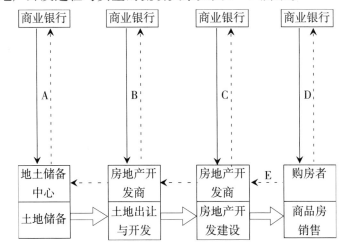

注：A：土地储备贷款；B：土地转让与开发贷款；C：房地产开发建设贷款；D：房屋按揭贷款；E：购房定金、预付金；→和 -→ ：资金流向；⇨：开发流程

图5-9　房地产开发过程与资金流动关系

27 房地产开发项目贷款评价指标体系表 ········●

金融机构对项目的审查主要包括 3 个大的方面，即项目基本情况、市场分析结果和财务评价指标。各方面的具体指标如图 5 – 18 所示。

表 5 – 18　　　　房地产开发项目贷款评价指标体系

指标	指标名称	内容及计算公式
项目基本情况指标	1. 四证落实情况	四证指：土地使用权证、建设用地规划许可证、建设工程规划许可证和建设工程施工许可证
	2. 自有资金占总投资比率	自有资金/总投资
	3. 资金落实情况	自有资金和其他资金落实情况
	4. 地理与交通位置	项目所处位置的区域条件和交通条件
	5. 基础设施落实情况	指项目的上下水、电力、煤气、热力、通讯、交通等配套条件的落实情况
	6. 项目品质	指项目自身的产品品质，包括规划和设计风格、容积率、小区环境、户型设计等是否合理，新材料、新技术、新设计、新理念的应用以及这些应用所带来的效益和风险

最新房地产

经营管理全套必备解决方案

续表

指标	指标名称	内容及计算公式
市场分析指标	7. 市场定位	项目是否有明确的市场定位，是否面向明确的细分市场及这种定位的合理性
	8. 供需形势分析	项目所在细分市场的供应量与有效需求量之间的关系、市场吸纳率、市场交易的活跃程度等
	9. 竞争形势分析	项目所在地区人口聚集度、项目所处细分市场的饱和程度、项目与竞争楼盘的优势比较次序等内容
	10. 市场营销能力	项目的营销推广计划是否合理有效、销售策划人员能力如何、是否有中介顾问公司的配合等
	11. 认购或预售/预租能力	项目是否已有认购或已经开始预售、预租及认购或预售/预租的比例如何
财务评价指标	12. 内部收益率	使项目在计算期内各年净现金流量现值累计之和等于零时的折现率
	13. 销售利润率	利润总额/销售收入
	14. 贷款偿还期	项目用规定的还款资金（利润及其他还款来源）偿还贷款本息所需要的时间
	15. 敏感性评价	分析和预测主要指标（如收益率、净现值、贷款偿还期等）对由于通货膨胀、市场竞争等客观原因所引起的成本、利润率等因素变化而发生变动的敏感程度

28 房地产开发投资融资关系图 ●

在估算出房地产投资项目所需要的资金数量后，根据资金的可行性、供应的充足性、融资成本的高低，在上述房地产项目融资的可能资金来源中，选定项目融资的资金来源。

常用的融资渠道包括：自有资金、信贷资金、证券市场资金、非银行金融机构（信托投资公司、投资基金公司、风险投资公司、保险公司、租赁公司等）的资金、其他机构和个人的资金、预售或预租收入等。房地产开发投资的融资关系如图 5-10 所示。

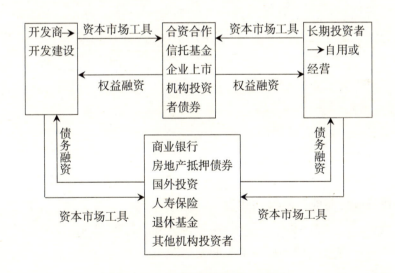

图 5-10 房地产开发投资融资关系

29 房地产开发合作合同 ⋯⋯⋯⋯⋯⋯⋯⋯⋯⋯⋯ ●

房地产开发合作合同

甲方：＿＿＿＿＿＿＿＿＿＿＿＿

乙方：＿＿＿＿＿＿＿＿＿＿＿＿

根据《中华人民共和国合同法》、《房地产管理法》及其他有关法律、法规之规定，为明确责任，恪守信用，特签订本合同。共同遵守。

第一条 项目内容及规模。

总投资及资金筹措：

总投资＿＿＿＿＿＿＿万元（其中：征地费＿＿＿＿＿＿＿万元，开发费＿＿＿＿＿万元，建筑安装费＿＿＿＿＿＿＿万元）。投入资金规模＿＿＿＿＿＿＿万元。甲方出资＿＿＿＿＿＿＿万元，分＿＿＿＿＿次出资，每次出资＿＿＿＿＿＿＿万元。预收款＿＿＿＿＿万元；乙方出资＿＿＿＿＿＿＿万元，分＿＿＿＿＿＿＿次出资，每次出资＿＿＿＿＿＿＿万元。

第二条 合作及经营方式。

合作方式：＿＿＿＿＿＿＿＿＿＿＿＿＿。

经营方式：＿＿＿＿＿＿＿＿＿＿＿＿＿。

第三条 资金偿还及占用费。

资金占用按月利率＿＿＿＿＿＿＿‰计付，并于每季末的前＿＿＿＿＿＿天内付给出资方。资金的偿还按如下时间及金额执行＿＿＿＿＿＿＿＿＿＿＿。

最后一次还款时，资金占用费随本金一起还清。

第四条 财务管理。

1. 成本核算范围：＿＿＿＿＿＿＿＿＿＿＿＿＿。

2. 决算编制：＿＿＿＿＿＿＿＿＿＿＿＿＿。

3. 财产清偿：_____。

4. 利润分配：_____。

第五条 违约责任：_____。

第六条 其他。

1. 该项目资金在_____行开户管理。

2. _____方经济责任由_____担保。担保方有权检查督促_____方履行合同，担保方同意当_____方不履行合同时，由担保方承担连带经济责任。

3. _____方愿以_____作抵押品，另附明细清单作为本合同的附件。_____方不履行合同时，_____方对抵押品享有处分权和优先受偿权。

第七条 本合同正本一式_____份，甲方_____份，乙方_____份。合同副本_____份，报送_____等有关单位各存一份。双方代表签字后生效。

本合同附件有_____与本合同有同等效力。

第八条 本合同的修改、补充须经甲乙双方签订变更合同协议书，并须担保方同意作为合同的补充部分。

甲方：_____　　　　　　乙方：_____

法人代表：_____　　　　法人代表：_____

　　　　　　　　　　　　　签约时间：____年____月____日

　　　　　　　　　　　　　签约地点：_____

30 土地使用权出让合同 ●

土地使用权出让合同

第一章 总 则

第一条 本合同当事人双方。

出让人：中华人民共和国_____省（自治区、直辖市）_____市（县）_____；法定地址_____；法定代表人：_____。

受让人：_____

_____。

根据《中华人民共和国土地管理法》、《中华人民共和国城市房地产管理法》、《中华人民共和国合同法》和其他法律、行政法规、地方性法规，双方本着平等、自愿、有偿、诚实信用的原则，订立本合同。

第二条 出让人根据法律的授权出让土地使用权，出让土地的所有权属中华人民共和国。国家对其拥有宪法和法律授予的司法管辖权、行政管理权以及其他按中华人民共和国法律规定由国家行使的权力和因社会公众利益所必需的权益。地下资源、埋藏物和市政公用设施均不属于土地使用权出让范围。

第二章 出让土地使用权的交付与出让金的缴纳

第三条 出让人出让给受让人的宗地位于_____，宗地编号为_____，宗地总面积大写_____平方米（小写_____平方米），其中出让土地面积为大写_____平方米（小写_____平方米）。宗地四至及界址点坐标见附件《出让宗地界址图》。

第四条 本合同项下出让宗地的用途为＿＿＿＿＿＿＿＿＿＿
＿＿＿＿＿＿。

第五条 出让人同意在＿＿＿年＿＿月＿＿日前将出让宗地交付给
受让人，出让方同意在交付土地时该宗地应达到本条第一款规定的土地
条件：

（1）达到场地平整和周围基础设施＿＿＿＿＿通，即通＿＿＿＿＿＿
＿＿＿＿＿＿。

（2）周围基础设施达到＿＿＿＿＿通，即通＿＿＿＿＿＿，但场地
尚未拆迁和平整，建筑物和其他地上物状况如下：＿＿＿＿＿＿＿＿
＿＿＿＿＿。

（3）现状土地条件。

第六条 本合同项下的土地使用权出让年期为＿＿＿＿，自出让方
向受让方实际交付土地之日起算，原划拨土地使用权补办出让手续的，
出让日期自合同签订之日起算。

第七条 该宗地的土地使用权出让金为每平方米人民币大写＿＿＿
＿＿＿＿＿元（小写＿＿＿＿元）；总额为人民币大写＿＿＿＿＿
＿＿＿＿元（小写＿＿＿＿元）。

第八条 本合同经双方签字后＿＿＿＿日内，受让人需向出让人缴
付人民币大写＿＿＿＿＿＿＿＿元（小写＿＿＿＿元）作为履行
合同的定金。定金抵作土地使用权出让金。

第九条 受让人同意按照本条第＿＿＿＿款的规定向出让人支付上
述土地使用权出让金。

（一）本合同签订之日起＿＿＿＿日内，一次性付清上述土地使用
权出让金。

（二）按以下时间和金额分＿＿＿＿期向出让人支付上述土地使用
权出让金。

第一期　人民币大写＿＿＿＿＿＿＿＿＿＿元（小写＿＿＿＿＿元），付款时间：＿＿＿年＿＿月＿＿日之前。

第二期　人民币大写＿＿＿＿＿＿＿＿＿＿元（小写＿＿＿＿＿元），付款时间：＿＿＿＿年＿＿＿＿月＿＿＿＿日之前。

第＿＿＿＿＿期　人民币大写＿＿＿＿＿＿＿＿元（小写＿＿＿＿元），付款时间：＿＿＿年＿＿月＿＿日之前。

第＿＿＿＿＿期　人民币大写＿＿＿＿＿＿＿＿元（小写＿＿元），付款时间：＿＿＿年＿＿月＿＿日之前。

分期支付土地出让金的，受让人在支付第二期及以后各期土地出让金时，应按照银行同期贷款利率向出让人支付相应的利息。

出让方银行账户如有变更，应在变更＿＿＿＿＿日内，以书面形式通知受让人，由于出让人未及时通知此类变更而造成误期付款所引起的任何延迟收费，受让人均不承担违约责任。

第三章　土地开发建设与利用

第十条　本合同签订后＿＿＿＿＿＿＿日内，当事人双方应依附件《出让宗地界址图》所标示坐标实地验明各界址点界桩。受让人应妥善保护土地界桩，不得擅自改动，界桩遭受破坏或移动时，受让人应立即向出让人提出书面报告，申请复界测量，恢复界桩。

第十一条　受让人在该出让宗地范围内新建建筑物时，应符合下列要求：

主体建筑物性质＿＿＿＿＿＿＿＿＿＿；

附属建筑物性质＿＿＿＿＿＿＿＿＿；

建筑容积率＿＿＿＿＿＿＿＿＿＿；

建筑密度＿＿＿＿＿＿＿＿＿；

建筑限高＿＿＿＿＿＿＿＿＿；

绿地比例＿＿＿＿＿＿＿＿＿；

其他土地利用要求＿＿＿＿＿＿＿＿＿＿＿＿＿＿＿＿＿＿＿。

第十二条 受让人同意在该出让宗地范围内一并修建下列工程，并在建成后无偿移交给政府：

（1）＿＿＿＿＿＿＿＿＿＿＿＿＿＿；

（2）＿＿＿＿＿＿＿＿＿＿＿＿＿＿；

（3）＿＿＿＿＿＿＿＿＿＿＿＿＿＿。

第十三条 受让人同意在＿＿＿年＿＿月＿＿日之前动工建设。

不能按期开工建设的，应提前 30 日向出让人提出延建申请，但延建时间最长不得超过一年。

第十四条 受让人在受让宗地内进行建设时，有关用水、用气、污水及其他设施同宗地外主管线、用电变电站接口和引入工程应按有关规定办理。

受让人同意政府为公用事业需要而敷设的各种管道与管线进出、通过、穿越受让宗地。

第十五条 受让人在按本合同约定支付全部土地使用权出让金之日起 30 日内，应持本合同和土地使用权出让金支付凭证，按规定向出让人申请办理土地登记，领取《国有土地使用证》，取得出让土地使用权。

出让人应在受理土地登记申请之日起 30 日内，依法为受让人办理出让土地使用权登记，颁发《国有土地使用证》。

第十六条 受让人必须依法合理利用土地，其在受让宗地上的一切活动，不得损害或者破坏周围环境或设施，使国家或他人遭受损失的，受让人应负责赔偿。

第十七条 在出让期限内，受让人必须按照本合同规定的土地用途和土地使用条件利用土地，需要改变本合同规定的土地用途和土地合作条件的，必须依法办理有关批准手续，并向出让人申请，取得出让人同意，签订土地使用权出让合同变更协议或者重新签订土地使用权出让合同，相应调整土地合作权出让金，办理土地变更登记。

第十八条 政府保留对该宗地的城市规划调整权，原土地利用规划如有修改，该宗地已有的建筑物不受影响，但在使用期限内该宗地建筑物、附着物改建、翻建、重建或期限届满申请续期时，必须按届时有效的规划执行。

第十九条 出让人对受让人依法取得的土地使用权，在本合同约定的使用年限届满前不收回；在特殊情况下，根据社会公共利益需要提前收回土地使用权的，出让人应当依照法定程序报批，并根据收回时地上建筑物、其他附着物的价值和剩余年期土地使用权价格给予受让人相应的补偿。

第四章 土地使用权转让、出租、抵押

第二十条 受让人按照本合同约定已经支付全部土地使用权出让金，领取《国有土地使用证》，取得出让土地使用权后，有权将本合同项下的全部或部分土地使用权转让、出租、抵押，但首次转让（包括出售、交换和赠与）剩余年期土地使用权时，应当经出让人认定符合下列第_____款规定之条件：

（一）按照本合同约定进行投资开发，完成开发投资总额的25%以上；

（二）按照本合同约定进行投资开发，形成工业用地或其他建设用地条件。

第二十一条 土地使用权转让、抵押，转让、抵押双方应当签订书面转让、抵押合同；土地使用权出租期限超过6个月的，出租人和承租人也应当签订书面出租合同。

土地使用权的转让、抵押及出租合同，不得违背国家法律、法规和本合同的规定。

第二十二条 土地使用权转让，本合同和登记文件中载明的权利、义务随之转移，转让后，其土地使用权的使用年限为本合同约定的使用

年限减去已经使用年限后的剩余年限。

本合同项下的全部或部分土地使用权出租后，本合同和登记文件中载明的权利、义务仍由受让人承担。

第二十三条　土地使用权转让、出租、抵押，地上建筑物、其他附着物随之转让、出租、抵押；地上建筑物、其他附着物转让、出租、抵押，土地使用权随之转让、出租、抵押。

第二十四条　土地使用权转让、出租、抵押的，转让、出租、抵押双方应在相应的合同签订之日起 30 日内，持本合同和相应的转让、出租、抵押合同及《国有土地使用证》，到土地行政主管部门申请办理土地登记。

第五章　期限届满

第二十五条　本合同约定的使用年限届满，土地使用者需要继续使用该地块的，应当最迟于届满前一年向出让人提交续期申请书，除根据社会公共利益需要收回该幅土地的，出让人应当予以批准。

出让人同意续期的，受让人应当依法办理有偿用地手续，与出让人重新签订土地有偿使用合同，支付土地有偿使用费。

第二十六条　土地出让期限届满，受让人没有提出续期申请或者虽申请续期但依照前款规定未获批准的，受让人应当交回《国有土地使用证》，出让人代表国家收回土地使用权，并依照规定办理土地使用权注销登记。

第二十七条　土地出让期限届满，受让人未申请续期的，该土地使用权和地上建筑物及其他附着物由出让人代表国家无偿收回，受让人应当保持地上建筑物、其他附着物的正常使用功能，不得人为破坏，地上建筑物、其他附着物失去正常使用功能的，出让人可要求受让人移动或拆除地上建筑物、其他附着物，恢复场地平整。

第二十八条　土地出让期限届满，受让人提出续期申请而出让人根

据本合同第二十五条之规定没有批准续期的，土地使用权由出让人代表国家无偿收回，但对于地上建筑物及其他附着物，出让人应当根据收回时地上建筑物、其他附着物的残余价值给予受让人相应补偿。

第六章　不可抗力

第二十九条　任何一方对由于不可抗力造成的部分或全部不能履行本合同不负责任，但应在条件允许下采取一切必要的补救措施以减少因不可抗力造成的损失。当事人延迟履行后发生不可抗力的，不能免除责任。

第三十条　遇有不可抗力的一方，应在_____小时内将事件的情况以信件、电报、电传、传真等书面形式通知另一方，并且在事件发生后_____日内，向另一方提交合同不能履行或部分不能履行或需要延期履行理由的报告。

第七章　违约责任

第三十一条　受让人必须按照本合同约定，按时支付土地使用权出让金。如果受让人不能按时支付土地使用权出让金的，自滞纳之日起，每日按迟延支付款项的_____‰向出让人缴纳滞纳金，延期付款超过6个月的，出让人有权解除合同，收回土地，受让人无权要求返还定金，出让人并可请求受让人赔偿因违约造成的其他损失。

第三十二条　受让人按合同约定支付土地使用权出让金的，出让人必须按照合同约定，按时提供出让土地。由于出让人未按时提供出让土地而致使受让人对该地块使用权占有延期的，每延期一日，出让人应当按受让人已经支付的土地使用权出让金的_____‰向受让人给付违约金。出让人延期交付土地超过6个月的，受让人有权解除合同，出让人应当双倍返还定金，并退还已经支付土地使用权出让金的其他部分，受让人并可请求出让人赔偿因违约造成的其他损失。

第三十三条　受让人应当按照合同约定进行开发建设，超过合同约定的动工开发日期满一年未动工开发的，出让人可以向受让人征收相当于土地使用权出让金 20% 以下的土地闲置费；满两年未动工开发的，出让人可以无偿收回土地使用权；但因不可抗力或者政府、政府有关部门的行为或者动工开发必需的前期工作造成动工开发迟延的除外。

第三十四条 出让人交付的土地未能达到合同约定的土地条件的，应视为违约。受让人有权要求出让人按照规定的条件履行义务，并且赔偿延误履行而给受让人造成的直接损失。

第八章 通知和说明

第三十五条 本合同要求或允许的通知，不论以何种方式传递，均自实际收到时起生效。

第三十六条 当事人变更通知、通讯地址或开户银行、账号的，应在变更后 15 日内，将新的地址或开户银行、账号通知另一方。因当事人一方迟延通知而造成的损失，由过错方承担责任。

第三十七条 在缔结本合同时，出让人有义务解答受让人对于本合同所提出的问题。

第九章 适用法律及争议解决

第三十八条 本合同订立、效力、解释、履行及争议的解决均适用中华人民共和国法律。

第三十九条 因履行本合同发生争议，由争议双方协商解决，协商不成的，按本条第_____款规定的方式解决：

（一）提交_____仲裁委员会仲裁；

（二）依法向人民法院起诉。

第十章 附 则

第四十条 本合同依照本条第_____款之规定生效。

（一）该宗地出让方案业经_____人民政府批准，本合同自双方签订之日起生效。

（二）该宗地出让方案尚需经_____人民政府批准，本合同自_____人民政府批准之日起生效。

第四十一条　本合同一式_____份，具有同等法律效力，出让人、受让人各执_____份。

第四十二条　本合同和附件共_____页，以中文书写为准。

第四十三条　本合同的金额、面积等项应当同时以大、小写表示，大小写数额应当一致，不一致的，以大写为准。

第四十四条　本合同于_____年_____月_____日在中华人民共和国_____省（自治区、直辖市）_____市（县）签订。

第四十五条　本合同未尽事宜，可由双方约定后作为合同附件，与本合同具有同等法律效力。

附：出让宗地界地址图（略）

出让人：（章）：	出让人：（章）：
住所：	住所：
法定代表人（委托代理人）	法定代表人（委托代理人）
（签订）：	（签订）：
电话：	电话：
传真：	传真：
电报：	电报：
开户银行：	开户银行：
账号：	账号：
邮政编码：	邮政编码：
	二○○　年　月　日

31　建筑工程招投标合同 ━━━━━━━━━●

建筑工程招投标合同
合同协议书格式

本协议由＿＿＿＿＿＿＿＿（以下简称"发包方"）与＿＿＿＿＿＿＿＿（以下简称"承包方"）＿＿＿＿年＿＿月＿＿日商定并签署。

鉴于发包方拟修建＿＿＿＿＿＿＿＿（工程简述），并通过＿＿＿＿＿年＿＿月＿＿日的中标通知书接受了承包方以人民币＿＿＿＿＿＿元为本工程施工、竣工和保修所做的投标，双方达成如下协议：

1. 本协议中所用术语的含义与下文提到的合同条件中相应术语的含义相同。

2. 下列文件应作为本协议的组成部分：

（1）本合同协议书；

（2）合同协议条款；

（3）建议工程施工合同条件（GF－91－0201）；

（4）双方协商同意的变更纪要、协议；

（5）中标通知书；

（6）投标书；

（7）招标文件补遗；

（8）标准、规范和有关技术资料；

（9）已标价的工程量清单；

（10）图纸；

（11）其他有关文件。

3. 上述文件应互为补充和解释，如有不清或互相矛盾之处，以上面所列顺序在前的为准。

4. 考虑到发包方将按下条规定付款给承包方，承包方在此与发包方立约，保证全面按合同规定承包本工程的施工、竣工和保修。

5. 考虑到承包方将进行本工程的施工、竣工和保修，发包方在此立约，保证按合同规定的方式和时间付款给承包方。

为此，双方代表在此签字并加盖公章。

发包方代表（签名盖公章）：　　承包方代表（签名盖公章）：

发包方（公章）　　　　　　　　承包方（公章）

地址：　　　　　　　　　　　　地址：

法定代表人：　　　　　　　　　法定代表人：

委托代理人：　　　　　　　　　委托代理人：

开户银行：　　　　　　　　　　开户银行：

合同协议条款

合同协议条款内容，根据《合同条件》结合具体工程情况，涉及招标单位的条款在招标文件中提出；涉及投标单位的条款在投标文件中进行响应。本合同协议条款是模拟提示性的，招投标单位应结合工程的实际情况制订具体内容。

本合同发包方（甲方）：＿＿＿＿＿＿＿＿＿＿＿＿＿

本合同承包方（乙方）：＿＿＿＿＿＿＿＿＿＿＿＿＿

一、合同文件

1. 工程概况

见投标须知前附表第 1 项及第 2 项所述。

合同价款：（中标通知书中的中标标价）

2. 合同文件及解释顺序

双方协议为：＿＿＿＿＿＿＿＿＿＿＿＿＿＿＿＿＿＿

3. 合同文件使用的语言文字、标准和适用法律

3.1 本合同使用的语言为：＿＿＿＿＿＿＿＿＿＿＿＿＿＿

3.2 本合同适用的标准、规范的编号及名称如下：＿＿＿＿＿＿

4. 图纸

4.1 甲方提供图纸的日期是：＿＿＿＿＿＿＿＿＿＿＿＿＿＿＿

4.2 甲方免费提供图纸的份数是：＿＿＿＿＿＿＿＿＿＿＿＿

4.3 甲方对图纸的特殊保密要求及费用的承担双方约定如下：

＿＿＿＿＿＿＿＿＿＿＿＿＿＿＿＿＿＿＿＿＿＿＿＿＿＿＿＿

二、双方一般责任

5. 甲方代表

5.1 甲方代表是：＿＿＿＿＿＿＿＿＿＿＿＿＿＿

（委派人员的名单和职责附后）

5.2 总监理工程师是：＿＿＿＿＿＿＿＿＿＿＿＿

被授权范围是：＿＿＿＿＿＿＿＿＿＿＿＿＿＿＿＿＿

6. 乙方驻工地代表

乙方驻工地代表是：＿＿＿＿＿＿＿＿＿＿＿＿＿＿

（有关人员的名单和职责附后）

7. 甲方工作

7.1 甲方为使施工场地具备施工条件，应负责的工作为：

＿＿＿＿＿＿＿＿＿＿＿＿＿＿＿＿＿＿＿

完成的日期是：＿＿＿＿＿＿＿＿＿＿＿＿＿＿＿

7.2 甲方负责将施工所需水、电、电信等管网线路从施工场地外部，接至＿＿＿＿＿＿位置；并保证施工期间的需要。

完成的日期是：＿＿＿＿＿＿＿＿＿＿＿＿＿＿

7.3 甲方负责提供的施工通道＿＿＿＿＿＿＿＿＿＿＿＿

完成的日期是：＿＿＿＿＿＿＿＿＿＿＿＿＿＿

7.4 甲方负责提供施工场地的工程地质和地下管网线路资料，保

证数据真实准确。

完成的日期是：_____

7.5 甲方负责办理的有关证件、批件是（如：临时用地、占道及铁路专用线等许可证）：_____

完成的日期是：_____

7.6 甲方负责在施工现场将水准点与坐标控制点位置以书面形式交给乙方，交验要求是：_____

7.7 甲方负责组织乙方和设计单位进行图纸会审，向乙方进行设计交底。

完成的日期是：_____

7.8 协调处理施工场地周围建筑物和地下管线的保护要求及应支付的费用承担，双方协定为：_____

甲方未能按合同约定完成上述工作时，所应承担的责任是：_____
_____

甲方赔偿乙方损失的范围及计算方法是：_____

8. 乙方工作

8.1 履约保证金

乙方应按投标书附录第 1 项的规定的金额向甲方提交履约保证金，履约保证金可采用银行保函或履约担保书形式。

在乙方根据合同进行施工、竣工直至保修完成之前，履约保证金将一直有效。

乙方应签订、遵守如招标文件所附格式的合同协议书，如需要可进行适当修改，该协议书的拟定与完成费用由甲方承担。

8.2 甲方代表要求的由乙方负责设计的内容是：_____

在本款中规定的由乙方设计的那一部分永久工程，尽管该部分工程设计曾经过甲方代表批准，乙方仍应对这部分工程负全责。

8.3 乙方负责向甲方代表提供的（年度、季度、月）工程进度计

划及相应进度统计报表是：_____

完成的日期是：_____

乙方负责向甲方代表提供工程事故报告（如果发生的话）。

8.4 乙方负责向甲方代表提供在施工现场办公和生活设施的要求是：_____；费用承担：_____

8.5 对施工场地交通和噪音等管理的要求及费用承担，双方约定为：_____

8.6 乙方负责已完工程的成品特别保护的要求是：_____；费用承担：_____

8.7 乙方负责做好施工场地周围建筑物、构筑物和地下管线的保护要求是：_____；费用承担：_____

8.8 乙方负责施工场地清洁，交工前现场应达到的要求是：_____

乙方未能按合同约定完成上述工作时，所应承担的责任是：_____

乙方赔偿甲方损失的范围及计算方法是：_____

三、施工组织设计和工期

9. 进度计划

9.1 乙方提交施工组织设计（或施工方案）和进度计划的时间是：_____

9.2 甲方代表应于_____时间内批复。

10. 延期开工

10.1 工程开工

乙方在收到甲方代表的开工通知后，应在合理的时间内尽早开工，并按进度计划进行施工。甲方代表的开工通知将在投标书附录第2项规定的时间内发出。

10.2 如发生延期开工：＿＿＿＿＿＿＿＿＿＿＿＿

11. 暂停施工

如发生，双方按以下约定办理：＿＿＿＿＿＿＿＿

12. 工期延误

12.1 对以下原因造成竣工日期推迟的延误，经甲方代表确认后，工期相应顺延：

如果由于：＿＿＿＿＿＿＿＿＿＿＿＿＿＿＿＿

12.2 首次出现第 12.1 款情况后，双方按以下约定办理：

＿＿＿＿＿＿＿＿＿＿＿＿＿＿＿＿＿＿＿＿＿＿

12.3 非上述原因，乙方不能按合同约定的时间竣工，乙方应承担违约责任。应向甲方支付投标书附录第 3 项规定金额的赔偿费，误期时间从规定竣工日期起直到全部工程或相应部分工程的移交竣工报告的批准日期之间的天数（不足一天的按一天计算），其极限按投标书附录第 4 项规定。甲方可从应向乙方支付的任何金额中扣除此项赔偿费或其他方式收回此款，此赔偿费的支付并不能解释乙方应完成工程的责任或合同规定的其他责任。

12.4 误期赔偿费按比例减少

在本合同中没有其他代替条款的情况下，误期赔偿费应考虑全部或部分工程金额中已移交的部分工程金额所占的比例予以减少。本款的规定仅适用于误期赔偿费费率，而不影响期限额。

13. 工期提前

施工中如需提前竣工，双方协商一致后签订提前竣工协议，甲方应向乙方支付投标书附录第 5 项规定金额的提前工期奖。

四、质量与验收

14. 质量检查和返工

双方协议为：＿＿＿＿＿＿＿＿＿＿＿＿＿＿＿

15. 工程质量等级

15.1 甲方对工程质量的特殊要求：_____

经建设工程质量监督部门对本合同项目工程质量进行评定，达到本款质量要求时，甲方应按规定的金额向乙方支付工程质量补偿金。

15.2 因乙方原因达不到第15.1款中规定的工程质量要求，甲方有权从乙方应得的金额中扣除与规定的工程质量补偿金等额的赔偿费，乙方同时应承担的违约责任为：_____

15.3 双方对工程质量有争议时，请_____质量监督部门仲裁。

16. 隐蔽工程和中间验收

隐蔽工程和中间验收一览表：（如果有的话附后）

17. 试车

双方责任及费用承担：_____

18. 验收和重新检验

双方协议为：_____

五、合同价款与支付

19. 合同价款的调整

19.1 价格浮动对成本的影响

合同价格根据第19.2.1款规定固定不变或第19.2.2款规定随价格浮动而调整。

19.2 合同价格采用方式

19.2.1 合同价格固定

投标单位所填报单价和合价在合同实施期间不因市场变化因素而变动。投标单位在计算报价时应考虑风险系数和固定价格包括的范围。

19.2.2 合同价格调整

（1）发生下列情况之一时合同价款可作调整：_____
_____

（2）如发生上述情况，双方按以下约定办理：＿＿＿＿＿＿＿＿＿＿
＿＿＿＿＿＿＿＿＿＿＿＿＿＿＿＿＿＿＿＿＿＿＿＿＿＿＿

19.3　同价格如果采用第19.2.1款，则第19.2.2款略去；反之采用第19.2.2款，则第19.2.1款略去。

20. 工程预付款

20.1　投标书列出金额的无息工程预付款仅用于乙方支付施工开始时与本工程有关的动员费用。如乙方滥用此款，甲方有权立即收回。

20.1.1　在乙方向甲方提交金额等于预付款数额（甲方认可的银行开出）的银行保函后，甲方按规定的金额和第20.1.2款规定的时间向乙方支付预付款，在甲方全部扣回预付款之前，该银行保函将一直有效。当预付款被甲方扣回时，银行保函金额相应递减。

20.1.2　在乙方完成下述工作后的两天之内：

Ⅰ．签订合同协议；

Ⅱ．提交履约保证金；

Ⅲ．提交接受工程预付款的银行保证书。

甲方代表将向甲方提交一份证书（交给乙方一份副本），以下称为"工程预付款支付证书"，甲方应在得到"证书"后的7天内向乙方支付预付款。

20.1.3　在乙方完成金额累计达到合同总价的10%后，由乙方开始向甲方还款，甲方从每次应付给乙方的金额中扣回工程预付款，甲方至少在合同规定的完工期前3个月将工程预付款的总计金额按逐次分摊的办法扣回。当甲方一次付给乙方的金额少于规定扣回的金额时，其差额应转入下一次支付中作为债务结转。

20.2　甲方不按规定支付工程预付款，应承担的责任为：＿＿＿＿＿＿
＿＿＿＿＿＿＿＿＿＿＿＿＿＿＿＿＿＿＿＿＿＿＿＿＿＿＿

21. 工程量的确认

21.1　工程量清单中开列的工程量是招标时估算的工程量，不能作为乙方按合同履行其责任时所应当完成工程的实际工程量。

21.2 除另有规定外，甲方代表应按照合同通过计量来核实确定已完成的工程量和价值，按照第 22 条规定，乙方应得到该价值的付款。当甲方代表要对已完工的工程量进行计量时，应适时地通知乙方参加。

21.2.1 乙方按进度提交已完工程量报告的时间和要求是：＿＿＿＿＿

＿＿＿＿＿＿＿＿＿＿＿＿＿＿＿

21.2.2 甲方核实已完工程量报告的时间和要求是：＿＿＿＿＿＿

＿＿＿＿＿＿＿＿＿＿＿＿

21.3 计量方法

除非合同中另有规定，无论通常的和当地的习惯如何，工程的计量均应以本工程适用的《工程量计算规则》计算的净值为准。

21.4 计量单位

除了合同另有规定外，所有计量单位均应符合本工程适用的《工程量计算规则》的标准。

22. 工程款支付

22.1 工程款的支付方式：＿＿＿＿＿＿＿＿＿＿＿＿＿＿

22.2 甲方根据以下方面乙方应得到的金额计算应支付工程价款：

22.2.1 经甲方代表计量的工程量，按构成合同价款相应项目的价格计算工程价款。

22.2.2 合同规定的乙方有权利得到的其他金额；

22.2.3 根据第 19 条、第 26 条进行的调整；

22.2.4 减去第 20.1.3 款规定应扣回的预付款；

22.2.5 从第一次支付开始，在每次乙方应得的工程款中扣留投标书附录第 9 项规定的金额作为保留金，直至保留金总额达到投标书附录第 10 项列出的预付额为止。

22.3 甲方不按约定支付工程款应该承担的责任：＿＿＿＿＿＿

＿＿＿＿＿＿＿＿＿＿＿＿＿

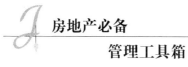
六、材料和设备供应

23. 甲方供应材料、设备

23.1 甲方供应材料、设备一览表（如果有的话附后）。

23.2 甲方未按照第 23.1 款约定的材料及设备的规格、数量、单价、质量等级和提供时间、地点供应材料及设备，所应承担的责任是：

_____

24. 乙方采购材料、设备

24.1 特殊要求为：_____

24.2 应承担的违约责任为：_____

七、设计变更

25. 设计变更

施工中如发生设计变更，双方按以下协议的方法办理：_____

_____

26. 确定变更价款

发生第 25 条规定的变更后，双方约定如下：

26.1 乙方提出变更价款的时间是：_____

26.2 甲方确定变更价款的时间是：_____

26.3 双方对变更价款不能达成一致意见时的解决办法和时间要求：_____

八、竣工与结算

27. 竣工验收

27.1 乙方向甲方代表提交完整竣工资料的份数为：_____。提交的时间是：_____

27.2 乙方向甲方代表提交竣工图的份数为：_____。提交的时间是：_____

27.3 乙方向甲方代表提交竣工验收报告的时间是：_____

27.4 甲方代表组织有关部门进行竣工验收的约定是：_____

27.4.1　甲方代表应在收到竣工验收报告后_____天内组织验收；

27.4.2　甲方代表应在验收后_____天内给予批复。

甲方代表未按合同规定有关竣工验收期限履行时，乙方提交的竣工验收报告可视为已被批准，可办理结算手续。

27.5　竣工时间

整个工程和部分工程（如果有的话），应按投标书附录中规定的全部或部分工程从开工之日算起的时间内完成，或者在第12条允许的延长了的工期内完成。

28.　竣工结算

28.1　乙方向甲方代表提交竣工结算证书的时间是：_____

_____

28.2　甲方代表收到竣工结算证书后提出审核意见的时间是：____

_____

28.3　甲方代表将拨款通知送经办银行的时间是：_____

_____

28.4　乙方在收到工程结算款后将竣工工程交给甲方的时间是：

_____

28.5　在办理全部工程移交手续时，甲方出具证明，把保留金的一半及利息付给乙方。

28.6　甲方未按合同规定办理竣工结算时，应承担的责任为：____

_____

29.　保修

29.1　对本工程的保修双方约定如下：_____

_____

29.2　甲方代表签发缺陷责任证书后送交给甲方，并将一副本交乙方，申明乙方已于某日前尽其责任施工、竣工、保修并符合甲方要求。缺陷责任证书应由甲方代表在最迟的保修期满，及乙方按指令进行的工

作已完成，并符合甲方代表要求的 21 天内，发出缺陷责任证书。

29.3　在保修期满后 28 日内，甲方出具证明，把另一半保留金及其利息付给乙方。

九、争议、违约和索赔

30.　争议

双方发生经济合同纠纷，可经建设行政主管部门进行调解。调解不成时，可直接向人民法院起诉。否则应根据《中华人民共和国仲裁法》由当事人选定的仲裁人做出最后裁决。

按下列第_____项方式解决：

30.1　向_____仲裁委员会申请仲裁；

30.2　向人民法院起诉。

31.　违约

如违约应承担的经济责任为：_____

32.　索赔

如发生索赔，双方按以下约定办理：_____

十、其他

33.　安全施工

双方协议为：_____

34.　专利技术、特殊工艺和合理化建议

双方协议为：_____

35.　地下障碍和文物

如发生，双方按以下约定办理：_____

36.　工程发包

36.1　乙方可以在甲方代表准许的情况下将工程分包，但没有甲方的书面批准不得分包合同。分包不能改变合同规定的乙方任何义务，分包的最大限额为：_____

36.2　分包工程的内容及对分包单位的资质要求：_____

36.3　分包工程款结算办法为：＿＿＿＿＿＿＿＿＿＿＿＿＿＿＿＿＿＿＿＿＿＿

＿＿＿＿＿＿＿＿＿＿

37.　不可抗力

不可抗力包括：＿＿＿＿＿＿＿＿＿＿＿＿＿＿＿＿＿＿

38.　保险

双方约定如下：＿＿＿＿＿＿＿＿＿＿＿＿＿＿＿＿＿＿

39.　工程停建或缓建

双方约定为：＿＿＿＿＿＿＿＿＿＿＿＿＿＿＿＿＿＿

40.　合同生效及终止

本合同自＿＿＿＿＿＿＿之日起生效。

32 建筑工程施工合同 ························· ●

建筑工程施工合同

（国家建设部、国家工商行政管理局制定）

第一部分 协议书

发包人（全称）：＿＿＿＿＿＿＿＿＿＿

承包人（全称）：＿＿＿＿＿＿＿＿＿＿

依照《中华人民共和国合同法》、《中华人民共和国建筑法》及其他有关法律、行政法规，遵循平等、自愿、公平和诚实信用的原则，双方就本建设工程施工事项协商一致，订立本合同。

一、工程概况

工程名称：＿＿＿＿＿＿＿＿＿＿

工程地点：＿＿＿＿＿＿＿＿＿＿

工程内容：＿＿＿＿＿＿＿＿＿＿

群体工程应附承包人承揽工程项目一览表（附件1）

工程立项批准文号：＿＿＿＿＿＿＿＿

资金来源：＿＿＿＿＿＿＿＿

二、工程承包范围

承包范围：＿＿＿＿＿＿＿＿

三、合同工期

开工日期：＿＿＿＿＿＿＿＿

竣工日期：＿＿＿＿＿＿＿＿

合同工期总日历天数＿＿＿＿＿天。

四、质量标准

工程质量标准：_____

五、合同价款

金额（大写）：_____元（人民币）　　　¥：_____元

六、组成合同的文件

组成本合同的文件包括：

1. 本合同协议书

2. 中标通知书

3. 投标书及其附件

4. 本合同专用条款

5. 本合同通用条款

6. 标准、规范及有关技术文件

7. 图纸

8. 工程量清单

9. 工程报价单或预算书

双方有关工程的洽商、变更等书面协议或文件视为本合同的组成部分。

七、本协议书中有关词语含义与本合同第二部分《通用条款》中分别赋予它们的定义相同

八、承包人向发包人承诺按照合同约定进行施工、竣工并在质量保修期内承担工程质量保修责任

九、发包人向承包人承诺按照合同约定的期限和方式支付合同价款及其他应当支付的款项

十、合同生效

合同订立时间：_____年___月___日

合同订立地点：_____

本合同双方约定_____后生效。

发包人：（公章）	承包人：（公章）
住所：	住所：
法定代表人：	法定代表人：
委托代理人：	委托代理人：
电话：	电话：
传真：	传真：
开户银行：	开户银行：
账号：	账号：
邮政编码：	邮政编码：

第二部分　通用条款

一、词语定义及合同文件

1. 词语定义

下列词语除专用条款另有约定外，应具有本条所赋予的定义：

1.1　通用条款：是根据法律、行政法规规定及建设工程施工的需要订立，通用于建设工程施工的条款。

1.2　专用条款：是发包人与承包人根据法律、行政法规规定，结合具体工程实际，经协商达成一致意见的条款，是对通用条款的具体化、补充或修改。

1.3　发包人：指在协议书中约定，具有工程发包主体资格和支付工程价款能力的当事人以及取得该当事人资格的合法继承人。

1.4　承包人：指在协议书中约定，被发包人接受的具有工程施工承包主体资格的当事人以及取得该当事人资格的合法继承人。

1.5　项目经理：指承包人在专用条款中指定的负责施工管理和合同履行的代表。

1.6　设计单位：指发包人委托的负责本工程设计并取得相应工程设计资质等级证书的单位。

1.7　监理单位：指发包人委托的负责本工程监理并取得相应工程

监理资质等级证书的单位。

1.8　工程师：指本工程监理单位委派的总监理工程师或发包人指定的履行本合同的代表，其具体身份和职权由发包人承包人在专用条款中约定。

1.9　工程造价管理部门：指国务院有关部门、县级以上人民政府建设行政主管部门或其委托的工程造价管理机构。

1.10　工程：指发包人承包人在协议书中约定的承包范围内的工程。

1.11　合同价款：指发包人承包人在协议书中约定，发包人用以支付承包人按照合同约定完成承包范围内全部工程并承担质量保修责任的款项。

1.12　追加合同价款：指在合同履行中发生需要增加合同价款的情况，经发包人确认后按计算合同价款的方法增加的合同价款。

1.13　费用：指不包含在合同价款之内的应当由发包人或承包人承担的经济支出。

1.14　工期：指发包人承包人在协议书中约定，按总日历天数（包括法定节假日）计算的承包天数。

1.15　开工日期：指发包人承包人在协议书中约定，承包人开始施工的绝对或相对的日期。

1.16　竣工日期：指发包人承包人在协议书中约定，承包人完成承包范围内工程的绝对或相对的日期。

1.17　图纸：指由发包人提供或由承包人提供并经发包人批准，满足承包人施工需要的所有图纸（包括配套说明和有关资料）。

1.18　施工场地：指由发包人提供的用于工程施工的场所以及发包人在图纸中具体指定的供施工使用的任何其他场所。

1.19　书面形式：指合同书、信件和数据电文（包括电报、电传、传真、电子数据交换和电子邮件）等可以有形地表现所载内容的形式。

1.20　违约责任：指合同一方不履行合同义务或履行合同义务不符合约定所应承担的责任。

1.21　索赔：指在合同履行过程中，对于并非自己的过错，而是应由对方承担责任的情况造成的实际损失，向对方提出经济补偿和（或）工期顺延的要求。

1.22　不可抗力：指不能预见、不能避免并不能克服的客观情况。

1.23　小时或天：本合同中规定按小时计算时间的，从事件有效开始时计算（不扣除休息时间）；规定按天计算时间的，开始当天不计入，从次日开始计算。时限的最后一天是休息日或者其他法定节假日的，以节假日次日为时限的最后一天，但竣工日期除外。时限的最后一天的截止时间为当日 24 时。

2. 合同文件及解释顺序

2.1　合同文件应能相互解释，互为说明。除专用条款另有约定外，组成本合同的文件及优先解释顺序如下：

（1）本合同协议书；

（2）中标通知书；

（3）投标书及其附件；

（4）本合同专用条款；

（5）本合同通用条款；

（6）标准、规范及有关技术文件；

（7）图纸；

（8）工程量清单；

（9）工程报价单或预算书。

合同履行中，发包人承包人有关工程的洽商、变更等书面协议或文件视为本合同的组成部分。

2.2　当合同文件内容含糊不清或不相一致时，在不影响工程正常进行的情况下，由发包人承包人协商解决。双方也可以提请负责监理的工程师作出解释。双方协商不成或不同意负责监理的工程师的解释时，按本通用条款第 37 条关于争议的约定处理。

3. 语言文字和适用法律、标准及规范

3.1 语言文字

本合同文件使用汉语语言文字书写、解释和说明。如专用条款约定使用两种以上（含两种）语言文字时，汉语应为解释和说明本合同的标准语言文字。

在少数民族地区，双方可以约定使用少数民族语言文字书写和解释、说明本合同。

3.2 适用法律和法规

本合同文件适用国家的法律和行政法规。需要明示的法律、行政法规，由双方在专用条款中约定。

3.3 适用标准、规范

双方在专用条款内约定适用国家标准、规范的名称；没有国家标准、规范但有行业标准、规范的，约定适用行业标准、规范的名称；没有国家和行业标准、规范的，约定适用工程所在地地方标准、规范的名称。发包人应按专用条款约定的时间向承包人提供一式两份约定的标准、规范。

国内没有相应标准、规范的，由发包人按专用条款约定的时间向承包人提出施工技术要求，承包人按约定的时间和要求提出施工工艺，经发包人认可后执行。发包人要求使用国外标准、规范的，应负责提供中文译本。

本条所发生的购买、翻译标准、规范或制定施工工艺的费用，由发包人承担。

4. 图纸

4.1 发包人应按专用条款约定的日期的套数，向承包人提供图纸。承包人需要增加图纸套数的，发包人应代为复制，复制费用由承包人承担。发包人对工程有保密要求的，应在专用条款中提出保密要求，保密措施费用由发包人承担，承包人在约定保密期限内履行保密义务。

4.2　承包人未经发包人同意，不得将本工程图纸转给第三者。工程质量保修期满后，除承包人存档需要的图纸外，应将全部图纸退还给发包人。

4.3　承包人应在施工现场保留一套完整图纸，供工程师及有关人员进行工程检查时使用。

二、双方一般权利和义务

5. 工程师

5.1　实行工程监理的，发包人应在实施监理前将委托的监理单位名称、监理内容及监理权限以书面形式通知承包人。

5.2　监理单位委派的总监理工程师在本合同中称工程师，其姓名、职务、职权由发包人承包人在专用条款内写明。工程师按合同约定行使职权，发包人在专用条款内要求工程师在行使某些职权前需要征得发包人批准的，工程师应征得发包人批准。

5.3　发包人派驻施工场地履行合同的代表在本合同中也称工程师，其姓名、职务、职权由发包人在专用条款内写明，但职权不得与监理单位委派的总监理工程师职权相互交叉。双方职权发生交叉或不明确时，由发包人予以明确，并以书面形式通知承包人。

5.4　合同履行中，发生影响发包人承包人双方权利或义务的事件时，负责监理的工程师应依据合同在其职权范围内客观公正地进行处理。一方对工程师的处理有异议时，按本通用条款第37条关于争议的约定处理。

5.5　除合同内有明确约定或经发包人同意外，负责监理的工程师无权解除本合同约定的承包人的任何权利与义务。

5.6　不实行工程监理的，本合同中工程师专指发包人派驻施工场地履行合同的代表，其具体职权由发包人在专用条款内写明。

6. 工程师的委派和指令

6.1　工程师可委派工程师代表，行使合同约定的自己的职权，并可在认为必要时撤回委派。委派和撤回均应提前 7 天以书面形式通知承包人，负责监理的工程师还应将委派和撤回通知发包人。委派书和撤回通知作为本合同附件。

工程师代表在工程师授权范围内向承包人发出的任何书面形式的函件，与工程师发出的函件具有同等效力。承包人对工程师代表向其发出的任何书面形式的函件有疑问时，可将此函件提交工程师，工程师应进行确认。工程师代表发出指令有失误时，工程师应进行纠正。

除工程师或工程师代表外，发包人派驻工地的其他人员均无权向承包人发出任何指令。

6.2　工程师的指令、通知由其本人签字后，以书面形式交给项目经理，项目经理在回执上签署姓名和收到时间后生效。确有必要时，工程师可发出口头指令，并在 48 小时内给予书面确认，承包人对工程师的指令应予执行。工程师不能及时给予书面确认的，承包人应于工程师发出口头指令后 7 天内提出书面确认要求。工程师在承包人提出确认要求后 48 小时内不予答复的，视为口头指令已被确认。

承包人认为工程师指令不合理，应在收到指令后 24 小时内向工程师提出修改指令的书面报告，工程师在收到承包人报告后 24 小时内作出修改指令或继续执行原指令的决定，并以书面形式通知承包人。紧急情况下，工程师要求承包人立即执行的指令或承包人虽有异议，但工程师决定仍继续执行的指令，承包人应予执行。因指令错误发生的追加合同价款和给承包人造成的损失由发包人承担，延误的工期相应顺延。

本款规定同样适用于由工程师代表发出的指令、通知。

6.3　工程师应按合同约定，及时向承包人提供所需指令、批准并履行约定的其他义务。由于工程师未能按合同约定履行义务造成工期延误，发包人应承担延误造成的追加合同价款，并赔偿承包人有关损失，顺延延误的工期。

6.4　如需更换工程师，发包人应至少提前 7 天以书面形式通知承包人，后任继续行使合同文件约定的前任的职权，履行前任的义务。

7．项目经理

7.1　项目经理的姓名、职务在专用条款内写明。

7.2　承包人依据合同发出的通知，以书面形式由项目经理签字后送交工程师，工程师在回执上签署姓名和收到时间后生效。

7.3　项目经理按发包人认可的施工组织设计（施工方案）和工程师依据合同发出的指令组织施工。在情况紧急且无法与工程师联系时，项目经理应当采取保证人员生命和工程、财产安全的紧急措施，并在采取措施后 48 小时内向工程师送交报告。责任在发包人或第三人，由发包人承担由此发生的追加合同价款，相应顺延工期；责任在承包人，由承包人承担费用，不顺延工期。

7.4　承包人如需更换项目经理，应至少提前 7 天以书面形式通知发包人，并征得发包人同意。后任继续行使合同文件约定的前任的职权，履行前任的义务。

7.5　发包人可以与承包人协商，建议更换其认为不称职的项目经理。

8．发包人工作

8.1　发包人按专用条款约定的内容和时间完成以下工作：

（1）办理土地征用、拆迁补偿，平整施工场地等工作，使施工场地具备施工条件，在开工后继续负责解决以上事项遗留问题；

（2）将施工所需水、电、电信线路从施工场地外部接至专用条款约定地点，保证施工期间的需要；

（3）开通施工场地与城乡公共道路的通道，以及专用条款约定的施工场地内的主要道路，满足施工运输的需要，保证施工期间的畅通；

（4）向承包人提供施工场地的工程地质和地下管线资料，对资料的真实、准确性负责；

（5）办理施工许可证及其他施工所需证件、批件和临时用地、停水、停电、中断道路交通、爆破作业等的申请批准手续（证明承包人自身资质的证件除外）；

（6）确定水准点与坐标控制点，以书面形式交给承包人，进行现场交验；

（7）组织承包人和设计单位进行图纸会审和设计交底；

（8）协调处理施工场地周围地下管线和邻近建筑物、构筑物（包括文物保护建筑）、古树名木的保护工作，承担有关费用；

（9）发包人应做的其他工作，双方在专用条款内约定。

8.2 发包人可以将第8.1款部分工作委托承包人办理，双方在专用条款内约定，其费用由发包人承担。

8.3 发包人未能履行第8.1款各项义务，导致工期延误或给承包人造成损失的，发包人赔偿承包人有关损失，顺延延误的工期。

9. 承包人工作

9.1 承包人按专用条款约定的内容和时间完成以下工作：

（1）根据发包人委托，在其设计资质等级和业务允许的范围内，完成施工图设计或与工程配套的设计，经工程师确认后使用，发包人承担由此发生的费用；

（2）向工程师提供年、季、月度工程进度计划及相应进度统计报表；

（3）根据工程需要，提供和维修非夜间施工使用的照明、围栏设施，并负责安全保卫；

（4）按专用条款约定的数量和要求，向发包人提供施工场地办公和生活的房屋及设施，发包人承担由此发生的费用；

（5）遵守政府有关主管部门对施工场地交通、施工噪音以及环境保护和安全生产等的管理规定，按规定办理有关手续，并以书面形式通

知发包人，发包人承担由此发生的费用，因承包人责任造成的罚款除外；

（6）已竣工工程未交付发包人之前，承包人按专用条款约定负责已完工程的保护工作，保护期间发生损坏，承包人自费予以修复；发包人要求承包人采取特殊措施保护的工程部位和相应的追加合同价款，双方在专用条款内约定；

（7）按专用条款约定做好施工场地地下管线和邻近建筑物、构筑物（包括文物保护建筑）、古树名木的保护工作；

（8）保证施工场地清洁符合环境卫生管理的有关规定，交工前清理现场达到专用条款约定的要求，承担因自身原因违反有关规定造成的损失和罚款；

（9）承包人应做的其他工作，双方在专用条款内约定。

9.2　承包人未能履行第9.1款各项义务，造成发包人损失的，承包人赔偿发包人有关损失。

三、施工组织设计和工期

10. 进度计划

10.1　承包人应按专用条款约定的日期，将施工组织设计和工程进度计划提交工程师，工程师按专用条款约定的时间予以确认或提出修改意见，逾期不确认也不提出书面意见的，视为同意。

10.2　群体工程中单位工程分期进行施工的，承包人应按照发包人提供图纸及有关资料的时间，按单位工程编制进度计划，其具体内容双方在专用条款中约定。

10.3　承包人必须按工程师确认的进度计划组织施工，接受工程师对进度的检查、监督。工程实际进度与经确认的进度计划不符时，承包人应按工程师的要求提出改进措施，经工程师确认后执行。因承包人的原因导致实际进度与进度计划不符，承包人无权就改进措施提出追加合同价款。

11. 开工及延期开工

11.1 承包人应当按照协议书约定的开工日期开工。承包人不能按时开工，应当不迟于协议书约定的开工日期前 7 天，以书面形式向工程师提出延期开工的理由和要求。工程师应当在接到延期开工申请后的 48 小时内以书面形式答复承包人。工程师在接到延期开工申请后 48 小时内不答复，视为同意承包人要求，工期相应顺延。工程师不同意延期要求或承包人未在规定时间内提出延期开工要求，工期不予顺延。

11.2 因发包人原因不能按照协议书约定的开工日期开工，工程师应以书面形式通知承包人，推迟开工日期。发包人赔偿承包人因延期开工造成的损失，并相应顺延工期。

12. 暂停施工

工程师认为确有必要暂停施工时，应当以书面形式要求承包人暂停施工，并在提出要求后 48 小时内提出书面处理意见。承包人应当按工程师要求停止施工，并妥善保护已完工程。承包人实施工程师作出的处理意见后，可以书面形式提出复工要求，工程师应当在 48 小时内给予答复。工程师未能在规定时间内提出处理意见，或收到承包人复工要求后 48 小时内未予答复，承包人可自行复工。因发包人原因造成停工的，由发包人承担所发生的追加合同价款，赔偿承包人由此造成的损失，相应顺延工期；因承包人原因造成停工的，由承包人承担发生的费用，工期不予顺延。

13. 工期延误

13.1 因以下原因造成工期延误，经工程师确认，工期相应顺延：

（1）发包人未能按专用条款的约定提供图纸及开工条件；

（2）发包人未能按约定日期支付工程预付款、进度款，致使施工不能正常进行；

（3）工程师未按合同约定提供所需指令、批准等，致使施工不能正常进行；

（4）设计变更和工程量增加；

（5）一周内非承包人原因停水、停电、停气造成停工累计超过 8 小时；

（6）不可抗力；

（7）专用条款中约定或工程师同意工期顺延的其他情况。

13.2　承包人在第 13.1 款情况发生后 14 天内，就延误的工期以书面形式向工程师提出报告。工程师在收到报告后 14 天内予以确认，逾期不予确认也不提出修改意见，视为同意顺延工期。

14. 工程竣工

14.1　承包人必须按照协议书约定的竣工日期或工程师同意顺延的工期竣工。

14.2　因承包人原因不能按照协议书约定的竣工日期或工程师同意顺延的工期竣工的，承包人承担违约责任。

14.3　施工中发包人如需提前竣工，双方协商一致后应签订提前竣工协议，作为合同文件组成部分。提前竣工协议应包括承包人为保证工程质量和安全采取的措施，发包人为提前竣工提供的条件以及提前竣工所需的追加合同价款等内容。

四、质量与检验

15. 工程质量

15.1　工程质量应当达到协议书约定的质量标准，质量标准的评定以国家或行业的质量检验评定标准为依据。因承包人原因工程质量达不到约定的质量标准，承包人承担违约责任。

15.2　双方对工程质量有争议，由双方同意的工程质量检测机构鉴定，所需费用及因此造成的损失，由责任方承担。双方均有责任，由双方根据其责任分别承担。

16. 检查和返工

16.1　承包人应认真按照标准、规范和设计图纸要求以及工程师依据合同发出的指令施工，随时接受工程师的检查检验，为检查检验提供便利条件。

16.2 工程质量达不到约定标准的部分，工程师一经发现，应要求承包人拆除和重新施工，承包人应按工程师的要求拆除和重新施工，直到符合约定标准。因承包人原因达不到约定标准，由承包人承担拆除和重新施工的费用，工期不予顺延。

16.3 工程师的检查检验不应影响施工正常进行。如影响施工正常进行，检查检验不合格时，影响正常施工的费用由承包人承担。除此之外，影响正常施工的追加合同价款由发包人承担，相应顺延工期。

16.4 因工程师指令失误或其他非承包人原因发生的追加合同价款，由发包人承担。

17. 隐蔽工程和中间验收

17.1 工程具备隐蔽条件或达到专用条款约定的中间验收部位，承包人进行自检，并在隐蔽或中间验收前48小时以书面形式通知工程师验收。通知包括隐蔽和中间验收的内容、验收时间和地点。承包人准备验收记录，验收合格，工程师在验收记录上签字后，承包人可进行隐蔽和继续施工。验收不合格，承包人在工程师限定的时间内修改后重新验收。

17.2 工程师不能按时进行验收，应在验收前24小时以书面形式向承包人提出延期要求，延期不能超过48小时。工程师未能按以上时间提出延期要求，不进行验收，承包人可自行组织验收，工程师应承认验收记录。

17.3 经工程师验收，工程质量符合标准、规范和设计图纸等要求，验收24小时后，工程师不在验收记录上签字，视为工程师已经认可验收记录，承包人可进行隐蔽或继续施工。

18. 重新检验

无论工程师是否进行验收，当其要求对已经隐蔽的工程重新检验时，承包人应按要求进行剥离或开孔，并在检验后重新覆盖或修复。检验合格，发包人承担由此发生的全部追加合同价款，赔偿承包人损失，并相应顺延工期。检验不合格，承包人承担发生的全部费用，工期不予顺延。

19. 工程试车

19.1　双方约定需要试车的，试车内容应与承包人承包的安装范围相一致。

19.2　设备安装工程具备单机无负荷试车条件，承包人组织试车，并在试车前48小时以书面形式通知工程师。通知包括试车内容、时间、地点。承包人准备试车记录，发包人根据承包人要求为试车提供必要条件。试车合格，工程师在试车记录上签字。

19.3　工程师不能按时参加试车，须在开始试车前24小时以书面形式向承包人提出延期要求，延期不能超过48小时。工程师未能按以上时间提出延期要求，不参加试车，应承认试车记录。

19.4　设备安装工程具备无负荷联动试车条件，发包人组织试车，并在试车前48小时以书面形式通知承包人。通知包括试车内容、时间、地点和对承包人的要求，承包人按要求做好准备工作。试车合格，双方在试车记录上签字。

19.5　双方责任

（1）由于设计原因试车达不到验收要求，发包人应要求设计单位修改设计，承包人按修改后的设计重新安装。发包人承担修改设计、拆除及重新安装的全部费用和追加合同价款，工期相应顺延。

（2）由于设备制造原因试车达不到验收要求，由该设备采购一方负责重新购置或修理，承包人负责拆除和重新安装。设备由承包人采购的，由承包人承担修理或重新购置、拆除及重新安装的费用，工期不予顺延；设备由发包人采购的，发包人承担上述各项追加合同价款，工期相应顺延。

（3）由于承包人施工原因试车达不到验收要求，承包人按工程师要求重新安装和试车，并承担重新安装和试车的费用，工期不予顺延。

（4）试车费用除已包括在合同价款之内或专用条款另有约定外，均由发包人承担。

（5）工程师在试车合格后不在试车记录上签字，试车结束24小时后，视为工程师已经认可试车记录，承包人可继续施工或办理竣工手续。

19.6　投料试车应在工程竣工验收后由发包人负责，如发包人要求在工程竣工验收前进行或需要承包人配合时，应征得承包人同意，另行签订补充协议。

五、安全施工

20. 安全施工与检查

20.1　承包人应遵守工程建设安全生产有关管理规定，严格按安全标准组织施工，并随时接受行业安全检查人员依法实施的监督检查，采取必要的安全防护措施，消除事故隐患。由于承包人安全措施不力造成事故的责任和因此发生的费用，由承包人承担。

20.2　发包人应对其在施工场地的工作人员进行安全教育，并对他们的安全负责。发包人不得要求承包人违反安全管理的规定进行施工。因发包人原因导致的安全事故，由发包人承担相应责任及发生的费用。

21. 安全防护

21.1　承包人在动力设备、输电线路、地下管道、密封防震车间、易燃易爆地段以及临街交通要道附近施工时，施工开始前应向工程师提出安全防护措施，经工程师认可后实施，防护措施费用由发包人承担。

21.2　实施爆破作业，在放射、毒害性环境中施工（含储存、运输、使用）及使用毒害性、腐蚀性物品施工时，承包人应在施工前14天以书面形式通知工程师，并提出相应的安全防护措施，经工程师认可后实施，由发包人承担安全防护措施费用。

最新房地产

经营管理全套必备解决方案

22. 事故处理

22.1　发生重大伤亡及其他安全事故，承包人应按有关规定立即上报有关部门并通知工程师，同时按政府有关部门要求处理，由事故责任方承担发生的费用。

22.2　发包人承包人对事故责任有争议时，应按政府有关部门的认定处理。

六、合同价款与支付

23. 合同价款及调整

23.1　招标工程的合同价款由发包人承包人依据中标通知书中的中标价格在协议书内约定。非招标工程的合同价款由发包人承包人依据工程预算书在协议书内约定。

23.2　合同价款在协议书内约定后，任何一方不得擅自改变。下列三种确定合同价款的方式，双方可在专用条款内约定采用其中一种：

（1）固定价格合同。双方在专用条款内约定合同价款包含的风险范围和风险费用的计算方法，在约定的风险范围内合同价款不再调整。风险范围以外的合同价款调整方法，应当在专用条款内约定。

（2）可调价格合同。合同价款可根据双方的约定而调整，双方在专用条款内约定合同价款调整方法。

（3）成本加酬金合同。合同价款包括成本和酬金两部分，双方在专用条款内约定成本构成和酬金的计算方法。

23.3　可调价格合同中合同价款的调整因素包括：

（1）法律、行政法规和国家有关政策变化影响合同价款；

（2）工程造价管理部门公布的价格调整；

（3）一周内非承包人原因停水、停电、停气造成停工累计超过 8 小时；

（4）双方约定的其他因素。

23.4　承包人应当在 23.3 款情况发生后 14 天内，将调整原因、金额以书面形式通知工程师，工程师确认调整金额后作为追加合同价款，与工程款同期支付。工程师收到承包人通知后 14 天内不予确认也不提出修改意见，视为已经同意该项调整。

24. 工程预付款

实行工程预付款的，双方应当在专用条款内约定发包人向承包人预付工程款的时间和数额，开工后按约定的时间和比例逐次扣回。预付时间应不迟于约定的开工日期前 7 天。发包人不按约定预付，承包人在约定预付时间 7 天后向发包人发出要求预付的通知，发包人收到通知后仍不能按要求预付，承包人可在发出通知后 7 天停止施工，发包人应从约定应付之日起向承包人支付应付款的贷款利息，并承担违约责任。

25. 工程的确认

25.1 承包人应按专用条款约定的时间，向工程师提交已完工程量的报告。工程师接到报告后 7 天内按设计图纸核实已完工程量（以下称计量），并在计量前 24 小时通知承包人，承包人为计量提供便利条件并派人参加。承包人收到通知后不参加计量，计量结果有效，作为工程价款支付的依据。

25.2 工程师收到承包人报告后 7 天内未进行计量，从第 8 天起，承包人报告中开列的工程量即视为被确认，作为工程价款支付的依据。工程师不按约定时间通知承包人，致使承包人未能参加计量，计量结果无效。

25.3 对承包人超出设计图纸范围和因承包人原因造成返工的工程量，工程师不予计量。

26. 工程款（进度款）支付

26.1 在确认计量结果后 14 天内，发包人应向承包人支付工程款（进度款）。按约定时间发包人应扣回的预付款，与工程款（进度款）同期结算。

26.2 本通用条款第 23 条确定调整的合同价款，第 31 条工程变更

调整的合同价款及其他条款中约定的追加合同价款，应与工程款（进度款）同期调整支付。

26.3　发包人超过约定的支付时间不支付工程款（进度款），承包人可向发包人发出要求付款的通知，发包人收到承包人通知后仍不能按要求付款，可与承包人协商签订延期付款协议，经承包人同意后可延期支付。协议应明确延期支付的时间和从计量结果确认后第 15 天起计算应付款的贷款利息。

26.4　发包人不按合同约定支付工程款（进度款），双方又未达成延期付款协议，导致施工无法进行，承包人可停止施工，由发包人承担违约责任。

七、材料设备供应

27.　发包人供应材料设备

27.1　实行发包人供应材料设备的，双方应当约定发包人供应材料设备的一览表，作为本合同附件（附件二）。一览表包括发包人供应材料设备的品种、规格、型号、数量、单价、质量等级、提供时间和地点。

27.2　发包人按一览表约定的内容提供材料设备，并向承包人提供产品合格证明，对其质量负责。发包人在所供材料设备到货前 24 小时，以书面形式通知承包人，由承包人派人与发包人共同清点。

27.3　发包人供应的材料设备，承包人派人参加清点后由承包人妥善保管，发包人支付相应保管费用。因承包人原因发生丢失损坏，由承包人负责赔偿。

发包人未通知承包人清点，承包人不负责材料设备的保管，丢失损坏由发包人负责。

27.4　发包人供应的材料设备与一览表不符时，发包人承担有关责任。发包人应承担责任的具体内容，双方根据下列情况在专用条款内约定：

（1）材料设备单价与一览表不符，由发包人承担所有价差；

（2）材料设备的品种、规格、型号、质量等级与一览表不符，承包人可拒绝接收保管，由发包人运出施工场地并重新采购；

（3）发包人供应的材料规格、型号与一览表不符，经发包人同意，承包人可代为调剂串换，由发包人承担相应费用；

（4）到货地点与一览表不符，由发包人负责运至一览表指定地点；

（5）供应数量少于一览表约定的数量时，由发包人补齐，多于一览表约定数量时，发包人负责将多出部分运出施工场地；

（6）到货时间早于一览表约定时间，由发包人承担因此发生的保管费用；到货时间迟于一览表约定的供应时间，发包人赔偿由此造成的承包人损失，造成工期延误的，相应顺延工期。

27.5　发包人供应的材料设备使用前，由承包人负责检验或试验，不合格的不得使用，检验或试验费用由发包人承担。

27.6　发包人供应材料设备的结算方法，双方在专用条款内约定。

28. 承包人采购材料设备

28.1　承包人负责采购材料设备的，应按照专用条款约定及设计和有关标准要求采购，并提供产品合格证明，对材料设备质量负责。承包人在材料设备到货前24小时通知工程师清点。

28.2　承包人采购的材料设备与设计或标准要求不符时，承包人应按工程师要求的时间运出施工场地，重新采购符合要求的产品，承担由此发生的费用，由此延误的工期不予顺延。

28.3　承包人采购的材料设备在使用前，承包人应按工程师的要求进行检验或试验，不合格的不得使用，检验或试验费用由承包人承担。

28.4　工程师发现承包人采购并使用不符合设计或标准要求的材料设备时，应要求由承包人负责修复、拆除或重新采购，并承担发生的费用，由此延误的工期不予顺延。

28.5　承包人需要使用代用材料时，应经工程师认可后才能使用，

由此增减的合同价款双方以书面形式议定。

28.6 由承包人采购的材料设备，发包人不得指定生产厂或供应商。

八、工程变更

29. 工程设计变更

29.1 施工中发包人需对原工程设计进行变更，应提前14天以书面形式向承包人发出变更通知。变更超过原设计标准或批准的建设规模时，发包人应报规划管理部门和其他有关部门重新审查批准，并由原设计单位提供变更的相应图纸和说明。承包人按照工程师发出的变更通知及有关要求，进行下列需要的变更：

（1）更改工程有关部分的标高、基线、位置和尺寸；

（2）增减合同中约定的工程量；

（3）改变有关工程的施工时间和顺序；

（4）其他有关工程变更需要的附加工作。

因变更导致合同价款的增减及造成的承包人损失，由发包人承担，延误的工期相应顺延。

29.2 施工中承包人不得对原工程设计进行变更。因承包人擅自变更设计发生的费用和由此导致发包人的直接损失，由承包人承担，延误的工期不予顺延。

29.3 承包人在施工中提出的合理化建议涉及对设计图纸或施工组织设计的更改及对材料、设备的换用，须经工程师同意。未经同意擅自更改或换用时，承包人承担由此发生的费用，并赔偿发包人的有关损失。延误的工期不予顺延。

工程师同意采用承包人合理化建议，所发生的费用和获得的收益，发包人承包人另行约定分担或分享。

30. 其他变更

合同履行中发包人要求变更工程质量标准及发生其他实质性变更，

由双方协商解决。

31. 确定变更价款

31.1　承包人在工程变更确定后 14 天内，提出变更工程价款的报告，经工程师确认后调整合同价款。变更合同价款按下列方法进行：

（1）合同中已有适用于变更工程的价格，按合同已有的价格变更合同价款；

（2）合同中只有类似于变更工程的价格，可以参照类似价格变更合同价款；

（3）合同中没有适用或类似于变更工程的价格，由承包人提出适当的变更价格，经工程师确认后执行。

31.2　承包人在双方确定变更后 14 天内不向工程师提出变更工程价款报告时，视为该项变更不涉及合同价款的变更。

31.3　工程师应在收到变更工程价款报告之日起 14 天内予以确认，工程师无正当理由不确认时，自变更工程价款报告送达之日起 14 天后视为变更工程价款报告已被确认。

31.4　工程师不同意承包人提出的变更价款，按本通用条款第 37 条关于争议的约定处理。

31.5　工程师确认增加的工程变更价款作为追加合同价款，与工程款同期支付。

31.6　因承包人自身原因导致的工程变更，承包人无权要求追加合同价款。

九、竣工验收与结算

32. 竣工验收

32.1　工程具备竣工验收条件，承包人按国家工程竣工验收有关规定，向发包人提供完整竣工资料及竣工验收报告。双方约定由承包人提供竣工图的，应当在专用条款内约定提供的日期和份数。

32.2　发包人收到竣工验收报告后 28 天内组织有关单位验收，并在验收后14天内给予认可或提出修改意见。承包人按要求修改，并承担由自身原因造成修改的费用。

32.3 发包人收到承包人送交的竣工验收报告后28天内不组织验收，或验收后14天内不提出修改意见，视为竣工验收报告已被认可。

32.4 工程竣工验收通过，承包人送交竣工验收报告的日期为实际竣工日期。工程按发包人要求修改后通过竣工验收的，实际竣工日期为承包人修改后提请发包人验收的日期。

32.5 发包人收到承包人竣工验收报告后28天内不组织验收，从第29天起承担工程保管及一切意外责任。

32.6 中间交工工程的范围和竣工时间，双方在专用条款内约定，其验收程序按本通用条款32.1款至32.4款办理。

32.7 因特殊原因，发包人要求部分单位工程或工程部位单项竣工的，双方另行签订了单项竣工协议，明确双方责任和工程价款的支付方法。

32.8 工程未经竣工验收或竣工验收未通过的，发包人不得使用。发包人强行使用时，由此发生的质量问题及其他问题，由发包人承担责任。

33. 竣工结算

33.1 工程竣工验收报告经发包人认可后28天内，承包人向发包人递交竣工结算报告及完整的结算资料，双方按照协议书约定的合同价款及专用条款约定的合同价款调整内容，进行工程竣工结算。

33.2 发包人收到承包人递交的竣工结算报告及结算资料后28天内进行核实，给予确认或者提出修改意见。发包人确认竣工结算报告后通知经办银行向承包人支付工程竣工结算价款。承包人收到竣工结算价款后14天内将竣工工程交付发包人。

33.3 发包人收到竣工结算报告及结算资料后28天内无正当理由不支付工程竣工结算价款，从第29天起按承包人同期向银行贷款利率支付拖欠工程价款的利息，并承担违约责任。

33.4 发包人收到竣工结算报告及结算资料后 28 天内不支付工程竣工结算价款，承包人可以催告发包人支付结算价款。发包人在收到竣工结算报告及结算资料后 56 天内仍不支付的，承包人可以与发包人协议将该工程折价，也可以由承包人申请人民法院将该工程依法拍卖，承包人就该工程折价或者拍卖的价款优先受偿。

33.5 工程竣工验收报告经发包人认可后 28 天内，承包人未能向发包人递交竣工结算报告及完整的结算资料，造成工程竣工结算不能正常进行或工程竣工结算价款不能及时支付，发包人要求交付工程的，承包人应当交付；发包人不要求交付工程的，承包人承担保管责任。

33.6 发包人承包人对工程竣工结算价款发生争议时，按本通用条款第 37 条关于争议的约定处理。

34. 质量保修

34.1 承包人应按法律、行政法规或国家关于工程质量保修的有关规定，对交付发包人使用的工程在质量保修期内承担质量保修责任。

34.2 质量保修工作的实施。承包人应在工程竣工验收之前，与发包人签订质量保修书，作为本合同附件（附件三）。

34.3 质量保修书的主要内容包括：

（1）质量保修项目内容及范围；

（2）质量保修期；

（3）质量保修责任；

（4）质量保修金的支付方法。

十、违约、索赔和争议

35. 违约

35.1 发包人违约。当发生下列情况时：

（1）本通用条款第 24 条提到的发包人不按时支付工程预付款；

（2）本通用条款第 26.4 款提到的发包人不按合同约定支付工程

款，导致施工无法进行；

（3）本通用条款第33.3款提到的发包人无正当理由不支付工程竣工结算价款；

（4）发包人不履行合同义务或不按合同约定履行义务的其他情况。

发包人承担违约责任，赔偿因其违约给承包人造成的经济损失，顺延延误的工期。双方在专用条款内约定发包人赔偿承包人损失的计算方法或者发包人应当支付违约金的数额或计算方法。

35.2　承包人违约。当发生下列情况时：

（1）本通用条款第14.2款提到的因承包人原因不能按照协议书约定的竣工日期或工程师同意顺延的工期竣工；

（2）本通用条款第15.1款提到的因承包人原因工程质量达不到协议书约定的质量标准；

（3）承包人不履行合同义务或不按合同约定履行义务的其他情况。

承包人承担违约责任，赔偿因其违约给发包人造成的损失。双方在专用条款内约定承包人赔偿发包人损失的计算方法或者承包人应当支付违约金的数额或计算方法。

35.3　一方违约后，另一方要求违约方继续履行合同时，违约方承担上述违约责任后仍应继续履行合同。

36. 索赔

36.1　当一方向另一方提出索赔时，要有正当索赔理由，且有索赔事件发生时的有效证据。

36.2　发包人未能按合同约定履行自己的各项义务或发生错误以及应由发包人承担责任的其他情况，造成工期延误和（或）承包人不能及时得到合同价款及承包人的其他经济损失，承包人可按下列程序以书面形式向发包人索赔：

（1）索赔事件发生后28天内，向工程师发出索赔意向通知；

（2）发出索赔意向通知后28天内，向工程师提出延长工期和

（或）补偿经济损失的索赔报告及有关资料；

（3）工程师在收到承包人送交的索赔报告和有关资料后，于28天内给予答复，或要求承包人进一步补充索赔理由和证据；

（4）工程师在收到承包人送交的索赔报告和有关资料后28天内未予答复或未对承包人作进一步要求，视为该项索赔已经认可；

（5）当该索赔事件持续进行时，承包人应当阶段性向工程师发出索赔意向，在索赔事件终了后28天内，向工程师送交索赔的有关资料和最终索赔报告。索赔答复程序与（3）、（4）规定相同。

36.3　承包人未能按合同约定履行自己的各项义务或发生错误，给发包人造成经济损失，发包人可按第36.2款确定的时限向承包人提出索赔。

37. 争议

37.1　发包人承包人在履行合同时发生争议，可以和解或者要求有关主管部门调解。当事人不愿和解、调解或者和解、调解不成的，双方可以在专用条款内约定以下一种方式解决争议：

第一种解决方式：双方达成仲裁协议，向约定的仲裁委员会申请仲裁；

第二种解决方式：向有管辖权的人民法院起诉。

37.2　发生争议后，除非出现下列情况的，双方都应继续履行合同，保持施工连续，保护好已完工程：

（1）单方违约导致合同确已无法履行，双方协议停止施工；

（2）调解要求停止施工，且为双方接受；

（3）仲裁机构要求停止施工；

（4）法院要求停止施工。

十一、其他

38. 工程分包

38.1　承包人按专用条款的约定分包所承包的部分工程，并与分包单位签订分包合同。非经发包人同意，承包人不得将承包工程的任何部分分包。

38.2　承包人不得将其承包的全部工程转包给他人，也不得将其承包的全部工程肢解以后以分包的名义分别转包给他人。

38.3　工程分包不能解除承包人任何责任与义务。承包人应在分包场地派驻相应管理人员，保证本合同的履行。分包单位的任何违约行为或疏忽导致工程损害或给发包人造成其他损失，承包人承担连带责任。

38.4　分包工程价款由承包人与分包单位结算。发包人未经承包人同意不得以任何形式向分包单位支付各种工程款项。

39. 不可抗力

39.1　不可抗力包括因战争、动乱、空中飞行物体坠落或其他非发包人承包人责任造成的爆炸、火灾，以及专用条款约定的风、雨、雪、洪水、地震等自然灾害。

39.2　不可抗力事件发生后，承包人应立即通知工程师，并在力所能及的条件下迅速采取措施，尽力减少损失，发包人应协助承包人采取措施。工程师认为应当暂停施工的，承包人应暂停施工。不可抗力事件结束后48小时内承包人向工程师通报受害情况和损失情况，及预计清理和修复的费用。不可抗力事件持续发生，承包人应每隔7天向工程师报告一次受害情况。不可抗力事件结束后14天内，承包人向工程师提交清理和修复费用的正式报告及有关资料。

39.3　因不可抗力事件导致的费用及延误的工期由双方按以下方法分别承担：

（1）工程本身的损害、因工程损害导致第三者人员伤亡和财产损失以及运至施工场地用于施工的材料和待安装的设备的损害，由发包人承担；

（2）发包人承包人人员伤亡由其所在单位负责，并承担相应费用；

（3）承包人机械设备损坏及停工损失，由承包人承担；

（4）停工期间，承包人应工程师要求留在施工场地的必要的管理人员及保卫人员的费用由发包人承担；

（5）工程所需清理、修复费用，由发包人承担；

（6）延误的工期相应顺延。

39.4 因合同一方迟延履行合同后发生不可抗力的，不能免除迟延履行方的相应责任。

40. 保险

40.1 工程开工前，发包人为建设工程和施工场地内的自有人员及第三人人员生命财产办理保险，支付保险费用。

40.2 运至施工场地内用于工程的材料和待安装设备，由发包人办理保险，并支付保险费用。

40.3 发包人可以将有关保险事项委托承包人办理，费用由发包人承担。

40.4 承包人必须为从事危险作业的职工办理意外伤害保险，并为施工场地内自有人员生命财产和施工机械设备办理保险，支付保险费用。

40.5 事故发生时，发包人承包人有责任尽力采取必要的措施，防止或者减少损失。

40.6 具体投保内容和相关责任，发包人承包人在专用条款中约定。

41. 担保

41.1 发包人承包人为了全面履行合同，应互相提供以下担保：

（1）发包人向承包人提供履约担保，按合同约定支付工程价款及履行合同约定的其他义务。

（2）承包人向发包人提供履约担保，按合同约定履行自己的各项义务。

41.2 一方违约后，另一方可要求提供担保的第三人承担相应

责任。

41.3 提供担保的内容、方式和相关责任，发包人承包人除在专用条款中约定外，被担保方与担保方还应签订担保合同，作为本合同附件。

42. 专利技术及特殊工艺

42.1 发包人要求使用专利技术或特殊工艺，应负责办理相应的申报手续，承担申报、试验、使用等费用；承包人提出使用专利技术或特殊工艺，应取得工程师认可，承包人负责办理申报手续并承担有关费用。

42.2 擅自使用专利技术侵犯他人专利权的，责任者依法承担相应责任。

43. 文物和地下障碍物

43.1 在施工中发现古墓、古建筑遗址等文物及化石或其他有考古、地质研究等价值的物品时，承包人应立即保护好现场并于4小时内以书面形式通知工程师，工程师应于收到书面通知后24小时内报告当地文物管理部门，发包人承包人按文物管理部门的要求采取妥善保护措施。发包人承担由此发生的费用，顺延延误的工期。

如发现后隐瞒不报，致使文物遭受破坏，责任者依法承担相应责任。

43.2 施工中发现影响施工的地下障碍物时，承包人应于8小时内以书面形式通知工程师，同时提出处置方案，工程师收到处置方案后24小时内予以认可或提出修正方案。发包人承担由此发生的费用，顺延延误的工期。

所发现的地下障碍物有归属单位时，发包人应报请有关部门协同处置。

44. 合同解除

44.1 发包人承包人协商一致，可以解除合同。

44.2　发生本通用条款第26.4款情况，停止施工超过56天，发包人仍不支付工程款（进度款），承包人有权解除合同。

44.3　发生本通用条款第38.2款禁止的情况，承包人将其承包的全部工程转包给他人或者肢解以后以分包的名义分别转包给他人，发包人有权解除合同。

44.4　有下列情形之一的，发包人承包人可以解除合同：

（1）因不可抗力致使合同无法履行；

（2）因一方违约（包括因发包人原因造成工程停建或缓建）致使合同无法履行。

44.5　一方依据第44.2、44.3、44.4款约定要求解除合同的，应以书面形式向对方发出解除合同的通知，并在发出通知前7天告知对方，通知到达对方时合同解除。对解除合同有争议的，按本通用条款第37条关于争议的约定处理。

44.6　合同解除后，承包人应妥善做好已完工程和已购材料、设备的保护和移交工作，按发包人要求将自有机械设备和人员撤出施工场地。发包人应为承包人撤出提供必要条件，支付以上所发生的费用，并按合同约定支付已完工程价款。已经订货的材料、设备由订货方负责退货或解除订货合同，不能退还的货款和因退货、解除订货合同发生的费用，由发包人承担，因未及时退货造成的损失由责任方承担。除此之外，有过错的一方应当赔偿因合同解除给对方造成的损失。

44.7　合同解除后，不影响双方在合同中约定的结算和清理条款的效力。

45. 合同生效与终止

45.1　双方在协议书中约定合同生效方式。

45.2　除本通用条款第34条外，发包人承包人履行合同全部义务，竣工结算价款支付完毕，承包人向发包人交付竣工工程后，本合同即告终止。

房地产必备
管理工具箱

45.3 合同的权利义务终止后，发包人承包人应当遵循诚实信用原则，履行通知、协助、保密等义务。

46. 合同份数

46.1 本合同正本两份，具有同等效力，由发包人承包人分别保存一份。

46.2 本合同副本份数，由双方根据需要在专用条款内约定。

47. 补充条款

双方根据有关法律、行政法规规定，结合工程实际，经协商一致后，可对本通用条款内容具体化、补充或修改，在专用条款内约定。

第三部分　专用条款

一、词语定义及合同文件

1. 词语定义及合同文件_____

2. 合同文件及解释顺序

合同文件组成及解释顺序：_____

3. 语言文字和适用法律、标准及规范

3.1 本合同除使用汉语外，还使用_____语言文字。

3.2 适用法律和法规

需要明示的法律、行政法规：_____

3.3 适用标准、规范

适用标准、规范的名称：_____

发包人提供标准、规范的时间：_____

国内没有相应标准、规范时的约定：_____

4. 图纸

4.1 发包人向承包人提供图纸日期和套数：_____

4.2 发包人对图纸的保密要求：_____

使用国外图纸的要求及费用承担：_____

二、双方一般权利和义务

5. 工程师

5.1 监理单位委派的工程师

姓名：_____ 职务：_____

发包人委托的职权：_____

需要取得发包人批准才能行使的职权：_____

5.2 发包人派驻的工程师

姓名：_____ 职务：_____

职权：_____

5.3 不实行监理的，工程师的职权：_____

6. 项目经理

姓名：_____ 职务：_____

7. 发包人工作

7.1 发包人应按约定的时间和要求完成以下工作：

（1）施工场地具备施工条件的要求及完成的时间：_____

（2）将施工所需的水、电、电信线路接至施工场地的时间、地点和供应要求：_____

（3）施工场地与公共道路和通道开通时间和要求：_____

（4）工程地质和地下管线资料的提供时间：_____

（5）由发包人办理的施工所需证件、批件的名称和完成时间：_____

（6）水准点与坐标控制点交验要求：_____

（7）图纸会审和设计交底时间：_____

（8）协调处理施工场地周围地下管线和邻近建筑物、构筑物（含文物保护建筑）、古树名木的保护工作：_____

（9）双方约定发包人应做的其他工作：_____

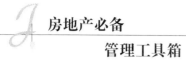

7.2 发包人委托承包人办理的工作：_____

8. 承包人工作

承包人应按约定时间和要求，完成以下工作：

（1）需由设计资质等级和业务范围允许的承包人完成的设计文件提交时间：_____

（2）应提供计划、报表的名称及完成时间：_____

（3）承担施工安全保卫工作及非夜间施工照明的责任和要求：

_____

（4）向发包人提供的办公和生活房屋及设施的要求：_____

（5）需承包人办理的有关施工场地交通、环卫和施工噪音管理等手续：_____

（6）已完工程成品保护的特殊要求及费用承担：_____

（7）施工场地周围地下管线和邻近建筑物、构筑物（含文物保护建筑）、古树名木的保护要求及费用承担：_____

（8）施工场地清洁卫生的要求：_____

（9）双方约定承包人应做的其他工作：_____

三、施工组织设计和工期

9. 进度计划

9.1 承包人提供施工组织设计（施工方案）和进度计划的时间：

_____

工程师确认的时间：_____

9.2 群体工程中有关进度计划的要求：_____

10. 工期延误

双方约定工期顺延的其他情况：_____

四、质量与验收

11. 隐蔽工程和中间验收

双方约定中间验收部位：_____

12. 工程试车

试车费用的承担：_____

五、安全施工

六、合同价款与支付

13. 合同价款及调整

13.1　本合同价款采用_____方式确定。

（1）采用固定价格合同，合同价款中包括的风险范围：_____

风险费用的计算方法：_____

风险范围以外合同价款调整方法：_____

（2）采用可调价格合同，合同价款调整方法：_____

（3）采用成本加酬金合同，有关成本和酬金的约定：_____

13.2　双方约定合同价款的其他调整因素：_____

14. 工程预付款

发包人向承包人预付工程款的时间和金额或占合同价款总额的比例：_____

扣回工程款的时间、比例：_____

15. 工程量确认

15.1　承包人向工程师提交已完工程量报告的时间：_____

16. 工程款（进度款）支付

双方约定的工程款（进度款）支付的方式和时间：_____

七、材料设备供应

17. 发包人供应材料设备

17.1　发包人供应的材料设备与一览表不符时，双方约定发包人承担责任如下：

（1）材料设备单价与一览表不符：_____

（2）材料设备的品种、规格、型号、质量等级与一览表不符：_____

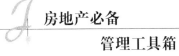

（3）承包人可代为调剂串换的材料：＿＿＿＿＿＿＿＿

（4）到货地点与一览表不符：＿＿＿＿＿＿

（5）供应数量与一览表不符：＿＿＿＿＿＿

（6）到货时间与一览表不符：＿＿＿＿＿＿＿

17.2　发包人供应材料设备的结算方法：＿＿＿＿＿＿

18. 承包人采购材料设备

承包人采购材料设备的约定：＿＿＿＿＿＿＿

八、工程变更

九、竣工验收与结算

19. 竣工验收

19.1　承包人提供竣工图的约定：＿＿＿＿＿＿

19.2　中间交工工程的范围和竣工时间：＿＿＿＿＿

十、违约、索赔和争议

20. 违约

20.1　本合同中关于发包人违约的具体责任如下：

本合同通用条款第 24 条约定发包人违约应承担的违约责任：＿＿＿

＿＿＿＿＿＿＿＿＿＿

本合同通用条款第 26.4 款约定发包人违约应承担的违约责任：＿

＿＿＿＿＿＿＿＿＿＿

本合同通用条款第 33.3 款约定发包人违约应承担的违约责任：＿

＿＿＿＿＿＿＿＿＿＿

双方约定的发包人其他违约责任：＿＿＿＿＿＿＿＿

20.2　本合同中关于承包人违约的具体责任如下：

本合同通用条款第 14.2 款约定承包人违约应承担的违约责任：＿

＿＿＿＿＿＿＿＿＿＿

本合同通用条款第 15.1 款约定承包人违约应承担的违约责任：＿

＿＿＿＿＿＿＿＿＿＿

双方约定的承包人其他违约责任：＿＿＿＿＿＿＿＿＿＿＿

21. 争议

本合同在履行过程中发生的争议，由双方当事人协商解决，协商不成的，按下列第＿＿＿＿＿＿种方式解决：

（1）提交＿＿＿＿＿＿仲裁委员会仲裁；

（2）依法向人民法院起诉。

十一、其他

22. 工程分包

本工程发包人同意承包人分包的工程：＿＿＿＿＿＿＿＿＿＿

分包施工单位为：＿＿＿＿＿＿＿＿＿＿＿

23. 不可抗力

双方关于不可抗力的约定：＿＿＿＿＿＿＿＿＿＿＿

24. 保险

本工程双方约定投保内容如下：

（1）发包人投保内容：＿＿＿＿＿＿＿＿＿＿＿

发包人委托承包人办理的保险事项：＿＿＿＿＿＿＿＿＿

（2）承包人投保内容：

25. 担保

本工程双方约定担保事项如下：

（1）发包人向承包人提供履约担保，担保方式为：＿＿＿＿担保合同作为本合同附件。

（2）承包人向发包人提供履约担保，担保方式为：＿＿＿＿担保合同作为本合同附件。

（3）双方约定的其他担保事项：＿＿＿＿＿＿＿＿＿

26. 合同份数

双方约定合同副本份数：＿＿＿＿

27. 补充条款

附件一　承包人承揽工程项目一览表

附件二　发包人供应材料设备一览表

附件三　房屋建筑工程质量保修书

附件一

表5-19　　　　　　　　　承包人承揽工程项目一览表

单位工程名称	建设规模	建筑面积（平方米）	结构	层数	跨度（米）	设备安装内容	工程造价（元）	开工日期	竣工日期

附件二

表5-20　　　　　　　　发包人供应材料设备一览表

序号	材料设备品种	规格型号	单位	数量	单价	质量等级	供应时间	送达地点	备注

附件三

房屋建筑工程质量保修书

发包人（全称）：＿＿＿＿＿＿＿＿＿＿

承包人（全称）：＿＿＿＿＿＿＿＿＿＿

发包人、承包人根据《中华人民共和国建筑法》、《建设工程质量管理条例》和《房屋建筑工程质量保修办法》，经协商一致，对＿＿＿＿＿＿（工程全称）签订工程质量保修书。

一、工程质量保修范围和内容

承包人在质量保修期内，按照有关法律、法规、规章的管理规定和双方约定，承担本工程质量保修责任。

质量保修范围包括地基基础工程、主体结构工程，屋面防水工程、有防水要求的卫生间、房间和外墙面的防渗漏，供热与供冷系统，电气管线、给排水管道、设备安装和装修工程，以及双方约定的其他项目。具体保修的内容，双方约定如下：

——————————————————————————

二、质量保修期

双方根据《建设工程质量管理条例》及有关规定，约定本工程的质量保修期如下：

1. 地基基础工程和主体结构工程为设计文件规定的该工程合理使用年限：_____；

2. 屋面防水工程、有防水要求的卫生间、房间和外墙面的防渗漏为_____年；

3. 装修工程为_____年；

4. 电气管线、给排水管道、设备安装工程为_____年；

5. 供热与供冷系统为_____个采暖期、供冷期；

6. 住宅小区内的给排水设施、道路等配套工程为_____年；

7. 其他项目保修期限约定如下：_____

质量保修期自工程竣工验收合格之日起计算。

三、质量保修责任

1. 属于保修范围、内容的项目，承包人应当在接到保修通知之日起7天内派人保修。承包人不在约定期限内派人保修的，发包人可以委托他人修理。

2. 发生紧急抢修事故的，承包人在接到事故通知后，应当立即到达事故现场抢修。

3. 对于涉及结构安全的质量问题，应当按照《房屋建筑工程质量保修办法》的规定，立即向当地建设行政主管部门报告，采取安全防范措施；由原设计单位或者具有相应资质等级的设计单位提出保修方案，承包人实施保修。

4. 质量保修完成后，由发包人组织验收。

四、保修费用

保修费用由造成质量缺陷的责任方承担。

五、其他

双方约定的其他工程质量保修事项：＿＿＿＿＿＿＿＿＿＿＿

＿＿＿＿＿＿＿＿＿＿＿＿＿＿＿＿＿＿

本工程质量保修书，由施工合同发包人、承包人双方在竣工验收前共同签署，作为施工合同附件，其有效期限至保修期满。

发包人（公章）：   承包人（公章）：

法定代表人（签字）：   法定代表人（签字）：

    年   月   日   年   月   日

33 房地产开发借款合同 ●

房地产开发借款合同

合同部分

合同编号： 年 字第 号

借款人名称：

住所： 邮政编码：

法定代表人：

开户金融机构： 账号：

电话： 传真：

贷款人名称：

住所： 邮政编码：

法定代表人：

电话： 传真：

签订合同地点： 省（市） 市 县（区）

签订合同时间： 年 月 日

借款人（以下称甲方）：

贷款人（以下称乙方）：

甲方因_____的需要，向乙方申请_____

_____贷款，乙方同意向甲方发放上述贷款。甲乙双方遵照有关法律规定，经协商一致，订立本合同。

第一条 贷款项目、种类、金额、用途、利率、期限如下：

‖257 ◄

项目	
种类	
金额（大写）	
用途	
利率	
期限　　年　　个月（自　　　年　　月　　　日至　　　年　　月　　　日）	

第二条　本合同生效后，甲方在提用贷款前，应向乙方提交具体提款计划，并按提款计划提款。

乙方应在甲方按提款计划办理提款后＿＿＿个营业日内将贷款放出。

第三条　甲方用下列资金归还本合同项下借款本息：

1. ＿＿＿＿＿＿＿＿＿＿＿＿＿＿＿＿＿＿＿＿＿＿＿＿＿。

2. ＿＿＿＿＿＿＿＿＿＿＿＿＿＿＿＿＿＿＿＿＿＿＿＿＿。

3. ＿＿＿＿＿＿＿＿＿＿＿＿＿＿＿＿＿＿＿＿＿＿＿＿＿。

第四条　甲方应在本合同约定的借款期限内归还全部借款本息，并按乙方要求向乙方提交具体还款计划，按还款计划还款。

第五条　本合同项下贷款，自乙方划拨贷款之日起计息，按＿＿＿＿结息。在本合同有效期内遇国家调整利率，本合同项下贷款利率也有变化时，乙方无须通知甲方，从调整之日起即按调整后的贷款利率计算利息。

第六条　本合同项下借款本息，由取得乙方认可的担保人以保证或（和）抵押的方式提供担保，并另行签订《保证合同》或（和）《抵押合同》作为本合同的附件和本合同生效的前提条件。

第七条　在本合同有效期内，乙方有权检查贷款使用情况，甲方应按乙方要求向乙方提供情况和资料。

第八条　合同的变更、解除。

1. 本合同生效后，甲乙任何一方不得擅自变更和解除本合同。

2. 甲方需延长借款期限，应在借款到期前＿＿＿＿＿＿个营业日向乙方提出申请，经乙方同意（有担保人的，应经担保人同意）签订延期还款协议。

3. 甲乙任何一方需要变更本合同的其他条款时，均应及时书面通知对方，并经双方协商一致，达成书面协议。

4. 甲乙任何一方需解除合同时，应及时书面通知对方，并就合同解除后的有关事宜协商一致达成书面协议。解除合同的协议达成后，甲方已占用乙方的贷款和应付利息应付给乙方。

5. 在本合同有效期内，甲方因实行承包、租赁及其他原因而改变经营方式时，应最迟于_____天前通知乙方。乙方有权参与清产核资和承包、租赁、兼并等合同（协议）的研究。甲方如要将本合同项下的权利、义务转让给第三者，应经乙方书面同意，并由受让单位和乙方重新签订借款合同。

6. 在本合同有效限内，甲乙任何一方变更住所、通信地址时，应在变更后_____天内书面通知对方。

第九条　违约责任

1. 甲方未按提款计划，按时到乙方营业部门办理提款手续，又未和乙方达成变更提款计划协议，应根据违约的金额和违约天数，每日付给乙方万分之_____的违约金。

乙方未按本合同第二条的约定，向甲方提供贷款，应根据违约的金额和违约天数，每日付给甲方万分之_____的违约金。但出现本条第2项、第5项、第8项和第9项的情况时除外。

2. 甲方未按本合同约定的用途使用借款，乙方有权停止发放贷款，收回已发放的部分或全部贷款并对违约使用部分，按银行规定加收_____%的利息。

3. 甲方未按本合同约定的还款计划归还借款本息，也未与乙方签订延期还款协议，或所延期限已到仍不能归还借款时，乙方有权限期或主动追回逾期贷款。对逾期贷款，乙方按银行规定加收_____%的利息。

4. 乙方擅自提前收回已发放的贷款，应按违约金额和违约天数每日向甲方支付万分之_____的违约金。但出现本条第 2 项、第 5 项、第 8 项和第 9 项的情况时除外。

5. 甲方在乙方按本合同第五条的约定调整本合同项下贷款利率后，不按新的利率计付利息时，乙方有权停止发放新贷款，提前收回已发放的贷款。

6. 甲方违反本合同第八条第 5 项、第 6 项的约定，或者乙方违反本合同第八条第 6 项约定，对方均可要求违约方支付贷款总额万分之_____的违约金，造成对方经济损失的，还应赔偿对方经济损失。

7. 甲乙任何一方擅自变更本合同其他条款或擅自解除合同，或者甲方擅自转让本合同项下权利、义务，应按贷款总额的万分之_____向对方支付违约金，对方要求继续履行合同的，应继续履行本合同。

8. 甲方向乙方提供的情况、报表及其他资料不真实，乙方可责令对方限期纠正。甲方拒不纠正时，乙方可停止发放贷款，提前收回已发放的部分或全部贷款。

9. 在本合同有效期内，甲方或保证人因经营管理不善，发生亏损或虚盈实亏，或与第三者发生债务纠纷，或者抵押财产发生损毁、灭失，危及贷款安全时，乙方可停止发放贷款，并可提前收回已发放的贷款本息。

10. 上列第 2 项、第 3 项、第 5 项、第 8 项和第 9 项贷款，乙方可直接从甲方存款账户中扣收。对于逾期贷款，需要其他金融机构协助扣收时，可商请其他金融机构代为扣收。

11. 本条所列违约金的支付方式，双方约定如下：_____
_____。

第十条 甲乙双方商定的其他事项：_____。

第十一条 争议的解决方式：

甲乙双方在履行本合同中发生的争议，由双方协商或者通过调解解决。协商或者调解不成，可以向合同签订地人民法院起诉，或者向合同签订地的合同仲裁机构申请仲裁。

第十二条 本合同未尽事宜，按国家有关法律、法规和金融规章的规定执行。

第十三条 甲方向乙方提供的借款申请书、分期提款和还款计划、分期提款凭证、双方签订的延期还款协议书和其他有关变更本合同条款的协议，以及乙方要求甲方提供的与本合同有关的其他材料，均为本合同的组成。

第十四条 本合同自甲乙双方法定代表人或法定代表人授权的代理人签字并加盖单位公章之日起生效。有担保合同的，和担保合同同时生效。

第十五条 本合同正本一式两份，甲乙双方各执一份。

甲方：（公章）　　　　　　　　　乙方：（公章）

法定代表人：（签字）　　　　　　法定代表人：（签字）

　（或其委托代理人）　　　　　　　（或其委托代理人）

　　　　年　　月　　日　　　　　　　　年　　月　　日

签订合同地点：　　省（市）　　市　　县（区）

表 5–21　　　　　　　　房地产贷款申请审批表

贷款种类：

借款人基本情况	借款单位名称			性质	
	主管部门			法定代表人	
	地址			联系电话	
	联系人		开户银行	存款账号	
	资质等级		信用等级	注册资本金	
	固定资产净值		流动资产	资产负债率	

最新房地产

经营管理全套必备解决方案

续表

借款情况	申请借款项目名称		
	申请借款项目地址		
	开发面积或购建房建筑面积（平方米）	其中：住宅（平方米）	
	总投资或房价总金额（万元）	其中：本年投资（万元）	
	项目规划或购建住房计划批准文号		
	现有资金情况（万元）	1. 自有资金 2. 预收款 3. 其他单位投入资金 4. 其他资金来源	
	申请贷款额度及用途		
	还款金额及还款计划		
担保情况	保证人名称	保证人资产额（万元）	
	抵押物名称	抵押物价值（万元）	
	质物名称	质物价值（万元）	
借款人（公章） 年 月 日		保证人意见及公章 年 月 日	

贷款行审批意见	信贷员： 年 月 日 信贷部门负责人审核意见： 负责人： 年 月 日 房贷部门主任或主管行长审批意见 主任（或主管行长）： 年 月 日
限额项目审批	限额以上项目上级行审批意见 审批行（公章） 年 月 日

34　建设工程借款合同 ....●

建设工程借款合同

合同编号：＿＿＿＿＿＿

贷款方：＿＿＿＿＿＿＿＿

借款方：＿＿＿＿＿＿＿＿

根据国家规定，借款方为进行基本建设所需贷款，经贷款方审查发放。为明确双方责任，恪守信用，特签订本合同，共同遵守。

第一条　借款用途＿＿＿＿＿＿＿＿＿＿＿＿＿＿＿＿＿＿＿＿＿＿＿＿

＿＿＿＿＿＿＿＿＿＿＿＿＿＿＿＿＿＿＿＿＿＿。

第二条　借款金额。

借款方向贷款方借款人民币（大写）＿＿＿＿＿＿＿元。预计用款为

＿＿＿＿年＿＿＿＿元；＿＿＿＿年＿＿＿＿元；＿＿＿＿年＿＿＿＿元；＿＿＿＿年

＿＿＿＿元；＿＿＿＿年＿＿＿＿元；＿＿＿＿年＿＿＿＿元。

第三条　借款利率。

自支用贷款之日起，按实际支用数计算利息，并计算复利。在合同规定的借款期内，年息为＿＿＿＿％。借款方如果不按期归还贷款，逾期部分加收利率20％。

第四条　借款期限。

借款方保证从＿＿＿＿年＿＿＿＿月起至＿＿＿＿年＿＿＿＿月止，用国家规定的还款资金偿还全部贷款。预定为＿＿＿＿年＿＿＿＿元；

＿＿＿＿年＿＿＿＿元；＿＿＿＿年＿＿＿＿元；＿＿＿＿年＿＿＿＿元；

＿＿＿＿年＿＿＿＿元；＿＿＿＿年＿＿＿＿元。贷款逾期不还的部分，贷款方有权限期追回贷款，或者商请借款单位的其他开户银行代为扣款

||263 ◀

清偿。

第五条　因国家调整计划、产品价格、税率，以及修正概算等原因，需要变更合同条款时，由双方签订变更合同的文件，作为本合同的组成部分。

第六条　贷款方保证按照本合同的规定供应资金。因贷款方责任未按期提供贷款，应按违约数额和延期天数，付给借款方违约金。违约金的计算与银行规定的加收借款方的罚息计算相同。

第七条　贷款方有权检查、监督贷款的使用情况，了解借款方的经营管理、计划执行、财务活动、物资库存等情况。借款方应提供有关的统计、会计报表及资料。

借款方如果不按合同规定使用贷款，贷款方有权收回部分贷款，并对违约使用部分按照银行规定加收罚息。借款方提前还款的，应按规定减收利息。

第八条　本合同条款以外的其他事项，双方遵照《中华人民共和国合同法》的有关规定办理。

第九条　本合同经过签章后生效，贷款本息全部清偿后失效。本合同一式五份，签章各方各执一份，报送主管部门、总行、分行各一份。

借款方：＿＿＿＿＿＿（盖章）　　　　贷款方：＿＿＿＿＿＿（盖章）

负责人：＿＿＿＿＿＿（签章）　　　　负责人：＿＿＿＿＿＿（签章）

地址：＿＿＿＿＿＿＿＿　　　　　　　地址：＿＿＿＿＿＿＿＿

签约日期：＿＿＿＿＿＿

签约地点：＿＿＿＿＿＿

35 建筑抵押借款合同 ●

建筑抵押借款合同

合同编号：_____

经中国××银行_____（下称贷款方）与_____（下称借款方）充分协商签订本合同，共同遵守。

第一条 自_____年___月___日起，由贷款方向借款方提供_____（种类）贷款（大写）_____元，用于_____，还款期限至_____年___月___日，利率按月息_____‰计算。贷款利率如遇国家调整，按调整后的新利率和计息方法计算。

具体用款、还款计划表如下：

表 5-22

分期用款计划		分期还款计划	
日期	金额	日期	金额

第二条 贷款方应在符合国家信贷政策和计划的前提下，按期、按额向借款方提供贷款，否则，应按违约数额和延期天数付给借款方违约金。违约金数额的计算，与逾期贷款的加息同。

第三条 借款方愿遵守贷款方的有关贷款办法规定，并按合同规定用途使用贷款，否则，贷款方有权停止发放贷款，收回或提前收回已发放的贷款，对违约部分，按规定加收_____% 利息。

第四条 借款方保证按期偿还贷款本息，并以_____（详见清册）上述财物的所有权归_____（借款方或第三方），现作价_____元，作为本合同载明借款的抵押财物。借款方到期不能归还贷款本息，又无特定理由的，贷款方有权处理抵押财物，从中优先受偿。对不足受偿的贷款，贷款方仍有权向借款方追偿。

　　第五条　抵押财物由_____保管。抵押期间，借款方不得擅自转让、买卖抵押财物，不得重复设置抵押。发生上述行为均属无效。

　　抵押财物的保管方应当保证抵押财物在抵押期间的安全、完整。在抵押贷款本息未清偿期间，发生抵押财物毁损、灭失的，由保管方承担责任。

　　第六条　贷款方有权检查、监督贷款的使用情况和抵押财物的保管情况，了解借款方的计划执行、经营管理、财务活动、物资库存等情况。借款方对上述情况应完整如实地提供。对借款方违反借款合同的行为，贷款方有权按有关规定给予信贷制裁。

　　贷款方按规定收回或提前收回贷款，均可直接从借款方存款账户中扣收。

　　第七条　贷款到期，借款方不能归还贷款本息，又未与贷款方达成延期协议的，由贷款方按照规定程序处理抵押财物，清偿贷款本息。从逾期之日起至贷款全部清偿前，贷款方按规定对未清偿部分加收_____%利息。并随时可以从借款方的存款账户中直接扣收逾期贷款本息。

　　第八条　在借款方抵押财物之外的财产不足以清偿多个债权人的债务时，借款方愿以其财产（包括应收款项）优先偿还所欠贷款方的贷款本息。

　　第九条　借贷双方发生纠纷，由双方协商解决；协商不成的，可按下列第_____种方式解决：

　　1. 提交_____仲裁委员会仲裁；

　　2. 向贷款方所在地人民法院起诉。

第十条 其他。

_____

_____

_____。

第十一条 本合同未尽事宜，按照国家有关法律规定及银行有关贷款规定办理。

第十二条 本合同经借、贷双方签章之日起生效。

本合同一式_____份，借、贷、保证人各执一份。

借款方	贷款方
借款单位： 　　　（公章或合同专用章） 法定代表人：　　　（签章） 经办人：　　　　　（签章） 开户银行及账号：	贷款单位： 　　　　　（公章或合同专用章） 负责人：　　　　　（签章） 经办人：（签章）

　　签约日期：_____年___月___日

　　签约地点：_____

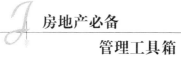

最
新
房
地
产

经
营
管
理
全
套
必
备
解
决
方
案

36 安装工程承包合同

安装工程承包合同

工程名称：＿＿＿＿＿＿＿＿＿＿

工程编号：＿＿＿＿＿＿＿＿＿＿

发包方：＿＿＿＿＿＿＿＿＿＿

承包方：＿＿＿＿＿＿＿＿＿＿

签订时间：＿＿＿＿＿＿＿＿＿＿

签订地点：＿＿＿＿＿＿＿＿＿＿

根据《中华人民共和国建筑法》、《中华人民共和国合同法》和《建设工程质量管理条例》及有关规定，为明确双方在施工过程中的权利、义务和责任，经双方协商同意签订本合同。

第一条 工程项目

一、工程名称：＿＿＿＿＿＿＿＿＿＿

二、工程地点：＿＿＿＿＿＿＿＿＿＿

三、工程项目批准单位：＿＿＿＿＿＿＿＿＿＿

批准文号：＿＿＿＿（指此工程立项有权批准机关的文号）

项目主客单位：＿＿＿＿＿

四、承包范围和内容：（详见附件一之工程项目一览表）；工程建筑面积＿＿＿＿（平方米）；其他：＿＿＿＿。

五、工程造价：＿＿＿＿（万元），其中土建：＿＿＿＿（万元），安装：＿＿＿＿（万元）

第二条 施工准备

一、发包方：

1. ＿＿月＿＿日前做好建筑红线以外的"三通"，负责红线外进场道路的维修。

2. ____月____日前，负责接通施工现场总的施工用水源、电源、变压器（包括水表、配电板），应满足施工用水、用电量的需要。做好红线以内场地平整，拆迁障碍物的资料。

3. 本合同签订后_____日内提交建筑许可证。

4. 本合同签订后_____日内（以签收最后一张图纸为准）提供完整的建筑安装施工图_____份，施工技术资料（包括地质及水准点坐标控制点）_____份。

5. 组织承、发包双方和设计单位及有关部门参加施工图交底会审，并做好三方签署的交底会审纪要，在_____日内分送有关单位，_____日内提供会审纪要和修改施工图_____份。

二、承包方

1. 负责施工区域的临时道路、临时设施、水电管线的铺设、管理、使用和维修工作；

2. 组织施工管理人员和材料、施工机械进场；

3. 编制施工组织设计或施工方案、施工预算、施工总进度计划、材料设备、成品、半成品等进场计划（包括月计划），用水、用电计划，送发包方。

第三条　工程期限

一、根据国家工期定额和使用需要，商定工程总工期为_____天（日历天），自_____年____月____日开工至_____年____月____日竣工验收（附各单位工程开竣工日期，见附件一）。

二、开工前_____天，承包方向发包方发出开工通知书。

三、如遇下列情况，经发包方现场代表签证后，工期相应顺延：

1. 按施工准备规定，不能提供施工场地、水、电源，道路未能接通，障碍物未能清除，影响进场施工；

2. 凡发包方负责供应的材料、设备、成品或半成品未能保证施工

房地产必备

管理工具箱

最新房地产

经营管理全套必备解决方案

需要或因交验时发现缺陷需要修、配、代、换而影响进度；

3. 不属包干系数范围内的重大设计变更，提供的工程地质资料不准，致使设计方案改变或由于施工无法进行的原因而影响进度；

4. 在施工中如因停电、停水 8 小时以上或连续间歇性停水、停电 3 天以上（每次连续 4 小时以上），影响正常施工；

5. 非承包方原因而监理签证不及时而影响下一道工序施工；

6. 未按合同规定拨付预付款、工程进度款或代购材料差价款而影响施工；

7. 人力不可抗拒的因素而延误工期。

第四条　工程质量

一、本工程质量经双方研究要求达到：＿＿＿＿＿＿＿

＿＿＿＿＿＿＿

二、承包方必须严格按照施工图纸、说明文件和国家颁发的建筑工程规范、规程和标准进行施工，并接受发包方派驻代表的监督。

三、承包方在施工过程中必须遵守下列规定：

1. 由承包方提供的主要原材料、设备、构配件、半成品必须按有关规定提供质量合格证，或进行检验合格后方可用于工程；

2. 由发包方提供的主要原材料、设备、构配件、半成品也必须有质量合格证方可用于工程。对材料改变或代用必须经原设计单位同意并发正式书面通知和发包方派驻代表签证后，方可用于工程；

3. 隐蔽工程必须经发包方派驻代表检查、验收签章后，方可进行下一道工序；

4. 承包方应按质量验评标准对工程进行分项、分部和单位工程质量进行评定，并及时将单位工程质量评定结果送发包方和质量监督站。单位工程结构完工时，应会同发包方、质量监督站进行结构中间验收；

5. 承包方在施工中发生质量事故，应及时报告发包方派驻代表和当地建筑工程质量监督站。一般质量事故的处理结果应送发包方和质量监督站备案；重大质量事故的处理方案，应经设计单位、质量监督站、发包方等单位共同研究，并经设计建设单位签证后实施。

第五条 建筑材料、设备的供应、验收和差价处理

一、由发包方供应以下材料、设备的实物或指标（详见附件二）；

二、除发包方供应以外的其他材料、设备由承包方采购；

三、发包方供应，承包方采购的材料、设备，必须附有产品合格证才能用于工程，任何一方认为对方提供的材料需要复验的，应允许复验。经复验符合质量要求的，方可用于工程，其复验费由要求复验方承担；不符合质量要求的，应按有关规定处理，其复验费由提供材料、设备方承担。

四、本工程材料和设备差价的处理办法＿＿＿＿＿＿＿＿＿＿＿

＿＿＿＿＿＿＿＿

第六条 工程价款的支付与结算

工程价款的支付和结算，应根据中国人民建设银行制定的"基本建设工程价款结算办法"执行。

一、本合同签订后＿＿＿＿＿日内，发包方支付不少于合同总价（或当年投资额）的＿＿＿＿＿％备料款，计人民币＿＿＿＿＿万元；临时设施费，按土建工程合同总造价的＿＿＿＿＿％计人民币＿＿＿＿＿万元；安装工程按人工费的＿＿＿＿＿％计人民币＿＿＿＿＿万元；材料设备差价＿＿＿＿＿万元，分＿＿＿＿＿次支付，每次支付时间、金额＿＿＿＿＿＿＿＿＿。

二、发包方收到承包方的工程进度月报后必须在＿＿＿＿＿日内按核实的工程进度支付进度款，工程进度款支付达到合同总价值＿＿＿＿＿％时，按规定比例逐步开始扣回备料款。

三、工程价款支付达到合同总价数的95%时，不再按进度付款，办完交工验收后，待保修期满连本息（财政拨款不计息）一次支付给承包方。

四、如发包方拖欠工程进度款或尾款，应向承包方支付拖欠金额日

万分之_____的违约金。

五、确因发包方拖欠工程款、代购材料价差款而影响工程进度，造成承包方的停、窝工损失的，应由发包方承担。

六、本合同造价结算方式：_____

七、承包方在单项工程竣工验收后_____日内，将竣工结算文件送交发包方和经办银行审查，发包方在接到结算文件_____日内审查完毕，如到期未提出书面异议，承包方可请求经办银行审定后拨款。

第七条　施工与设计变更

一、发包方交付的设计图纸、说明和有关技术资料，作为施工的有效依据，开工前由发包方组织设计交底和三方会审作出会审纪要，作为施工的补充依据，承、发包双方均不得擅自修改。

二、施工中如发现设计有错误或严重不合理的地方，承包方及时以书面形式通知发包方，由发包方及时会同设计等有关单位研究确定修改意见或变更设计文件，承包方按修改或变更的设计文件进行施工。若发生增加费用（包括返工损失、停工、窝工、人员和机械设备调迁、材料构配件积压的实际损失）由发包方负责，并调整合同造价。

三、承包方在保证工程质量和不降低设计标准的前提下，提出修改设计、修改工艺的合理化建议，经发包方、设计单位或有关技术部门同意后采取实施，其节约的价值按国家规定分配。

四、发包方如需设计变更，必须由原设计单位作出正式修改通知书和修改图纸，承包方才予实施。重大修改或增加造价时，必须另行协商，在取得投资落实证明，技术资料设计图纸齐全时，承包方才予实施。

第八条　工程验收

一、竣工工程验收，以国家颁发的《关于基本建设项目竣工验收暂行规定》、《工程施工及验收规范》、《建筑安装工程质量检验评定标准》和国务院有关部门制订的竣工验收规定及施工图纸及说明书、施工技术文件为依据。

二、工程施工中地下工程、结构工程必须具有隐蔽验收签证、试压、试水、抗渗等记录。工程竣工质量经当地质量监督部门检验合格后，发包方须及时办理验收签证手续。

三、工程竣工验收后，发包方方可使用。

第九条　质量保修

一、承包方应按《中华人民共和国建筑法》、《建设工程质量管理条例》和中华人民共和国建设部《房屋建筑工程质量保修办法》的有关规定，对交付发包方使用的工程在质量保修期内承担质量保修责任。

二、承包方应在工程竣工验收之前，与发包方签订质量保修书，作为本合同附件（见附件三）。

三、质量保修书的主要内容包括：

1. 质量保修项目内容及范围；

2. 质量保修期（质量保修期自工程竣工验收合格之日起计算）；

3. 质量保修责任；

4. 保修费用。

第十条　违约责任

承包方的责任：

一、因施工造成工程质量不符合合同规定的，负责无偿修理或返工。由于修理或返工造成逾期交付的，偿付逾期违约金。

二、工程不能按合同规定的工期交付使用的，偿付逾期违约金，造成损失的、还要赔偿损失。

发包方的责任：

一、未能按照合同的规定履行自己应负的责任，除竣工日期得以顺延外，还应赔偿承包方由此造成的实际损失。

二、工程中途停建、缓建或由于设计变更以及设计错误造成的返工，应采取措施弥补或减少损失。同时，赔偿承包方由此造成的停工、

窝工、返工、倒运、人员和机械设备调迁、材料和构件积压的实际损失。

三、工程未经验收，发包方提前使用或擅自动用，由此而发生的质量或其他问题，由发包方承担责任。

四、承包方验收通知书送达_____日后不进行验收的，按规定偿付逾期违约金。

五、不按合同规定拨付工程款，按银行有关逾期付款办法的规定偿付承包方赔偿金。

第十一条　合同争议的解决方式

本合同在履行过程中发生的争议，由当事人双方协商解决。协商不成的，按下列第_____种方式解决：

1. 提交_____仲裁委员会仲裁；

2. 依法向人民法院起诉。

第十二条　附则

一、本合同一式_____份，合同附件_____份。甲乙双方各执正本一份，其余副本由发包方报送经办银行、当地工商行政管理机关、建设主管部门备案。按规定必须办理鉴（公）证的合同，送建筑物所在地工商、公证部门办理鉴（公）证。

二、本合同自双方代表签字，加盖双方公章或合同专用章即生效，需办理鉴（公）证的，自办毕鉴（公）证之日起生效；工程竣工验收符合要求，结清工程款后终止。

三、本合同签订后，承、发包双方如需要提出修改时，经双方协商一致后，可以签订补充协议，作为本合同的补充合同。

发包方（盖章）	承包方（盖章）
法定代表人（签章）	法定代表人（签章）
委托代理人（签章）	委托代理人（签章）
单位地址：	单位地址：
开户银行：	开户银行：
账号：	账号：
电话：	电话：
电挂：	电挂：
邮政编码：	邮政编码：
年 月 日	年 月 日

经办建设银行（盖章） 年 月 日	建筑管理部门（盖章） 年 月 日	鉴（公）证意见 鉴（公）证机关（盖章） 经办人： 年 月 日

附件一

表 5 – 23　　　　　　　　　工程项目一览表

建设单位：

序号	工程名称	设计单位	栋数	结构	层数	面积	奖金来源	批准文号	投资总额（万元）	工程总造价（万元）	开工时间	竣工时间	备注

注：维修屋外、管道、给排水等项目也应按此表逐项填写。

附件二

表 5 – 24   由发包方负责供应设备和材料表

材料名称	规格	单位	数量	交料地点	到场日期	备注

第六章

房地产项目竣工验收阶段

内容提要

1.工程竣工验收申请表

2.分部工程质量评定表

3.质量保证资料检查表

4.单位工程观感质量评定表

5.单位工程质量综合评定表

……

1 工程竣工验收申请表

房地产工程竣工验收申请表如表6-1所示。

表6-1 工程竣工验收申请表

工程名称		工程地址	
建设单位		结构类型/层数	
勘察单位		建设面积	
设计单位		开工日期	
监理单位		完工日期	
施工单位		合同日期	

	项目内容	施工单位自检情况
竣工条件具备情况	完成工程设计和合同约定的情况	
	技术档案和施工管理资料	
	主要建筑材料、建筑构配件和设备的进场试验报告（含监督抽检）资料	
	施工安全评价书	
	工程款支付情况	
	工程质量保修书	
	监督站责令整改问题的执行情况	

　　已完成设计和合同约定的各项内容，工程质量符合有关法律、法规和工程建设强制性标准，特申请办理工程竣工验收手续。

　　项目经理：
　　企业技术负责人：　　　　　　　　　　　（施工单位盖章）
　　法定代表人：

　　　　　　　　　　　　　　　　　　　　　年　月　日

　监理单位意见：

　总监理工程师签名：

　　　　　　　　　　　　　　　　　　　　　年　月　日

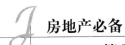
2 分部工程质量评定表

房地产项目建设的分部工程质量评定表如表6－2所示。

表6－2　　　　　　　　　　　　分部工程质量评定表

工程名称：　　　　　　　　　　　　　　　　　施工单位：

序号	分部工程名称	项数	其中优良项数	备　注
1				
2				
3				
4				
5				
6				
7				
合　计				优良率　%

自评等级	项目负责人： 技术负责人： 　　　　　　　　　年 月 日	评定等级	总监理工程师： 　　　　　　　　　年 月 日

3 质量保证资料检查表 ────────────────●

房地产工程的质量保证资料检查表如表 6－3 所示。

表 6－3　　　　　　　　质量保证资料检查表

（房屋建筑部分）

工程名称		土建施工单位				
		建筑设备施工单位				
项目	序号	资料文件名称		份数	检查情况	
					施工自查	监理审查
建筑工程	1	图纸会审、变更设计洽商记录				
	2	工程定位、放线记录				
	3	原材料出厂合格证及进场检（试）验报告				
	4	施工试验（含监督抽检）报告				
	5	隐蔽工程检查验收记录				
	6	预制构件、预拌混凝土质量证明书				
	7	地基验槽记录				
	8	桩基施工记录及桩基工程竣工验收文件				
	9	幕墙门窗工程检测文件（三性试验、结构胶试验、相容性试验）				
	10	地基、基础、主体结构检测文件				
	11	分项、分部工程验收记录				
	12	单位工程质量验收记录				
	13	工程质量事故及事故调查处理文件				
	14	新材料、新工艺施工记录				
	15	竣工图				

续表

	16	图纸会审、变更设计及洽商记录
采暖卫生燃气工程	17	材料、配件出厂合格证及进场检（试）验报告
	18	管道、设备强度试验、严密性试验记录
	19	隐蔽工程检查验收记录
	20	系统清洗、灌水、通水试验记录
	21	分项、分部工程验收记录
	22	竣工图
电气安装工程	23	图纸会审、变更设计洽商记录
	24	材料、配件出厂合格证及进场检（试）验报告
	25	设备调试记录
	26	绝缘及防雷接地电阻测试记录
	27	隐蔽工程检查验收记录
	28	分项、分部工程验收记录
	29	竣工图
通风与空调工程	30	图纸会审、变更设计洽商记录
	31	材料、配件出厂合格证及进场检（试）验报告
	32	管道试验及设备调试检测记录
	33	隐蔽工程检查验收记录
	34	分项、分部工程验收记录
	35	竣工图
电梯工程	36	图纸会审、变更设计洽商记录
	37	单台用册
	38	分部用册
	39	电梯检测报告
	40	电梯准用证
	41	竣工图

检查结果：	审查结果：
施工单位（盖章） 负责人： 　　　　　　年　月　日	监理单位（盖章） 总监理工程师： 　　　　　　年　月　日

4 单位工程观感质量评定表

房地产建设的单位工程观感质量评定表如表 6-4 所示。

表 6-4 单位工程观感质量评定表

工程名称： 监理单位：

序号	项目名称		标准分	评定等级					备注
				一级 100%	二级 90%	三级 80%	四级 70%	五级 0	
1	建筑工程	室外墙面	10						
2		室外大角	2						
3		外墙面横竖线	3						
4		散水、台阶、明沟	2						
5		滴水槽（线）	1						
6		变形缝、水落管	2						
7		层面坡向	2						
8		层面防水层	3						
9		层面细部	3						
10		层面保护层	1						
11		室内顶棚	4 (5)						
12		室内墙面	10						
13		地面与楼面	10						
14		楼梯、踏步	2						
15		厕浴、阳台泛水	2						
16		抽气、垃圾道	2						
17		细木、护栏	2 (4)						
18		门安装	4						
19		窗安装	4						
20		玻璃	2						
21		油漆	4 (6)						

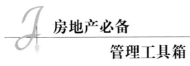

最新房地产

经营管理全套必备解决方案

续表

序号	项目名称		标准分	评定等级					备注
				一级 100%	二级 90%	三级 80%	四级 70%	五级 0	
22	室内给排水	管道坡度、接口、支架、管件	3						
23		卫生器具、支架、阀门、配件	3						
24		检查口、扫除口、地漏	2						
25	室内采暖	管道坡度、接口、支架、弯管	3						
26									
27		散热器及支架	2						
		伸缩器、膨胀水箱	2						
28	室内煤气	管道坡度、接口、支架	2						
29		煤气管与其他管距离	1						
30		煤气表、阀门	1						
31	室内电气安装	线路敷设	2						
32		配电箱（盘、板）	2						
33		照明器具	2						
34		开关、插座	2						
35		防雷、动力	2						
36	通风	风管、支架	2						
37		风口、风阀、罩	2						
38		风机	1						
39	空调	风管、支架	2						
40		风口、风阀	2						
41		空气处理室、机组	1						

序号	项目名称		标准分	评定等级					备注
				一级 100%	二级 90%	三级 80%	四级 70%	五级 0	
42	电梯	运行、平层、开关门		3					
43		层门、信号系统		1					
44		机房		1					
合计		应得　　分，实得　　分，得分率　　%							
检查人员（签名）	总监理工程师（签名）：　　　　　　　　　　　　年　月　日								

房地产必备
管理工具箱

最新房地产

经营管理全套必备解决方案

5 单位工程质量综合评定表 •

房地产工程建设的单位工程质量综合评定表如表6-5所示。

表6-5　　　　　　　　　单位工程质量综合评定表

工程名称：　　　　　施工单位：　　　　　开工日期：　　年　月　日
建设面积：　　　　　结构类型：　　　　　竣工日期：　　年　月　日

项次	项　目	自评情况	评定情况
1	分部工程质量评定总汇	共　　分部， 其中优良　分部， 优良率　%， 主体分部质量等级 装饰分部质量等级 安装主要分部质量等级	
2	质量保证资料评定	其检查　项，其中符合要求　项，经鉴定符合　项	
3	观感质量评定	应得　分 实得　分 得分率　%	
4	企业自评等级： 企业经理： 企业技术负责人： （公章） 　年　月　日		监理公司评定等级： 总监理工程师： 　年　月　日

286

6 工程竣工验收条件审核表 ⋯⋯⋯⋯⋯⋯⋯⋯⋯ ●

房地产建设的工程竣工验收条件审核表如表6-6所示。

表6-6　　　　　　　　　工程竣工验收条件审核表

（建筑工程）

工程名称		工程地址		
建设单位		层/栋 建筑面积		
勘察单位		土建工程 施工单位		
设计单位		设备安装 施工单位		
监理单位		计划验收 日　期	年　　月　　日	

竣 工 条 件 审 核 情 况

序号	内　　容	审核结果
1	完成工程设计和合同约定的各项内容	
2	施工单位工程竣工报告	
3	监理单位工程质量评估报告	
4	勘察、设计文件质量检查报告	
5	完整的技术档案和施工管理资料	
6	工程使用的主要建材、构配件和设备的进场试验报告	
7	建设单位是否已按合同约定支付工程款	
8	施工单位签署的《工程质量保修书》	

续表

9	规划验收认可文件	
10	公安消防验收准许使用文件	
11	环保验收认可文件	
12	电梯准用证及分部验收文件	
13	燃气工程验收证明文件	
14	安全监督站出具的《建设工程施工安全评价书》	
15	建设行政主管部门及工程监督机构责令整改的问题是否已全部整改完毕	

土建监督员签字： 年 月 日	设备监督员签字： 年 月 日
监督工程师签字：	年 月 日
工程质量安全监督费的交纳情况	部门负责人签字： 年 月 日

房屋建筑工程质量保修书

发包人：（全称）：_____

承包人：（全称）：_____

发包人、承包人根据《中华人民共和国建筑法》、《建设工程质量管理条例》和《房屋建筑工程质量保修办法》，经协商一致，对_____ （工程全称）签订工程质量保修书。

一、工程质量保修范围和内容

承包人在质量保修期内，按照有关法律、法规、规章的管理规定和双方约定，承担本工程质量保修责任。

质量保修范围包括地基基础工程、主体结构工程，屋面防水工程、有防水要求的卫生间、房间和外墙面的防渗漏，供热与供冷系统，电气管线、给排水管道、设备安装和装修工程，以及双方约定的其他项目。具体保修内容，双方约定如下：

_____

_____

_____。

二、质量保修期

双方根据《建设工程质量管理条例》及有关规定，约定本工程的质量保修期如下：

1. 地基基础工程和主体结构工程为设计文件规定的该工程合理使用年限；

2. 屋面防水工程、有防水要求的卫生间、房间和外墙面的防渗漏为_____年；

3. 装修工程为_____年；

4. 电气管线、给排水管道、设备安装工程为_____年；

5. 供热与供冷系统为_____个采暖期、供冷期；

6. 住宅小区内的给排水设施、道路等配套工程为_____年；

7. 其他项目保修期限约定如下：

_____

_____

_____。

质量保修期自工程竣工验收合格之日起计算。

三、质量保修责任

1. 属于保修范围、内容的项目，承包人应当在接到保修通知之日起7天内派人保修。承包人不在约定期限内派人保修的，发包人可以委托他人修理。

2. 发生紧急抢修事故的，承包人在接到事故通知后，应当立即到

达事故现场抢修。

3. 对于涉及结构安全的质量问题，应当按照《房屋建筑工程质量保修办法》的规定，立即向当地建设行政主管部门报告，采取安全防范措施；由原设计单位或者具有相应资质等级的设计单位提出保修方案，承包人实施保修。

4. 质量保修完成后，由发包人组织验收。

四、保修费用

保修费用由造成质量缺陷的责任方承担。

五、其他

双方约定的其他工程质量保修事项：＿＿＿＿＿＿＿＿＿＿＿＿＿

＿＿＿＿＿＿＿＿＿＿＿＿＿＿＿＿＿＿＿＿＿＿＿＿＿＿＿＿＿＿

＿＿＿＿＿＿＿＿＿＿＿＿＿＿＿＿＿＿＿＿＿。

本工程质量保修书，由施工合同发包人、承包人双方在竣工验收前共同签署，作为施工合同附件，其有效期限至保修期满。

7 工程竣工验收报告

工程竣工验收报告

（建筑工程类）

工程名称：_____

验收日期：_____

建设单位（盖章）：_____

（1）工程概况。

表6-7　　　　　　　　　　工程概况表

工程名称		工程地点		
建设面积		工程造价		
结构类型		层数	地上：　层 地下：　层	
施工许可证号		监理许可证号		
开工日期		验收日期		
监督单位		监督编号		
建设单位				资质证号
勘察单位				
设计单位				
总包单位				
承建单位（土建）				
承建单位（设备安装）				
承建单位（装修）				
监理单位				
施工图审查单位				

（2）工程竣工验收实施情况。

①验收组织。

建设单位组织勘察、设计、施工、监理等单位和其他有关专家组成验收组，根据工程特点，下设若干专业组。

表6-8　　　　　　　　　　　验收组成员

组　长	
副组长	
组　员	

表6-9　　　　　　　　　　　　专　业　组

专业组	组　长	组　员
建筑工程		
建筑设备安装工程		
通讯、电视、燃气等 专业工程		
工程质保资料		

②验收程序。

● 建设、勘察、设计、施工、监理单位介绍工程合同履约情况和在工程建设各个环节执行法律、法规和工程建设强制性标准情况。

● 审阅建设、勘察、设计、施工、监理单位的工程档案资料。

● 验收组实地查验工程质量。

● 专业验收组发表意见，验收组形成工程竣工验收意见并签名。

③工程质量评定。

表6-10   工程质量评定表

分部工程名称	评定等级	质量保证资料评定	观感质量评定
地基与基础工程			
主体工程			
地面与楼面工程		共核查　项	应得：　分
门窗工程			
装饰工程		其中符合要求　项	实得：　分
屋面工程			
采暖卫生及燃气工程		经鉴定符合要求　项	得分率：　%
建筑电气安装工程			
通风与空调工程			
电梯安装工程			

④验收人员签名：

表6-11   验收人员签名表

姓　名	工作单位	职　称	职　务

⑤工程竣工验收结论：

表6-12   工程竣工验收结论表

竣工验收结论：

建设单位： （签章） 法人代表： 年　月　日	监理单位： （签章） 总监理工程师： 年　月　日	施工单位： （签章） 法人代表： 年　月　日	勘察单位： （签章） 项目负责人： 年　月　日	设计单位： （签章） 项目负责人： 年　月　日

8 住宅质量保证书

房地产建设工程住宅质量保证书，如表6－13所示。

表6－13 　　　　　　住宅质量保证书 　　　　　填发日期：

公司名称		电　话	
地　　址		邮　编	
商品房项目名称		工程质量自评等级	
竣工验收时间		交付使用时间	
负责质量保修部门			
联系电话		答复时限	
保修项目	保修期限	保修责任	
地基和主体结构			
屋面防水			
墙面、厨房和卫生间地面、地下室、管道渗漏			
墙面、顶棚抹灰层脱落			
地面空鼓开裂、大面积起砂			
门窗翘裂、五金件损坏			
卫生洁具			
灯具、电器开关			
制冷系统和设备			
管道堵塞			
房地产开发公司承诺的其他保修项目			

9 住宅使用说明书 ━━━━━━━━━━━━━━━━━━━━●

住宅使用说明书如表6－14所示。

表6－14　　　　　　　　住宅使用说明书　　　　填发日期：

开发单位 （公章）	名称			
	地址			
	电话		邮编	
设计单位	名称			
	地址			
	电话		邮编	
施工单位	名称			
	地址			
	电话		邮编	
监理单位	名称			
	地址			
	电话		邮编	
住宅部位	使用说明和注意事项			
结构和装修装饰				
上水、下水				
供电设施、配电负荷				
通　讯				
燃　气				
消　防				
门　窗				
承重墙				
防水层				
阳　台				
其　他				

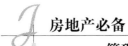
10 工程质量监督报告

工程名称：＿＿＿＿＿＿＿＿＿＿＿＿＿＿＿＿＿＿

监督注册号：＿＿＿＿＿＿＿＿＿＿＿＿＿＿＿＿

监督单位：＿＿＿＿＿＿＿＿＿＿＿＿＿＿＿＿

年　月　日

表6-15　　　　工程基本情况

工程名称		结构类型及层数		
工程地址		工程类别		
工程规模	m² （万元）其中人防工程：		m²	
工程开工时间		竣工验收时间		
工程规划许可证号		工程施工许可证号	监督登记号	
单 位 名 称			法人代表联系电话	项目负责人联系电话
建设单位				
勘察单位				
设计单位				
监理单位				
施工单位				
	姓　名	专　业	证件号码	
监督工程师监督员				
实施质量监督起止时间：				

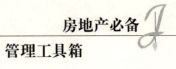
表 6 – 16　　　　　　　　　工程质量评价表

工程竣工技术资料核查意见	
各责任主体质量行为及责任制检查情况	
历次监督抽查质量情况	
结构及功能监督重点部位抽测情况	
施工工程中出现的质量问题的整改情况	
工程竣工验收的情况	
对工程质量缺陷的处理意见	

最新房地产

经营管理全套必备解决方案

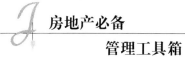

房地产必备

管理工具箱

表 6 – 17 监督结论及文字说明

明确说明根据工程监督，具备备案条件或不具备备案条件。不具备备案条件的，要说明原因。
项目监督负责人： 签字：　　年　月　日
建设工程质量监督机构审核： 审核意见： 单位公章 年　月　日
备注：

最
新
房
地
产

经
营
管
理
全
套
必
备
解
决
方
案

11 项目竣工验收备案表

房地产建设工程项目竣工验收备案表，如表6-18所示。

表6-18 项目竣工验收备案表

建设单位名称			
备案日期			
工程名称			
工程地点			
建筑面积（m^2）			
结构类型			
工程用途			
开工日期			
竣工验收日期			
施工许可证号			
施工图审查意见			
勘察单位名称		资质等级	
设计单位名称		资质等级	
施工单位名称		资质等级	
监理单位名称		资质等级	
工程质量监督机构名称			

续表

竣工验收意见	勘察单位意见	单位（项目）负责人：	（公章） 年 月 日
	设计单位意见	单位（项目）负责人：	（公章） 年 月 日
	施工单位意见	单位（项目）负责人：	（公章） 年 月 日
	监理单位意见	单位（项目）负责人：	（公章） 年 月 日
	建设单位意见	单位（项目）负责人：	（公章） 年 月 日
工程竣工验收备案文件目录	1. 工程竣工验收报告； 2. 工程施工许可证； 3. 施工图设计文件审查意见； 4. 单位工程质量综合验收文件； 5. 市政设施的有关质量检测和功能性试验资料； 6. 规划、公安消防、环保等部门出具的认可文件或准许使用文件； 7. 方式单位签署的工程质量保修书； 8. 商品住宅的《住宅质量保证书》和《住宅使用说明书》； 9. 法规、规章规定必须提供的其他文件； 10. 备案机关认为需要提供的有关资料。		
备案意见	该工程的竣工验收备案文件已于　 年　月　日收讫，文件齐全。 （公章） 年　月　日		
备案机关负责人		备案经手人	

备案机关处理意见：

（公章）
年　月　日

12 办理《新建住宅交付使用许可证》审核程序流程图

房地产公司办理《新建住宅交付使用许可证》审核程序流程，如图6-1所示。

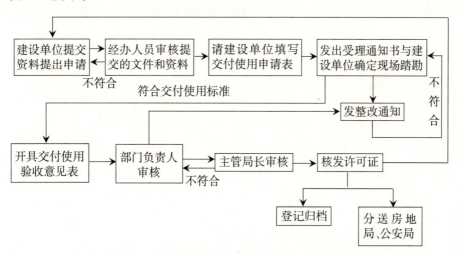

图6-1 办理《新建住宅交付使用许可证》审核程序流程

13   新建住宅配套设施交付使用申请表------------●

建设单位填写新建住宅配套设施交付使用申请表，如表 6 - 19 所示。

表 6 - 19   新建住宅配套设施交付使用申请

单位情况	单位名称		项目情况	项目名称	
	法人代表			项目性质	
	上级主管部门			项目地址	
	联系人				
	联系地址			所在区(县)	
	联系电话				
住宅情况	规划可建面积	其中			
		层数	住宅面积（m²）	公建面积（m²）	
		高层			
		多层			
	申请验收面积	层数	面积（m²）	幢号	
		高层			
		多层			
配套情况	分类	竣工面积（m²）	配套情况	分类	竣工面积（m²）
	商业网点			居委会	
	托儿所			中学	
	幼儿园			小学	
	一办三所			公交站点	

14 新建住宅交付使用许可证申请审核受理通知书 ⋯●

负责主审核的住宅建设管理部门收到建设单位提交的必备文件、资料和申请表后，应向建设单位发出"新建住宅交付使用许可证审核受理通知书"，如表6-20所示。

建设单位收到"限期整改通知书"后，应在规定的期限内完成整改项目，再与审核部门的人员约定现场踏勘时间，接受整改项目完成情况的检查。

表6-20　　　　新建住宅交付使用许可证申请审核受理通知书

新建住宅"交付使用许可证"申请审核 受理通知书 <div align="right">（　）住受（　）第　号</div>
＿＿＿＿＿＿＿＿＿＿： 　根据规定，你单位负责建设的位于＿＿＿＿＿＿＿＿（路、镇、乡）＿＿＿＿＿＿＿＿（街坊、幢号）新建住宅有关申报资料业已齐备，我部门将对上述申报资料及该基地配套建设情况进行全面核查。自即日起30日内对你单位的申报提出审核意见，并专函通知。 　　　　　　特此 　　通知   <div align="right">（盖章） 年　月　日</div>
签收人：　　　日期：　　　　送达人：　　　日期：
（本通知书一式二份，建设单位和受理单位各一份）

15 新建住宅"交付使用许可证"申请审核
限期整改通知书

当住宅项目没有完全达到规定的交付使用要求的，由主审核部门建设单位发出"限期整改通知书"，如表 6 – 21 所示。

表6 – 21　　新建住宅"交付使用许可证"申请审核限期整改通知书

<table>
<tr><td>
新建住宅"交付使用许可证"申请审核
限期整改通知书

　　　　　　　　　　　　（　）住整（　）第　号

_____：

根据《新建住宅配套建设与交付使用管理方法》

（一）住宅生活用水纳入城乡自来水管理网；使用地下水的，经过市水务管理部门审核批准。

（二）住宅用电根据电力部门的供电方案，纳入城市供电网络，不得使用临时施工用电和其他不符合要求的用电。

（三）住宅的雨、污水排放纳入永久性城乡雨、污水排放系统。确因客观条件所限，一时无法纳入的，应具有市主管部门审批同意的实施计划并经环保、水利部门同意后，可以在规定的期限内，采取临时性排放措施。

（四）住宅与外界交通干道之间有直达的道路相连。

（五）居住区及居住小区按照规划要求配建公交站点，开通公交线路。暂未建成的居住小区，与公交、地铁站点距离超过2km 的，住宅开发建设单位应有自行配备短途交通车辆通过公交、地铁、轻轨站点。

（六）住宅所在区域必须按照规划要求配建教育、医疗保健、环卫、邮电、商业服务、社区服务、行政管理等公共建筑设施。由于住宅项目建设周期影响暂未配建的，附近区域必须有可供过渡使用的公共建筑设施。

（七）住宅周边做到场地清洁、道路平整，与施工工地有明显有效的隔离设施。

你单位负责建设的_____地址：_____幢号：_____经组织审核，
</td></tr>
</table>

该工程项目不符合有关交付使用要求中的第_____款。限你单位在_____年
_____月_____日之前对_____项目进行整改。

    整改内容为：

    1. _____

    2. _____

    3. _____

    4. _____

    整改结束后，须经我部门验收通过，方可继续办理"交付使用许可证"。

（盖章）

年　月　日

签收人：　　　日期：　　　送达人：　　　日期：

（本通知书一式二份，建设单位和受理单位各一份）

最新房地产

经营管理全套必备解决方案

16　新建住宅交付使用验收意见表 ·······················●

住宅项目符合规定的标准，由审核部门经办人开具交付使用验收意见表，如表 6 - 22 所示。

表 6 - 22　　　　　　　新建住宅交付使用验收意见表

新建住宅交付使用验收意见表

基地名称				基地地址		区路		经办人意见	签名： 日期：
建设单位（或牵头单位） 及参建单位									
申请验收的住宅和公建项目									
住宅				公建					
幢号	面积 （m²）	层数	验收 情况	项目 名称	面积 （m²）	验收情况			
			合格	不合格		合格	不合格		
								部门主管意见	签名： 日期：
								主管局长意见	签名： 日期：

第七章

房地产项目定价阶段

内容提要

1.项目整盘定价流程图

2.年度目标定价流程图

3.新楼盘定价流程图

4.在售楼盘价格与折扣调整流程图

5.可比楼盘量化定价法计算表

……

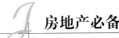

1 项目整盘定价流程图

项目整盘定价工作要列入公司重大投资事项的管理内容,必须通过重大投资决策委员会投票形式确认。整盘定价确定的整盘均价与分期均价指标是确认其后各步定价工作的最高原则,一经确定,不容任何人随意变更。

集团重大投资评审小组审批整盘均价报告的依据主要是项目开发年限的长期市场预测,楼盘的成本数据计算,楼盘分期的规划方案,以期为单位的分年度推货安排,各期均价分布构成。

项目整盘定价流程图,如图 7-1 所示。

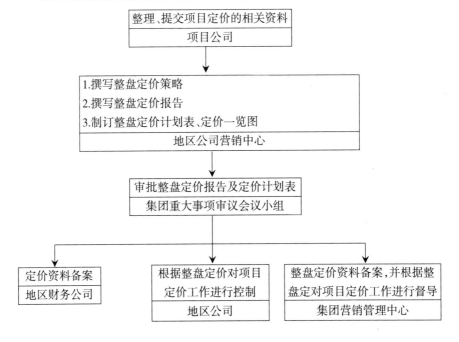

图 7-1 项目整盘定价流程

2 年度目标定价流程图 ●

整盘定价后进入年度目标定价阶段，年度目标定价流程，如图7-2所示。

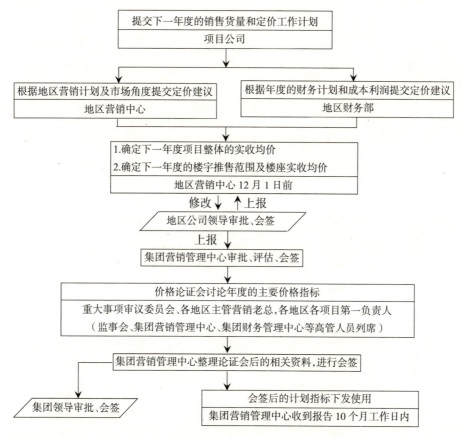

图7-2 年度目标定价流程

对年度目标定价报告的审批依据主要是：整盘定价报告中的分期均

价指标与整盘均价指标，次年公司以楼座为单位的分月销售规划，当年的市场预测与历史成交数据，楼座均价的分布体系，项目投入产出或利润的财务要求。

年度目标定价因为涉及绩效考核和次年的利润测算，是集团管理价格的重点，年度目前定价必须经过全国价格论证会的形式加以确认，由集团决策委员会通过。

为保证项目的价格策略正确性，根据年度各项目经济计划、年度考核指标，由集团组织召开各地区所有项目的价格论证会，通过对各项目整盘均价、年度目标定价、楼座均价的审议，形成结论，以作为全面项目价格执行的基准及指引。

3 新楼盘定价流程图 ●

新楼盘的定价流程,如图 7-3 所示。

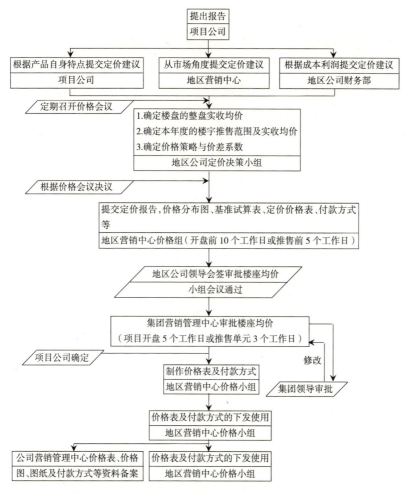

图7-3 新楼盘定价流程

新楼盘定价时,地区公司确定价格与推销的组合策略,按单一楼座

计算与年度目标定价工作中确定的楼座均价相比，基本模式主要有低开模式，高开模式与平开模式。

低开模式，则地区公司必须测算因低开的货量的比例与幅度导致的利润损失，并同时制定后期升价的货量比例与幅度，以便把损失的利润补回（包括预计尾货降价销售的利润损失）。

平开模式与高开模式只要市场与策略需要，因能满足公司年初利润要求，一般都获批准。

房地产公司对新推定价报告的审批依据主要是：

（1）年度目标定价的年度均价指标和楼座均价。

（2）测定的最新单位成本。

（3）三种销售与推销组合的价格策略。

（4）内部期或前期同类货量的客户情况与市场竞争情况。

（5）至于新推定的单元价格体系对市场的适应由地区公司把握。

4　在售楼盘价格与折扣调整流程图

房地产公司在售楼盘的价格与折扣的调整流程，如图7-4所示。

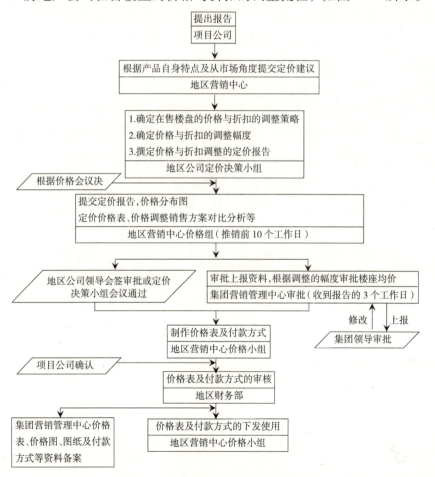

图7-4　在售楼盘价格与折扣调整流程

（1）折扣政策或者价格调整方案中的货量占在售剩余货量的50%

以下时，折扣或者价格调整的幅度＞4%（4%的基数为要进行价格或折扣调整的相应单位在定价时使用的基准价格的均价），必须报房地产总公司审批后下发执行。

（2）折扣政策或者价格调整方案中的货量占在售剩余货量的50%以上时，折扣或者价格调整的幅度＞2%（2%的基数为要进行价格或折扣调整的相应单位在定价时使用的基准价格的均价），必须报房地产总公司审批后下发执行。

（3）调价低于上述情况者由地区公司审批执行，并报房地产总公司备案。

（4）低开模式，或者高开与平开模式仅售出低价单位等原因造成的单一楼座成交均价小于楼座基准价的情况下时，任何对该幢楼座的调价报告（包括精选单位折扣促销）均需报房地产总公司审批，下调价格或折扣方案对促进销售的可行性由地区公司把握。

（5）地区公司下调价格或折让促销的调价报告必须分析因调价导致的利润损失（是否引起整个楼座的利润损失），同时提出补平方案（可以是剩余货量的加价方案或者其他同类楼座的加价方案进行补平）。

（6）房地产总公司对调价报告中的审批依据主要是：对利润损失程度进行审核；对补平方案是否符合年度目标定价工作中的指标以及新推定价工作中的定价策略指标进行审核。

5 可比楼盘量化定价法计算表

可比楼盘量化定价法计算表，如表 7 - 1 所示。

表 7 - 1　　　　　　　　可比楼盘量化定价法计算表

原始数据				计算栏		
序号	楼盘名称	楼盘得分（X）	楼价（Y）	X × Y	Y × Y	XY
1						
2						
3						
4						
5						
6						
7						
8						
9						
10						
合计						

注：表中楼价为均价（元/平方米）。

楼盘因素定级公式：

$$P = \sum W_i \times F_i = W_1 \times F_1 + W_2 \times F_2 + W_3 \times F_3 \cdots + W_n \times F_n$$

式中，P——总分（诸因素在片区内寻楼盘优劣的综合反映）；

　　n——楼盘定级因素的总数；

　　W_i——权重（某定级因素对楼盘优劣的影响度）；

　　F_i——分值（某定级因素对片区内所表现出的优劣度）。

最
新
房
地
产

经
营
管
理
全
套
必
备
解
决
方
案

6 定价报告审批表 ......●

项目定价报告审批表，如表7－2所示。

表7－2 定价报告审批表

<u>报告主要内容：</u>

_____

_____

_____

_____

                                              部门名称：_____

                                              报告日期：_____

项目公司意见

地区公司财务意见

地区领导意见

集团营销中心意见［以下情况报集团营销中心审批（打√标示）］
新推定价（ ） 单一楼座成交均价＞基准均价，调价范围在50%以下，调价幅度＞4%或者调价范围在50%以下，调价幅度＞2%（ ） 单一楼座成交均价＜楼座基准价，调低的价格报告（ ）。

集团领导意见：

7 基准试算表

楼宇基准试算表，如表 7 - 3 所示。

表 7 - 3　　　　　　　　　　基准试算

A 座								
单元	A	B	C	D	E	F	G	H
朝向	向北	向北	东北	东北	东南	东南	向南	向南
面积（m₂）								
2　银行按揭								
按揭单价								
3　银行按揭								
按揭单价								
5　银行按揭								
按揭单价								
6　银行按揭								
按揭单价								
7　银行按揭								
按揭单价								

A 座								
	A	B	C	D	E	F	G	H
	向北	向北	东北	东北	东南	东南	向南	向南
按揭总金额								
总面积								
方向均价								
均价价差								
按揭均价								
实收均价								

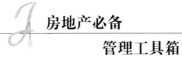

最新房地产

经营管理全套必备解决方案

8 付款方式表

客户购买商品房时的付款方式，如表 7-4 所示。

表 7-4 付款方式

生效日期： 币别：RMB

付款方式 手续	一次性付款	银行按揭	公积金按揭	轻松分期按揭
折扣				
签署认购书时付				
×天内签商品房买卖合同时付（扣除定金）				
签署认购书后 ××个月内				
签署认购书后 ××个月内				
签署认购书后 ××个月内				
签署认购书后 ××个月内				
签署认购书后 ××个月内				
签署认购书后 ××个月内				

9 整盘定价计划表

项目整盘定价计划表，如表7-5所示。

表7-5　　　　　　　整盘定价计划表

项目公司	产品	可售面积	可售套数	可开售时间	第一年								第二年							
					现阶段类型	销售率	销售面积	销售套数	销售均价	销售额(万元)	剩余面积	剩余套数	现阶段类型	销售率	销售面积	销售套数	销售均价	销售额(万元)	剩余面积	剩余套数
第一期	住宅																			
	商铺																			
	车位																			
	合计																			
第二期	住宅																			
	商铺																			
	车位																			
	合计																			
第三期	住宅																			
	商铺																			
	车位																			
	合计																			
第四期	住宅																			
	商铺																			
	车位																			
	合计																			
第五期	住宅																			
	商铺																			
	车位																			
	合计																			
合计																				

续表

第三年								合计												
现阶段类型	销售率	销售面积	销售套数	销售均价	销售额(万元)	剩余面积	剩余套数	现阶段类型	销售率	销售面积	销售套数	销售均价	销售额(万元)	出租面积	出租率	平均月租金	合同年租金收入	未租售面积	未租售套数

10 定价/实收价价目表

房地产公司在销售商品房时，定价/实收价的价目表，如表 7 - 6 所示。

表 7 - 6　　　　　　　　　　定价/实收价价目

日期					
楼宇名称					
项目名称					
单元		01	02	03	04
朝向		西南	东南	向北	东北
建筑面积（m²）					
套内面积（m²）					
1 层	标价（表价）				
	银行按揭价				
	一次性付款价				
建筑面积（m²）					
套内面积（m²）					
2 层	标价（表价）				
	银行按揭价				
	一次性付款价				
建筑面积（m²）					
套内面积（m²）					
3 层	标价（表价）				
	银行按揭价				
	一次性付款价				
建筑面积（m²）					
套内面积（m²）					

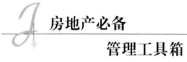
续表

4层	标价（表价）				
	银行按揭价				
	一次性付款价				
5层	标价（表价）				
	银行按揭价				
	一次性付款价				
6层	标价（表价）				
	银行按揭价				
	一次性付款价				
7层	标价（表价）				
	银行按揭价				
	一次性付款价				
建筑面积（m²）					
套内面积（m²）					
8层	标价（表价）				
	银行按揭价				
	一次性付款价				

注：1. 表中如果填写的是定价时的价格，此表是定价价格表；

2. 表中如果填写的是实际销售的价格，此表是实收价格表。

11　项目价格调整销售方案对比分析

项目价格调整销售方案对比分析如表7-7所示。

表7-7　　　　　　　　　项目价格调整销售方案对比分析

实际月份	没有做价格调整的月份 12月	调整前 1月	调整后 2月	调整前 3月	调整后 4月	调整前 4月	调整后 5月	调整前 5月	调整后 6月	调整前 6月	调整后 7月	调整前 7月	调整后 8月	调整前 8月	调整后 9月	调整前 9月	调整后 10月	调整前 10月	调整后 11月	调整前 11月	调整后 12月	调整前 12月	调整前 累计	调整后 累计
推出月份	第1月	第2月	第3月	第4月	第4月	第5月	第5月	第6月	第6月	第7月	第7月	第8月	第8月	第9月	第9月	第10月	第10月	第11月	第11月	第12月	第12月			
货品分类	小计	小计	小计	小计	小计	小计	小计	小计	小计	小计	小计	小计	小计	小计	小计	小计	小计	小计	小计	小计	小计			
累计推出面积(m²)																								
可售面积(m²)																								
销售均价(元)																								
实际销售率																								
累计销售率																								
实际销售量(m²)																								
空置房面积(m²)																								
累计销售量(m²)																								
当月销售金额(万元)																								

第八章

物业管理阶段

内容提要

1.物业管理的运行机制与相互关系
  示意图
2.物业管理制度分类表
3.物业管理投标程序图
4.物业交接验收表
5.物业接管前期员工培训计划表
......

1 物业管理的运行机制与相互关系示意图┈┈●

物业管理运作过程中，涉及众多复杂的社会关系，正确处理好各种关系是物业管理机制正常运行的保证。

一般来说，物业管理的运行机制和相互关系，如图 8 - 1 所示。

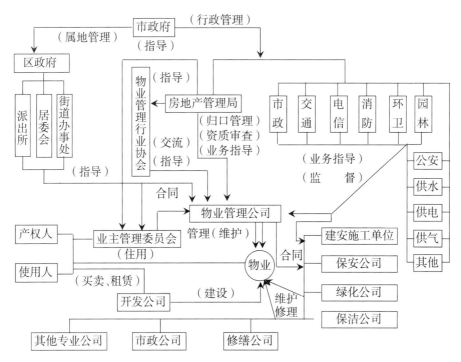

图 8 - 1　物业管理的运行机制与相互关系示意

2 物业管理制度分类表 ----------------------------●

按执行范围,物业管理制度大体上可划分成两大类:一是公司内部的规章制度。这些制度有公司的领导制度、综合管理制度、职能制度、岗位制度和管理程序制度等;二是公司外部管理制度,包括物业管理公约、住户手册、住宅区及大厦管理规定等。管理制度的分类如表 8 - 1 所示。

表 8 - 1 物业管理制度分类表

类别	子类别	制度名称	备注
内部管理制度	法人机构制度	公司章程、股东大会制度、董事会职责、监事会职责	股东大会制定
	经理办公制度	经理、副经理职责,经理办公会议制度	物业管理公司制定
	部门责任制	办公室职责、财务部职责、公共关系部职责、管理部职责、工程部职责、综合经营服务部职责等	
	岗位责任制	管理人员岗位责任制、操作工岗位责任制	
	综合管理制度	员工守则、劳动工资制度、经济核算制度、考核奖罚制度等	
外部管理制度	前期管理制度	物业接管验收制度、入伙手续、住户手册、搬迁、装修规定	
		物业管理公约	
	日常管理制度	房屋使用管理制度、房屋维修制度、设备运行管理制度、设备维修制度、治安消防制度、绿化管理制度、保洁管理制度、综合服务办法	
		业主委员会章程、维修基金管理、使用办法、业主公约、公共部门、共用设施使用办法	业主委员会制定

3 物业管理投标程序图

在通过资格预审后，物业管理公司便可正式进行以下的投标程序，如图8－2所示。

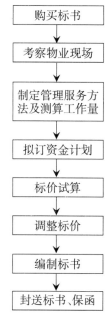

图8－2　物业管理投标程序

（1）购买并阅读标书。

物业管理公司要想取得标书必须向招标业主购买。而取得标书之后，如何阅读则是关系投标成功的重要环节。

（2）现场查看。

通常，开发商或业主管理委员会将根据需要组织参与投标的物业管理公司统一参观现场并对他们作出相关的必要介绍，其目的在于帮助投标公司充分了解物业情况以合理计算标价。在考察过程中，招标人还将就投标公司代表所提出的有关投标的各种疑问作出口头回答。但这种口头答疑并不具备法律效力。只有在投标者以书面形式提出问题并由招标人作出书面答复时，才能产生法律约束力。

（3）制定管理服务方法与工作量。

通常投标公司可根据招标文件中的物业情况和管理服务范围、要求，详细列出完成所要求管理服务任务的方法和工作量。

（4）制订资金计划。

资金计划应当在确定了服务内容及工作量的基础上拟订。

其目的主要有：一是复核投标可行性研究结果；二是做好议标阶段向开发商或业主做承包答辩的准备。资金计划应以资金流量为工具进行测算，一般说来，资金流入应当大于流出，这样的资金计划安排才对评标委员会具有说服力。

（5）标价试算。

以上工作完成后，投标者便可进行标价试算。试算前，投标者应确保做到以下几点：

①明确领会标书中各项服务要求、经济条件。

②计算或复核服务工作量。

③掌握了物业现场基础信息。

④掌握了标价计算所需各种单价、费率、费用。

⑤拥有分析所需的、适合当地条件的经验数据。

（6）标价评估与调整。

对于上述试算结果，投标者必须经过进一步评估才能最后确定标价。这主要是因为：

①试算所用基础数据不够精确可靠。试算所用基础数据可能一部分是预测性的，部分为经验性的，不够精确可靠，估价人员应当对预测和经验数据的适用基础进行审查，必要时予以调整。

②不可预见费的不确定性。风险等不可预见费用是由主观设定的，应在计算结束后予以复核，综合各渠道所得信息分析作出报价决策。

③估价偏高。可能由于估价人员比较保守，致使估价偏高，对此可参考几个估价人员的估价结果，取平均值确定最终报价。现行标价的评估内容大致包括两方面：一是价格类比；二是竞争形势分析。分析之后便可进行标价调整。通过这一步骤，投标公司便可以确定出最终标价。

（7）办理投标保函。

由于投标者一旦中标就必须履行受标的义务，为防止投标单位违约给招标单位带来经济上的损失，在投递物业管理投标书时，招标单位通常要求投标单位出具一定金额和期限的保证文件，以确保在投标单位中标后不能履约时，招标单位可通过出具保函的银行，用保证金的全部或部分为招标单位赔偿经济损失。投标保函通常由投标单位开户银行或其主管部门出具。

（8）编制标书。

投标人在作出投标报价决策之后，就应按照招标文件的要求正确编制标书，即投标人须知中规定的投标人必须提交的全部文件。

（9）封送标书、保函。

全部投标文件编制好以后，投标人就可派专人或通过邮寄将所有标书投送给招标人。

4 物业交接验收表

物业交接时需填制物业交接验收表，如表 8 - 2 所示。

表 8 - 2   物业交接验收表

移交物业名称：							
层数/高度	/米		建筑面积			结构性质	
保修期			保修责任方				
供水情况		总水表型号		厂家/表号		水表底数	
供电情况		总电表型号		厂家/表号		电表底数	
供气情况		总气表型号		厂家/表号		气表底数	
参加移交验收人员	开发商						
	管理部门						
	地盘监理						
	施工单位						
	设计单位						
验收意见	开发商（章） 经办人：　　　负责人：				施工单位（章） 经办人：　　　负责人：		
	地盘监理公司（章） 经办人：　　　负责人：				××物业管理公司（章） 经办人：　　　负责人：		

注：1. 此单一式＿＿＿份，以上单位各执＿＿＿份。

2. 保修期内的维修工作及维修费用由保修责任方负责。

3. 移交前需向有关部门交纳的水、电费由＿＿＿负责支付（以移交日期、水表、电度表指数为准）。

4. 隐蔽工程未在此次验收之列。

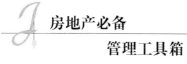

续表

图纸资料及实际验收情况							
系统名称	页数		归档号	实际验收存在的问题	完善工作的责任单位	完善日期	
	图纸	资料				预计	完成
建筑							
结构							
给排水系统							
电气系统							
通风空调系统							
通讯系统							
燃气系统							
保安系统							
采暖热水系统							
消防系统							
水电系统							
电梯							
道路及照明							
停车场及岗亭							
围墙及岗亭							
绿化及垃圾池							
娱乐设施							

有关单位验收证明及批文			
消防系统验收批文		电梯验收证明书	
燃气系统验收批文		环保验收证明书	
交通部门验收证明		用电指标批文	
用水指标批文			
用气指标批文			

在物业接收阶段，管理公司可依据实际工作情况，结合物业分期竣工或分期接管的时间作出相应的其他工作安排。有关具体工作如下：

（1）制定物业辖区内各项管理文件，如住户手册、装修指南、岗位工作职责、员工手册等公众及内部管理制度。

（2）与公安、街道、交通、环保、卫生、市政、园林、教育、公用事业、商业及文化娱乐等社会各部门联络、沟通。以建立管理服务网络。

（3）选聘充实各岗位人员，完善各管理组织机构，对所有上岗人员进行岗位培训。

5　物业接管前期员工培训计划表

在物业接管前期，对管理处员工培训计划，如表8-3所示。

表8-3　　　　　　　　物业接管前期员工培训计划

序号	培训内容	培训时间	授课方	参加人员	培训方式	考核方式	培训目标
1	《××住宅区物业管理条例》及实施细则和配套文件		公司	管理处全体人员	公司内部培训	考核	熟悉掌握条例、实施细则等内容
2	智能化专业知识培训		市住宅局	部分管理层人员	公司外部培训		了解辖区智能化工作要点
3	市住宅局和劳动局举办的物业管理专业培训		市住宅局	未获物业管理上岗证的管理人员	公司外部培训	考试	确保持证上岗率100%
4	辖区管理目标及模式		公司	管理处全体人员	公司内部培训	考核	明确各项工作要求、目标、模式
5	岗位职责和辖区物业管理运作制度		公司	管理处全体人员	公司内部培训	岗位考核	掌握岗位要求和考核标准
6	辖区房屋整体布局、水电设施、消防设施、电梯性能、智能监控系统、环境导示系统等内容介绍		设计、安装单位	管理处全体人员	公司内部培训	考核	熟悉小区管理、运行
7	辖区房屋验收交接程序		公司	管理、维修技术人员	公司内部培训	考核	要求掌握房屋交接的全过程

续表

序号	培训内容	培训时间	授课方	参加人员	培训方式	考核方式	培训目标
8	辖区公用设施及设备维护标准及作业程序		公司	管理、维修技术人员	公司内部培训	考核	明确公用设施维修范围及标准
9	辖区住户管理办法		公司	管理处全体人员	公司内部培训	考核	熟悉装修管理要点
10	辖区治安保卫工作目标及作业程序		公司	保安人员	公司内部培训	考核	熟悉辖区治安保卫的范围和目标
11	辖区清洁卫生标准及作业程序		公司	保洁公司	公司内部培训	考核	熟悉辖区清洁卫生范围和目标
12	辖区绿化标准及作业程序		公司	绿化公司	公司内部培训	考核	熟悉辖区绿化范围和目标
13	辖区住户入住手续办理程序		公司	管理处全体人员	公司内部培训	考核	掌握住户入住程序、要求
14	各工种工作技巧和服务语言规范及人际沟通技巧		公司	管理处全体人员	公司内部培训	考核	行为、语言规范及技巧
15	消防职责及灭火作战实施程序和急救常识		公司	管理处全体人员	公司内部培训	考核	掌握应急方案及常识
16	代客维修服务标准及作业程序		公司	管理、维修及家政服务人员	公司内部培训	考核	了解代客服务范围及要求
17	业主、客户有关保密事项和管理人员熟记事项		公司	管理处全体人员	公司内部培训	考核	确保业主、客户资料保密和熟记率达100%

6 物业入伙通知书 ⋯⋯⋯⋯⋯⋯⋯⋯⋯⋯⋯⋯⋯⋯⋯●

"入伙通知书"就是关于业主在规定时间内办理入伙事宜的通知，如下例所示。

入伙通知书

_____女士/先生：

您好！我们热忱欢迎您入住××花园！

您所认购的××花园_____区_____栋_____单元_____室楼宇，经市有关部门验收、测量合格，现已交付使用准予入住。

1. 请您按入伙通知书、收楼须知办理入伙手续，办理地点在_____楼室。在规定的日期内，地产部、财务部、物业管理公司等有关部门和单位将到场集中办公。

2. 为了您在办理过程中能顺利而快捷地办理好入伙手续，请以下表时间为准前来办理入伙手续。

各楼各层办理入伙手续时间分配表（略）。

阁下如届时不前来办理入伙手续，请您及时与我公司联系，落实补办的办法，联系电话_____。

特此通知

××房地产开发公司

××物业管理公司

_____年_____月_____日

物业管理在制作入伙通知书时应注意如下问题：

1. 一般情况如下，一个物业辖区内入伙的业主不是一家或几家，而是几百家甚至上千家，如果均集中在同一时间里办理，必然会使手续办理产生诸多困难，因此在通知书上应注明各幢、各层分期分批办理的时间，以方便业主按规定时间前来办理。

2. 如业主因故不能按时前来办理，应在通知书上注明补办的办法。

7　物业入伙手续书

入伙手续书即是办理入伙手续的程序和安排，其目的是为了让业主明了手续办理的顺序，使整个程过井然有序。

入伙手续书

_____女士/先生：

您所认购的_____区_____栋_____单元_____室楼宇，现已交付使用具备入伙条件。

为避免业主在收楼时产生遗漏而带来不便，兹介绍有关收楼程序。

1. 在房地产公司财务部办理手续。

（1）付清购楼余款。

（2）携带已缴的各期收据交财务部验证、收回并开具总发票。

（3）在入伙手续1上盖章。

2. 在房地产公司地产部办理手续。

（1）验清业主身份。业主如有时间亲临我公司接受楼宇，并请带上：入伙手续；业主身份证、港澳台同胞购房证明、护照或居住证；购房合同。

（2）若业主不能亲临收楼，可委托代理人，代理人除携带入伙手续书、购房合同外，还应出具业主的授权书（由律师签证）、业主身份证或护照的影印本、代理人的身份证或护照。

（3）在入伙手续2上盖章。

3. 在物业管理公司财务部办理手续。

（1）缴付各项管理费用。预收不超过3个月的管理费；收取装修保证金，住房装修完毕，验收不损坏主要房屋结构的，装修保证金如数退还；建筑垃圾清运费，业主装修完毕，自己清运了建筑垃圾即如数退还。

（2）缴付其他费用。安装防盗门、安装防盗窗花。

（3）在入伙手续3上盖章。

4. 在物业管理公司管理处办理手续。

（1）签署《业主公约》。

（2）介绍入住的有关事项。

（3）向业主移交楼宇钥匙。

（4）在入伙手续4上由业主本人盖章或签字，交物业管理公司保存。

××房地产开发公司

××物业管理公司

_____年_____月_____日

8 收楼服务方案 ···●

收楼服务方案

一、收楼场地及环境

注重收楼处环境与整体的包装设计,其面积若能在 300 平方米以上为最佳。收楼处室内环境以墨绿及蔚蓝色互相配合作为主调颜色,令色系更显柔和统一。另外,收楼处应使用清晰、图文并茂的大型坐地式指示牌,将开放式设计的收楼处自然地划分为多个发挥不同功能的场区,使到场的人士能一目了然地辨认收楼处内提供的多项不同服务设施。

二、收楼处的设施

1. 视听室

让业主收看收楼锦囊 VCD,提醒收楼时必须注意的细节事项。

2. CD ROM

场内的电脑可以供业主选看由物业公司或发展商安排制作的 CD ROM,以了解物业及临近各项公共设施。

3. 轮候区域

摆放多张宽敞舒适、数量充裕的真皮梳妆椅。

4. 小食亭

提供免费茶点、糖果、小吃,业主可稍事歇息饮食。

5. 儿童游乐场

等候办理收楼手续时,小朋友可另觅欢乐天地。

6. 报纸、杂志

在杂志架存放各大报纸及杂志,以供阅读消遣。

三、多元化式服务柜台

收楼处内设置新居入伙时所需的各类配套服务摊位，并特别提供独家优惠，务求让业主可于收楼时一并挑选及办理登记手续，既便利又快捷省时。服务包括：

1. 各项家政及休闲活动所需服务。

2. 地产租务代理服务。

3. 电话公司提供的住宅电话申办服务。

4. 名牌家私供应兼专职室内设计。

5. 家居寝室床上用品。

6. 灯饰装饰公司。

7. 门锁保安用品服务推介。

四、收楼过程

1. 业主先于接待处登记轮候时间，管理人员会自动帮业主检查是否已带齐所需文件。

2. 集齐的文件即时由职员自行送往处理。

3. 业主则由专人引领进入视听室收看收楼锦囊 VCD。

4. 接着前往收楼柜台查看已由职员为业主填妥的收楼文件，业主只需签名便可。

5. 随即与管理人员上楼验收。

6. 回程后，往收楼处的临时管理服务中心直接即时领取住户证及临时会所卡。

7. 领取管理处赠送的入伙纪念品一份。

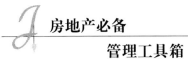

9　入伙文件签署发放确认表 ······················●

入伙文件签署的发放确认，如表8－4所示。

表8－4　　　　　　　　入伙文件签署发放确认表

____座____层_____号单元/商铺

编号	签署及填写之文件	经办人签署确认
1	《入伙文件签署发放确认表》	
2	《收楼书》	
3	《遗漏项目报告》	
4	《业主登记表》	
5	《区域防火责任书》	
6	《管理公司简介》	
7	《业户手册》	
8	《装修指南》	
9	《各项收费标准一览表》	
10	《住户证申请表》	
11	《管理费直接付款授权书》	
12	《入伙管理收费综合收条》	
13	《有线电视收视申请表》	
14	《管道燃气委托收款合同》	
15	《用户需求登记表》	
16	《委托银行电脑代收款协议书》	
17	银行存折	

10 收楼书

收楼书

致：××管理处

有关：＿＿座＿＿层＿＿＿号单元/商铺

　　兹收到贵处上述单元/商铺下列锁匙及设备，本人/本公司已检查该等设备，并声明除列于《遗漏项目报告》内需要更正改善的项目外，本人/本公司对其他设备感到满意，并确认收楼时水表读数为＿＿＿；电表读数为＿＿＿。

　　本人/本公司同意贵处收回户门钥匙＿＿＿条以便安排进行修缮工作。

收到钥匙类别：

大门　　　　　　　＿＿＿条

卧房门　　　　　　＿＿＿条

……

　　　　　　　　合计：＿＿＿条

　　　　　　　　　　业主名称：＿＿＿

　　　　　　　　　　业主签署：＿＿＿

　　　　　　　　　　日　　期：＿＿＿

管理处经办人签名：＿＿＿＿＿＿

日期：＿＿＿＿＿＿

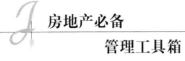
·················回执·················

单元编号：_____座_____层_____号单元/商铺

兹证明已收到上述单元之《遗漏项目报告》及上述单元大门钥匙_____条，以便进行修缮工作。

管理处盖印：_____

经办人签名：_____

日期：_____

11 遗漏项目报告 ●

遗漏项目报告

单元编号：____座____层_____号单元/商铺

业主名称：_____   日间联络电话：_____

一、本人已检查清楚上述单元一切设备，除下列之损坏外，全部设施已验收满意：

项目	位　　置	情　　况
1		
2		
3		
4		
5		
6		
7		
8		
9		
10		

说明：

1. 业主收取钥匙后，须从速检查单元之各种设备，如发觉损坏或不妥，须立即在此报告的空栏中作详细描述，并于 3 日内交回管理处。

2. 如业主在指定时间内未交回此报告，则表示该楼宇一切设备妥当，日后若有发现，则由业主自行负责。

3. 业主切记检查所有固定装置及设备并特别注意如玻璃窗、厕盆、洗手盆、浴缸、瓷砖等。

4. 业主切记试验地面排水道、厕盆、洗手盆、浴缸、洗碗盆等，

业主或其雇用之任何承造商造成之排水道淤塞或任何损坏，业主应自行负责。

5. 管理处将不会承担因业主处理不当或不正确使用任何固定装置及设备而导致之任何损坏责任。

6. 若业主或雇用的承造商损毁上述楼宇的结构或室内装置及设备，业主须自行负责一切维修、诉讼及索偿费用。

7. 业主交来之门钥匙，以便工人入内修缮上述损坏之项目，在此期间，单元内之设备、物件等，若有任何损毁、遗失，业主概自行负责。

业主签名：_____   收钥匙日期：_____

二、本人（业主/授权人）：

现证明此报告上所列之损坏项目已全部修理妥当及收回所留下之大门钥匙_____条。

签署：_____

管理处经办人签名：_____

日期：_____

12 业主登记表

业主在入住时，需进行登记，如表8-5所示。

表8-5　　　　　　　　　业主登记表

_____座_____层_____号单元/商铺

> 业主姓名/公司名称：_____
>
> 身份证号码：_____
>
> 联络地址：_____
>
> 邮政编码：_____　联系电话：_____
>
> 拥有××其他物业的单元编号：_____
>
> 紧急事故之联络人：_____
>
> 日间联系人：_____
>
> 与业主关系：_____
>
> 联络地址：_____
>
> 邮政编码：_____联络电话：_____
>
> 晚间联系人：_____
>
> 与业主关系：_____
>
> 联络地址：_____
>
> 邮政编码：_____联络电话：_____
>
> 　　　　　　　　　　　　业主/公司*授权人
>
> 　　　　　　　　　　签名（盖章）：_____
>
> 　　　　　　　　　　日期：_____

13 区域防火责任书 ●

进行物业管理时，需签订区域防火责任书，如下例所示。

区域防火责任书

消防工作重于泰山。为认真贯彻"谁主管，谁负责"的消防工作原则和"预防为主，消防结合"的消防工作方针，积极落实消防岗位责任，努力搞好群防群治，维护大厦安全，××管理处确定_____为本区域防火责任人，现将有关防火责任达成如下协议：

一、区域防火责任范围：_____座_____层_____号单元/商铺。

二、区域防火责任人职责：

1. 协助大厦防火责任人搞好消防工作，共同维护大厦防火安全。

2. 负责本区域范围内的防火工作，确保本区域的安全。

3. 认真贯彻执行《中华人民共和国消防条例》和其他消防法规。

4. 协助管理处保护好本大厦公共场所的消防设备、设施，爱护消防器材。

5. 经常进行消防检查，改善消防安全条件，完善消防设施，把火灾事故消灭在萌芽中。

6. 审核、上报本区域装修工程，纠正和处理本区域的违反消防法规的现象和行为。

三、本协议书一式两份，大厦防火责任人、区域防火责任人各一份。

四、协议书经双方代表签字后生效。

××管理处_____

日期_____

防火负责人签名_____

日期_____

_____座_____层_____号单元/商铺_____

区域防火负责人（业主/公司授权人）

签名及盖公司章_____

14 《住户证》申请表

《住户证》申请须知:

1.《住户证》为业主或其容许人之有效证件,以确保持证者顺利进入本大厦。

2. 业主填妥本表后持住户一寸彩色近照两张及住户身份证复印件(16 岁以下儿童须提供户口簿或身份证文件复印件)亲自到管理处办理。如住户为租户,业主须另提供《房屋租赁合同》原件及复印件。每个《住户证》须缴付押金 100 元。

3. 业主应亲自来管理处领取《住户证》,领取时须出示业主身份证及有关证据。

4.《住户证》如有遗失,请即刻通知管理处,办理注销手续。在办理《住户证》补领手续时须缴交工本费。

5. 住户不再成为上述单元使用者时,需将《住户证》交还管理处注销。管理处将退还《住户证》押金。如遗失《住户证》,押金将不予退还。

领取《住户证》之前,须填写住户申请表,如表 8 - 6 所示。

住户证申请表

本人/本公司为   座   层   号单元业主,现拟申请上述单元之住户证   张。

表 8 - 6

编号	持证人姓名	性别	出生年月日	与业主关系	国籍或户籍所在地	身份证号码	工作单位	联系电话
1								
2								
3								
4								
5								

业主/公司授权人签名（盖公司章）：

日期： 年 月 日

最
新
房
地
产

经
营
管
理
全
套
必
备
解
决
方
案

15 委托银行代收费合同 ●

委托银行代收费合同

单元编号：　座　　层　　号单元/商铺

一、甲方（业主）：

乙方：××管理处

二、为了方便业主，提高收费管理及服务质量，经协商，甲方同意将每月的管理费、水费、电费、各类有偿服务费、违章罚款、滞纳金等费用，经乙方核算后，交××银行××支行代收。银行采用内部转账的方法，将每月费用从甲方账户划到乙方账户。乙方在每月初递送当月收费通知书给甲方。

三、甲方在××银行××支行开设活期存折账户，并保持足够的支付能力。

四、乙方每月抄表时间为 1 ~ 3 日，转账时间为 6 ~ 10 日。甲方不得拒付，如有疑问，可与管理处联系查询，乙方应认真受理。如收费有误，甲方在下月 6 日前来管理处调整。

五、如因甲方原因致使不能及时抄表，或甲方账户存款不足，或其他原因致使不能及时转账，或发现有其他违章行为的，乙方有权加收每天 0.5‰ 的滞纳金，并按规定处罚，直至停止供水、供电等各项服务。

六、如甲方需要搬迁、过户、销户，必须到管理处办理有关手续。

七、本合同一式两份，甲、乙双方各执一份。如使用公司账号的用户，需盖有公章。

（以下空格，请业主填写）

甲方名称		身份证号码	
地址	__座__层__号单元/商铺	联系电话	
开户银行		人民币账号	

注意：1. 新业主办理房产交接时，应同时到管理处签订本合同，并会同管理处有关人员查核水电表底数。

2. 管理费计费面积：　　　　电表底数：　　　　水表底数：

甲方签字（盖章）：　　　　　乙方签字（盖章）：

　　　　　　　　　　　　　　　　　　　　　　年　　月　　日

16 业主装修申请表

业主在装修前向物业管理公司申请登记时，需如实填写装修施工内容，并注明委托施工单位及进场人数，业主、施工队及物业管理公司三方应在申请上签字盖章。

业主装修申请表的格式，如表8-7所示。

表8-7 业主装修申请

业主姓名		住址		联系电话	
施工单位	进场人数		负责人		联系电话
装修施工项目内容					
约定事项 在本次装修工作中，业主、物业管理处、施工单位三方达成如下约定： 1. 每天允许施工时间：上午7：00—12：00，下午14：00—20：00（星期日停止装修一天）。 2. 如实填写装修内容：遵守《住户装修管理规定》。 3. 施工人员必须办理临时出入证。需留宿的，应到小区管理处办理登记。 4. 不准改动承重墙、柱、梁等主体结构；不擅自改动水电管线走向；不封闭前阳台；不架设露天衣架；不随意搭建。 5. 空调室外机安装在指定的位置。窗式空调只能安装在门、窗上。 6. 装修垃圾须用垃圾袋装好集中送到指定地点。 7. 施工中要注意防火安全，做好用电防范措施。 8. 因施工造成的管道堵塞、渗漏水、停电、损坏他人物品和公共设施、设备的，由责任人或业主负责赔偿。 9. 隐蔽施工前必须检查内部水电配件是否完好，否则今后再修水电管件所发生的费用由责任人或业主负责。					

10. 由业主在装修时改动房屋结构而造成的房屋开裂等后果，由业主负责。
施工队签字（章）　　　　年 月 日
业主签字（章）　　　　年 月 日
管理处签字（章）　　　　年 月 日

17 物业管理费通知单

物业管理费用标准和每月交款通知，如表8－8所示。

表8－8 物业管理费通知单

××大厦（小区）物业管理费标准已经于×月×日业主管理委员会讨论通过，自公布之日起执行，望各位业主（用户）遵照执行。

业主回执	业主（用户）意见： 业主（用户）签名： 年　　月　　日

	费用项目	费用标准（元/月·平方米）
1	行政办公费用	
2	一般公共设施维修费	
3	电梯费	
4	空调费	
5	环卫清洁费	
6	绿化费	
7	保安费	
8	收视费	
9	保险费	
10	储备金	
11	管理者酬金	
12	税费	

18 全国物业管理示范大厦标准及评分细则······●

引文

表8-9　　　　　全国物业管理示范大厦标准及评分细则

项目名称：　　　　　　　　　　　　　　　　　　年　　月　　日

序号	标准内容	规定分值	评分细则
	基本管理	22	
一	1. 按规划要求建设，房屋及配套设施投入使用	1	符合1.0，不符合0
	2. 已办理接管验收手续	1	符合1.0，不符合0
	3. 由一家物业管理企业实施统一专业化管理	1	符合1.0，不符合0
	4. 建设单位在租售大厦前，与选聘的物业管理企业签订物业管理合同，双方责权利明确	1	符合1.0，基本符合0.5，不符合0
	5. 在房屋销售合同签订时，购房人与物业管理企业签订前期物业管理服务协议，双方责权利明确	1	符合1.0，基本符合0.5，不符合0
	6. 建立维修基金，其管理、使用、续筹符合有关规定	1	符合1.0，管理、使用、续筹不符合规定扣0.5，未建立0
	7. 房屋使用手册、装饰装修管理规定及业主与使用人公约等各项公众制度完善	1	完善1.0，基本完善0.5，不完善0
	8. 业主委员会按规定程序成立，并按章程履行职责	1	符合1.0，基本符合0.5，不符合0
	9. 业主委员会与物业管理企业签订物业管理合同，双方责权利明确	1	符合1.0，基本符合0.5，不符合0
	10. 物业管理企业制订争创规划和具体实施方案，并经业主委员会同意	1	符合1.0，不符合0

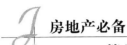
续表

序号	标准内容	规定分值	评分细则
一	11. 大厦物业管理建立健全各项管理制度、各岗位工作标准，并制定具体的落实措施和考核办法	2	制度、工作标准建立健全 1.0 分；物业管理服务工作程序、质量保证制度、收费管理制度、财务制度、岗位考核制度等，每发现一处不完整规范扣 0.2 分；未制定具体的落实措施扣 0.5 分，未制定考核办法扣 0.5 分
	12. 物业管理企业的管理人员和专业技术人员持证上岗，员工统一着装，佩戴明显标志，工作规范，作风严谨	1	管理人员、专业技术人员，每发现 1 人无上岗证书扣 0.1 分；着装及标志符合扣 0.3 分，不符合 0 分
	13. 物业管理企业应用计算机、智能化设备等现代化管理手段，提高管理效率	1	符合 1 分，基本符合 0.5 分，不符合 0 分
	14. 物业管理企业在收费、财务管理、会计核算、税收等方面执行有关规定；至少每半年公开一次物业管理服务费用收支情况	1	执行有关规定 0.5 分，未执行分 0；公开 0.5 分，未公开 0 分
	15. 房屋及其共用设施设备档案资料齐全，分类成册，管理完善，查阅方便	1	包括房屋总平面图、地下管网图，房屋数量、种类、用途分类统计成册，房屋及共用设施设备大中修记录，共用设施设备的设计安装图纸资料和台账。每发现一项不齐全或不完美扣 0.1 分
	16. 建立住用户档案、房屋及其配套设施权属清册，查阅方便	1	每发现一处不符合扣 0.2 分

续表

序号	标准内容	规定分值	评分细则
一	17. 建立24小时值班制度，设立服务电话，接受业主和使用人对物业管理服务报修、求助、建议、问询、质疑、投诉等各类信息的收集和反馈，并及时处理，有回访制度和记录	2	符合0.2分，没有值班制度的扣0.5分，未设服务电话扣0.5分，发现一处处理不及时扣0.2分，没有回访记录每次扣0.1分
	18. 定期向住户发放物业管理服务工作征求意见单，对合理的建议及时整改，满意率达95%以上	1	符合1分，基本符合0.5分，不符合0分
	19. 建立并落实维修服务承诺制；零修急修及时率100%、返修率不高于1%，并有回访记录	2	建立并落实1分，建立但未落实扣0.5分，未建立扣1分；及时率符合0.5分，每降低1个百分点扣0.1分；返修率符合0.3分，不符合0分；回访记录完整0.2分，记录不完整或无回访记录0分
二	房屋管理及维修养护	9	
	1. 大厦、栋号、楼层、房号标志明显，大堂内布置合理并设立引路方向平面图，驻大厦各单位名录标识在大堂显著位置	1	符合1分，无示意图或发现一处标志不清或没有标志扣0.2分
	2. 无违反规划乱搭乱建，无擅自改变房屋用途现象	1	符合1分，发现一处私搭乱建或擅自改变房屋用途均扣0.5分
	3. 大厦外观完好、整洁；外墙是建材贴面的，无脱落；是玻璃幕墙的，清洁明亮、无破损；是涂料的，无脱落、无污渍；无纸张乱贴、乱涂、乱画或乱悬挂现象	2	符合2分，大厦外墙是建材贴面的每发现一处脱落扣0.2分，是玻璃幕墙的每发现一处破落或不洁扣0.2分，是涂料的，每发现一处褪色、不一致扣0.1分；每发现一处纸张乱贴、乱涂、乱画和乱悬挂扣0.2分

最
新
房
地
产

经
营
管
理
全
套
必
备
解
决
方
案

序号	标准内容	规定分值	评分细则
二	4. 室外招牌、广告牌、霓虹灯按规定设置，保持整洁统一美观，无安全隐患或破损	1	符合1分，未按规定设置0分；按规定设置，但不整齐或有破损每处扣0.1分，有安全隐患每处扣0.5分
	5. 空调安装位置统一，冷凝水集中收集，支架无锈蚀	2	符合2分，每发现一处不符合扣0.2分
	6. 封闭阳台统一有序，色调一致，不超出外墙面；除建筑设计有要求外，不得安装外廊及户外防盗网、晾晒架、遮阳篷等	1	符合1分，每发现一处不符合扣0.1分
	7. 房屋装饰装修符合规定，未发生危及房屋结构安全及拆改管线和损害他人利益的现象	1	符合1分，发现一处不符合扣0.5分
三	共用设备管理	35	
	（一）综合要求	4	
	1. 制定设备安全运行、岗位责任、定期巡回检查、维护保养、运行记录管理、维修档案等管理制度，并严格执行	1	符合1分，发现一处不符合扣0.2分
	2. 设备及机房环境整洁，无杂物、灰尘，无鼠、虫害发生，机房环境符合设备要求	1	符合1分，发现一处不符合扣0.2分
	3. 配备所需专业技术人员，严格执行操作规程	1	符合1分，不符合0分
	4. 设备良好，运行正常，一年内无重大管理责任事故	1	符合1分，不符合0分
	（二）供电系统	3	
	1. 保证正常供电，限电、停电有明确的审批权限并按规定时间通知住用户	1	符合1分，不符合0分
	2. 制定临时用电管理措施与停电应急处理措施并严格执行	1	符合1分，临时用电措施或停电应急措施不符合均扣0.5分
	3. 备用应急发电机可随时起用	1	符合1分，不符合0分
	（三）弱电系统	2	

序号	标准内容	规定分值	评分细则
	1. 按工作标准规定时间排除故障，保证各供电系统正常工作	1	符合1分，发现一次不符合0.5分
	2. 监控系统等智能化设施设备运行正常，有记录并按规定期限保存	1	符合1分，基本符合0.5分，不符合0分
	（四）消防系统	5	
	1. 消防控制中心24小时值班，消防系统设施设备齐全、完好无损，可随时起用	1	发现一处不符合扣0.5分
	2. 消防管理人员掌握消防设施设备的使用方法并能及时处理各种问题	1	每发现一人不符合要求的扣0.2分
	3. 组织开展消防法规及消防知识的宣传教育，明确各区域防火责任人	1	符合1分，责任不明确每发现一处扣0.2分
	4. 制订有突发火灾的应急方案，设立消防疏散示意图，照明设施、引路标志，紧急疏散通道畅通	1	无应急方案扣0.5分，各种标志每缺少一个及每发现一处不畅通扣0.1分
三	5. 无火灾安全隐患	1	每发现一处安全隐患扣0.5分
	（五）电梯系统	6	
	1. 电梯准用证、年检合格证、维修保养合同完备	1	符合1分，不符合0分
	2. 电梯按规定时间运行，设备设施齐全，通风、照明及附属设施完好	1	每发现一处不符合扣0.2分
	3. 轿厢、井道、机房保持清洁	1	轿厢应干净，井道应清洁，无垃圾杂物，机房门道槽应无杂物，发现一起不合格扣0.2分
	4. 电梯由专业队伍维修保养，维修、保养人员持证上岗	1	符合1分，不符合0分
	5. 运行出现故障后，维修人员应在规定时间内到达现场维修	1	符合1分，不符合0分
	6. 运行出现险情后，应有排除险情的应急处理措施	1	符合1分，不符合0分

续表

序号	标准内容	规定分值	评分细则
	（六）给排水系统	9	
	1. 建立大厦用水、供水管理制度，积极协助用户安排合理的用水和节水计划	1	符合1分，基本符合0.5分，不符合0分
	2. 设备、阀门、管道工作正常，无跑、冒、滴、漏	1	每发现一处不符合扣0.2分
	3. 按规定对二次供电蓄水池设施设备进行清洁、消毒；二次供水卫生许可证、水质化验单、操作人员健康合格证齐全；水池、水箱清洁卫生，无二次污染	2	符合2分，每发现一项不符合扣0.5分
	4. 高压水泵、水池、水箱有严格的管理措施，水池、水箱周围无污染隐患	1	没有管理措施扣0.5分，水箱周围每发现一处隐患扣0.2分
	5. 限水、停水按规定时间通知住户	1	符合1分，基本符合0.5分，不符合0分
三	6. 排水系统通畅，汛期道路无积水，地下室、车库、设备房无浸泡发生	1	符合1分，每发现一处不符合扣0.2分
	7. 遇到事故，维修人员在规定时间内进行抢修，无大面积跑水、泛水、长时间停水现象	1	符合1分，基本符合0.5分，不符合0分
	8. 制订事故应急处理方案	1	无处理方案扣1分，方案不完善扣0.5分
	（七）空调系统	3	
	1. 中央空调系统运行正常，水塔运行正常且噪音不超标，无严重滴漏水现象	1	符合1分，基本符合0.5分，不符合0分
	2. 中央空调系统出现运行故障后，维修人员在规定时间内到达现场维修	1	符合1分，基本符合0.5分，不符合0分
	3. 制订中央空调发生故障应急处理方案	1	无应急处理方案扣1分，有方案但不完善或执行不够的扣0.5分
	（八）供暖供气系统	3	
	1. 锅炉供暖设备，煤气设备、燃气设备完好，运行正常	1	符合1分，不符合0分

续表

序号	标准内容	规定分值	评分细则
三	2. 管道、阀门无跑、冒、滴、漏现象及事故隐患	1	每发现一处不符合扣0.2分
	3. 北方地区冬季供暖居室内温度不得低于16°C	1	符合1分，不符合0分
四	共同设施管理	4	
	1. 公用配套服务设施完好，无随意改变用途	1	符合1分，每发现一处不符合扣0.2分
	2. 共用管线统一下地，无架空管线，无碍观瞻	1	符合1分，每发现一处不符合扣0.2分
	3. 道路、楼道、大堂等公共照明完好	1	符合1分，每发现一处不符合扣0.2分
	4. 大厦范围内的道路通畅，路面平坦	1	符合1分，每发现一处不符合扣0.2分
五	保安及车辆管理	9	
	1. 大厦基本实行封闭式管理	1	符合1分，不符合0分
	2. 有专业保安队伍，实行24小时值班及巡逻制度；保安人员熟悉大厦的环境，文明值勤，训练有素，言语规范，认真负责	2	符合2分，无专业保安队伍扣1分，值班及巡逻记录等不规范每处扣0.2分
	3. 结合大厦特点，制定安全防范措施	1	对特殊的部位要有相应的防范措施，每发现一处无防范措施扣0.2分
	4. 进出大厦各种车辆管理有序，无堵塞交通现象，不影响行人通行	1	符合1分，基本符合0.5分，不符合0分
	5. 大厦外停车场有专人疏导，管理有序，排列整齐	1	符合1分，基本符合0.5分，不符合0分
	6. 室内停车场管理严格，出入有登记	1	符合1分，基本符合0.5分，不符合0分
	7. 非机动车辆有集中停放场地，管理制度落实，停放整齐，场地整洁	1	符合1分，基本符合0.5分，不符合0分
	8. 危及人身安全处设有明显标志和防范措施	1	符合1分，不符合0分

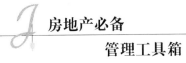

续表

序号	标准内容	规定分值	评分细则
六	环境卫生管理	10	
	1. 环卫设施完备，设有垃圾箱、果皮箱、垃圾中转站	1	符合1分，每发现一处不符合扣0.2分
	2. 清洁卫生实行责任制有专职清洁人员和明确的责任范围，实行标准化清洁、保洁	1	未实行责任制的扣0.5分，无专职清洁人员和责任范围的扣0.3分，未实行标准化保洁的扣0.2分
	3. 垃圾日产日清；定期进行卫生消毒灭杀	2	每发现一处垃圾扣0.2分，未达到垃圾日产日清的扣0.5分，未定期进行卫生消毒灭杀扣0.5分
	4. 房屋共用部位保持清洁，无乱贴、乱画，无擅自占用和堆放杂物现象；大堂、楼梯扶栏、天台、共用玻璃窗等保持洁净；大厦内共用场地无纸屑、烟头等废弃物	2	符合2分，每发现一处不符合扣0.2分
	5. 商业网点管理有序，符合卫生标准；无乱设摊点、广告牌和乱贴、乱画现象	2	符合2分，每发现一处不符合扣0.2分
	6. 无违反规定饲养宠物、家禽、家畜	1	符合1分，不符合0分
	7. 大厦内排烟、排污、噪声等符合国家环保标准，外墙无污染	1	每发现一处不合格扣0.2分，发现一次环保部门下放整改通知扣0.5分
七	绿化管理	4	
	1. 绿地无改变使用用途和破坏、践踏、占用现象	1	符合1分，基本符合0.5分，不符合0分
	2. 花草树木长势良好，修剪整齐美观，无病虫害，无折损现象，无斑秃	1	长势不好扣0.1分，每发现一处不符合扣0.1分
	3. 绿地无纸屑、烟头、石块等杂物	1	符合1分，每发现一处不符合扣0.2分
	4. 对大厦内部、天台、屋顶等绿化有管理措施并落实	1	无措施扣1分；有措施，落实不力扣0.5分

序号	标准内容	规定分值	评分细则
八	精神文明建设	3	
	1. 全体业主和使用人能自觉维护公众利益，遵守大厦的各项管理规定	1	符合 1 分，基本符合 0.5 分，不符合 0 分
	2. 设有学习宣传园地，开展健康向上的活动	1	符合 1 分，基本符合 0.5 分，不符合 0 分
	3. 大厦内的公共娱乐场所未发生重大违法案件	1	符合 1 分，基本符合 0.5 分，不符合 0 分
九	管理效益	4	
	1. 物业管理服务费用收缴率98%以上	2	每降低 1 个百分点扣 0.5 分
	2. 提供有偿服务，开展多种经营	1	符合 1 分，基本符合 0.5 分，不符合 0 分
	3. 本大厦物业管理经营状况	1	盈利 1 分，持平 0.5 分，亏本 0 分

19 写字楼物业管理收费标准 ⋯⋯⋯⋯⋯⋯⋯⋯⋯⋯⋯ ●

表 8 – 10   写字楼物业服务收费指导标准

物业类别	具 备 条 件	收费标准（元/平方米建筑面积·月）	备 注
一级	1. 小区内绿地覆盖率 30% 以上；公共配套设施（如道路、消防、车场）完善并维护完好； 2. 管理人员（全部各类人员，下同）人均管理建筑面积 800 平方米左右； 3. 有足够的社区文化服务场地，常年开展多种文体活动（10 项以上）； 4. 使用进口电梯； 5. 有先进、完善的消防总控、供配电、供水等保障供应系统，并维护良好； 6. 管理公司持有乙级以上资质证书（其中，超高层须甲级资质证书）； 7. 管理处 24 小时值班，保安人员 24 小时巡逻，清洁工作全天候全面保持洁净，园林绿地长势良好，修剪整齐美观；各类人员工作满负荷，服务意识强，言行规范，业务素质高，敬业精神强； 8. 达到市考评标准 95 分以上； 9. 房屋及配套设施维护状态良好；		

续表

物业类别	具 备 条 件	收费标准（元/平方米建筑面积·月）	备 注
二级	1. 小区内绿地覆盖率25%以上；公共配套设施较完善并维护完好； 2. 管理人员人均管理建筑面积1000平方米左右； 3. 有足够的社区文化服务场地，常年开展多种文体活动（7项以上）； 4. 使用进口电梯； 5. 有先进、完善的消防总控、供配电、供水等保障供应系统，并维护良好； 6. 管理公司持有乙级或以上资质证书； 7. 管理处24小时值班，保安人员24小时巡逻，清洁工作全天候全面保持洁净，各类人员工作满负荷，服务意识强，言行规范，业务素质高； 8. 达到市考评标准92分以上； 9. 房屋及配套设施维护状态良好；		1. 本物业管理收费指标标准不含中央空调维护费每平方米建筑面积2.40元和空调运行发生的水电费。 2. 楼层层数31层及以上的每多一层整座大厦收费标准增加3%层高系数。 3. 本物业管理服务收费指导标准表中规定和各级物业具备条件，如多数或全部达不到，应降到次一级收费标准，如部分达不到，应适当降低本级物业收费标准；如达不到最低一级（四级）物业条件，应在四级物业收费标准基础上下降10%～20%
三级	1. 小区内绿地覆盖率20%以上；公共配套设施符合规划要求并维护完好； 2. 管理人员人均管理建筑面积1200平方米左右； 3. 有社区文化服务场地，常年开展文体活动（4项以上）； 4. 使用电梯； 5. 有完善的消防总控、供配电、供水系统，并维护良好； 6. 管理公司持有丙级或以上资质证书； 7. 管理处24小时值班，保安人员24小时巡逻，清洁工作全天候保持洁净，园林绿地维护较好；各类人员工作满负荷，服务意识强，敬业意识强，言行规范； 8. 达到考评标准90分以上； 9. 房屋及配套设施维护状态良好；		

续表

物业类别	具 备 条 件	收费标准（元/平方米建筑面积·月）	备 注
四级	1. 小区内绿地覆盖率 15% 以上；公共设施维护完好； 2. 管理人员人均管理建筑面积 1400 平方米左右； 3. 常年开展社区文体活动（2 项以上）； 4. 使用电梯； 5. 有完善的消防总控、供配电、供水系统，并维护良好； 6. 管理公司持有丙级或以上资质证书； 7. 管理处 24 小时值班，保安人员 24 小时巡逻，清洁工作定时清扫，定时清洗，园林绿地维护较好；各类人员工作满负荷，服务意识强，言行规范； 8. 达到市考评标准 85 分以上； 9. 房屋及配套设施维护及时；		

20 物业管理委托合同 ●

物业管理委托合同
第一章 总 则

第一条 本合同当事人

委托方（以下简称甲方）：＿＿＿＿＿＿

受托方（以下简称乙方）：＿＿＿＿＿＿

根据有关法律，在自愿、平等、协商一致基础上，甲方将＿＿＿＿＿＿＿＿＿＿（物业名称）委托乙方实行物业管理，订立本合同。

第二条 物业基本情况

物业类型：＿＿＿＿＿＿＿＿＿＿

坐落位置：＿＿＿＿市＿＿＿＿区＿＿＿＿路（街道）＿＿＿＿号

四至：东＿＿＿＿＿＿南＿＿＿＿＿＿

西＿＿＿＿＿＿北＿＿＿＿＿＿

占地面积：＿＿＿＿＿＿＿＿平方米

建筑面积：＿＿＿＿＿＿＿＿平方米

第三条 乙方提供服务的受益人为本物业的全体业主和物业使用人，本物业的全体业务和物业使用人均应对履行本合同承担相应的责任。

第二章 委托管理事项

第四条 房屋建筑共用部位的维修、养护、运行和管理，包括：楼盖、屋顶、外墙面、承重结构、楼梯间、走廊通道、门厅、＿＿＿＿＿＿。

第五条 共用设施和附属建筑物、构筑物的维修、养护运行和管理，包括：共用的上下水管道、落水管、垃圾道、共用照明天线、中央空调、暖气干线、供暖锅炉房、高压水泵房、楼内消防设施设备、电梯、_____。

第六条 市政公用设施和附属建筑物、构筑物的维修、养护和管理，包括：道路、室外上下水管道、化粪池、沟渠、池、井、自行车棚、停车场、_____。

第七条 公用绿地、花木、建筑和设施的维修、养护和管理。

第八条 附属配套建筑和设施的维修、养护和管理，包括：商业网点、文化娱乐场所、_____。

第九条 公共环境卫生的管理和维护，包括公共场所、房屋共用部位的清洁卫生，垃圾的收集、清运，_____。

第十条 交通与车辆停放秩序的管理。

第十一条 公共秩序的管理，包括安全监控、巡视、门岗执勤、_____。

第十二条 管理与物业相关的工程图纸、住用户档案与竣工验收资料。

第十三条 组织开展社会文化娱乐活动。

第十四条 负责向业主和物业合用人收取下列费用：

（1）物业管理服务费；

（2）_____；

（3）_____。

第十五条 业主和物业使用人房屋自用部位、自用设施及设备的维修、养护，在当事人提出委托时，乙方应接受托并合理收费。

第十六条 对业主和物业使用人违反业主公约的行为，根据其具体行为及情节轻重，采取批评、规劝、警告、制止、_____等措施。

第十七条 其他委托事项：

（1）_____；

（2）_____；

（3）_____。

第三章　委托管理期限

第十八条　委托管理期限为_____年。自_____年_____月_____日_____时起至_____年_____月_____日_____时止。

第四章　双方权利义务

第十九条　甲方的权利义务：

1. 甲方权利义务（适用于业主委员会）。

（1）代表和维护产权人、使用人的合法权益；

（2）制定业主公约并监督业主和物业使用人遵守公约；

（3）审定乙方拟定的物业管理制度；

（4）检查监督乙方提出的物业管理服务年度计划、财务预算及决算；

（5）在合同生效之日起_____日内向乙方提供_____平方米建筑面积的经营性商业用房，由乙方按每月每平方米_____元租用，其租金收入用于_____；

（6）在合同生效之日起_____日内向乙方提供_____平方米建筑面积管理用房（产权属甲方），由乙方按下列第_____项执行：

①无偿使用；

②按建筑面积每月每平方米_____元租用，其租金收入用于_____。

（7）负责收集、整理物业管理所需全部图纸、档案、资料，并于合同生效之日起_____日内向乙方移交；

（8）当业主和物业使用人未按规定交纳物业管理费时，负责催交或以其他方式偿付；

（9）协调、处理本合同生效前发生的管理遗留问题：

①_____；

②_____；

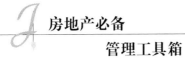
③_____；

④_____。

（10）协助乙方开展物业管理工作和宣传教育、文化活动；

（11）_____。

2. 甲方权利义务（适用于房地产开发企业）。

（1）在业主委员会成立之前，负责制定业主公约并将其作为房屋租售合同的附件，要求业主和物业使用人遵守；

（2）审定乙方拟定的物业管理制度；

（3）检查监督乙方管理工作的实施及制度的执行情况；

（4）审定乙方提出的物业管理服务年度计划、财务预算及决算；

（5）委托乙方管理的房屋、设施、设备应达到国家验收标准要求。

如存在质量问题按以下方式处理：

①负责返修；

②委托乙方返修，支付全部费用；

③_____。

（6）在合同生效之日起_____日内向乙方提供_____平方米建筑面积的经营性商业用房，由乙方按每月每平方米_____元租用，其租金收入用于_____。

（7）在合同生效之日起_____日内向乙方提供_____平方米建筑面积管理用房，由乙方按下列第_____项执行：

①无偿使用；

②按建筑面积每月每平方米_____元租用，其租金收入用于_____；

（8）负责收集、整理物业管理所需全部图纸、档案、资料，并于合同生效之日起_____日内向乙方移交；

（9）当业主和物业使用人不按规定缴纳物业管理费用时，负责催交或以其他方式偿付；

（10）协调、处理本合同生效前发生的管理遗留问题：

①_____；

②_____。

（11）协助乙方开展物业管理工作和宣传教育、文化活动；

（12）_____。

第二十条 乙方权利义务：

1. 根据有关法律法规及本合同的约定，制定物业管理制度。

2. 对业主和物业使用人违反法规、规章的行为，提请有关部门处理。

3. 按本合同第十六条的约定，对业主和物业使用人违反业主公约的行为进行处理。

4. 可选聘专营公司承担本物业的专项管理业务，但不得将本物业的管理责任转让给第三人。

5. 负责编制房屋、附属建筑物、构筑物、设施、设备、绿化等的年度维修养护计划和大中修方案，经双方议定后由乙方组织实施。

6. 向业主和物业使用人告知物业使用的有关规定，当业主和物业使用人装修物业时，告知有关限制条件，订立书面约定，并负责监督。

7. 负责编制物业管理年度管理计划、资金使用计划及决算报告。

8. 每_____个月向全体业主和物业使用人公布一次管理费用收支账目。

9. 对本物业的公用设施不得擅自占用改变使用功能，如需在一物业内改、扩建或完善配套项目，须与甲方协商，经甲方同意并报有关部门批准后方可实施。

10. 本合同终止时，乙方必须向甲方移交全部经营性商业用房、管理用房及物业管理的全部档案资料。

11. _____。

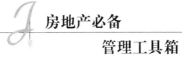
第五章　物业管理服务质量

第二十一条　乙方须按下列约定，实现目标管理。

1. 房屋外观：_____。

2. 设备运行：_____。

3. 房屋及设施、设备的维修、养护：_____。

4. 公共环境：_____。

5. 绿化：_____。

6. 交通秩序：_____。

7. 保安：_____。

8. 急修：_____。

　　小修：_____。

9. 业主和物业使用人对乙方的满意率达到：_____

_____。

第六章　物业管理服务费用

第二十二条　物业管理服务费

1. 本物业的管理服务费，住宅房是由乙方按建筑面积每月每平方米_____元向业主或物业使用人收取，非住宅房屋由乙方按建筑面积每月每平方米_____元向业主或物业使用人收取。

2. 管理服务费标准的调整，按_____调整。

3. 空置房屋的管理服务，由乙方按建筑面积每月每平方米_____元向_____收取。

4. 业主和物业使用人逾期缴纳物业管理费的，按以下第_____项处理；

（1）从逾期之日起按每天_____元缴纳滞纳金；

（2）从逾期之日起按每天应缴管理费的万分之_____缴纳滞纳金；

（3）_____。

第二十三条　车位使用费由乙方按下列标准向车位使用权人收取：

1. 露天车位：_____；
2. 车库：_____；
3. _____。

第二十四条 乙方对业主和物业使用人的房屋自用部位、自用设备、毗连部位的维修、养护及其他特约服务，由当事人按实际发生的费用计付，收费标准须经甲方同意。

第二十五条 其他乙方向业主和物业合用人提供的服务项目和收费标准如下：

1. _____；
2. _____；
3. _____；
4. _____；
5. _____。

第二十六条 房屋的共用部位、共用设施设备、公共场地的维修、养护费用。

1. 房屋共用部位的小修、养护费用，由_____承担；大中修费用，由_____承担；更新费用，由_____承担。

2. 房屋共用设施、设备的小修、养护费用，由_____承担；大中修费用，由_____承担；更新费用，由_____承担。

3. 市政公用设施和附属建筑物、构筑物的小修、养护费用，由_____承担；大中修费用，由_____承担；更新费用，由_____承担。

4. 公共绿地的养护费用，由_____承担；改造、更新费用，由_____承担。

5. 附属配套建筑和设施的小修、养护费用，由_____承担，大中修费用，由_____承担。

第七章　违约责任

第二十七条　甲方违反合同第十九条的约定，使乙方未完成规定管理目标，乙方有权要求甲方在一定期限内解决，逾期未解决的，乙方有权终止合同；造成乙方经济损失的，甲方应给予乙方经济赔偿。

第二十八条　乙方违反本合同第五章的约定，未能达到约定的管理目标，甲方有权要求乙方限期整改，逾期未整改的，甲方有权终止合同；造成甲方经济损失的，乙方应给予甲方经济赔偿。

第二十九条　乙方违反本合同第六章的约定，擅自提高收费标准的，甲方有权要求乙方清退；造成甲方经济损失的，乙方应给予甲方经济赔偿。

第三十条　甲乙任一方无正当理由提前终止合同的，应向对方支付_____元违约金；给对方造成的经济损失超过违约金的，还应给予赔偿。

第八章　附　　则

第三十一条　自本合同生效之日_____日之内，根据甲方委托管理事项，办理完交接验收手续。

第三十二条　合同期满后，乙方全部完成合同并且管理成绩优秀，大多数业主和物业使用人反映良好，可续订合同。

第三十三条　双方可对本合的条款进行补充，以书面形式签订补充协议，补充协议与本合同具有同等效力。

第三十四条　本合同之附件均为本合同有效组成部分。本合同及其附件内，空格部分填写的文字与印刷文字具有同等效力。

本合同及其附件和补充协议中未规定的事项，均遵照中华人民共和国有关法律、法规和规章执行。

第三十五条　本合同正本连同附件共_____页，一式三份，甲乙双方及物业管理行政主管部门（备案）各执一份，具有同等法律效力。

第三十六条　因房屋建筑质量、设备设施质量或安装技术等原因，达不到使用功能、造成重大事故的，由甲方承担责任并作善后处理。产生质量事故的直接原因，以政府主管部门的鉴定为准。

第三十七条 本合同执行期间，如遇不可抗力，致使合同无法履行时，双方应按有关法律规定及时协商处理。

第三十八条 本合同在履行过程中发生的争议，由双方当事人协商解决，协商不成的，按下列第_____种方式解决：

1. 提交_____仲裁委员会仲裁；

2. 依法向人民法院起诉。

第三十九条 合同期满本合同自然终止，双方如续订合同，应在该合同期满_____天前向对方提出书面意见。

第四十条 本合同自签字之日起生效。

甲　　方：_____　　　乙　　方：_____

代　　表：_____　　　代　　表：_____

电　　话：_____　　　电　　话：_____

签约日期：_____年_____月_____日

签约地点：_____

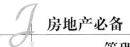

房地产必备

管理工具箱

最新房地产

经营管理全套必备解决方案

21 前期物业管理服务协议 ●

前期物业管理服务协议

本协议当事人

甲方：_____

乙方：_____

甲方是指：

1. 房地产开发单位或其委托的物业管理企业；

2. 公房出售单位或其委托的物业管理企业。

乙方是指：购房人（业主）。

前期物业管理是指：自房屋出售之日起至业主委员会与物业管理企业签订的《物业管理合同》生效时止的物业管理。

本物业名称：_____

乙方所购房屋销售（预售）合同编号：_____

乙方所购房屋基本情况：

类　　型_____

坐落位置_____

建筑面积_____平方米

根据有关法律、法规，在自愿、平等、协商一致的基本上，在乙方签订《房屋买卖（预售）合同》时，甲乙双方就前期物业管理服务达成如下协议。

第一条　双方的权利和义务

一、甲方的权利义务

1. 对房屋共用部位、共用设施设备、绿化、环境卫生、保安、交通等项目进行维护、修缮、服务与管理；

▶ 378 ||

2. 根据有关法规和政策，结合实际情况，制定本物业的物业管理制度和《物业使用守则》并书面告知乙方；

3. 建立健全本物业的物业管理档案资料；

4. 制止违反本物业的物业管理制度和《物业使用守则》的行为；

5. 物业管理企业可委托专业公司承担本物业的专项管理与服务业务，但不得将本物业的整体管理责任转让给第三方；

6. 依据本协议向乙方收取物业管理费用；

7. 编制物业管理服务及财务年度计划；

8. 每_____个月向乙方公布物业管理费用收支账目；

9. 提前将装饰装修房屋的注意事项和限制条件书面告知乙方，并与乙方订立《房屋装饰装修管理协议》；

10. 不得占用本物业的共用部位、共用设施设备或改变其使用功能；

11. 向乙方提供房屋自用部位、自用设施设备维修养护等有偿服务；

12. 自本协议终止时起 5 日内，与业主委员会选聘的物业管理企业办理本物业的物业管理移交手续，物业管理移交手续须经业主委员会确认；

13. _____。

二、乙方的权利和义务

1. 参加业主大会或业主代表大会，享有选举权、被选举权和监督权；

2. 监督甲方的物业管理服务行为，就物业管理的有关问题向甲方提出意见和建议；

3. 遵守本物业的物业管理制度和《物业使用守则》；

4. 依据本协议向甲方交纳物业管理费用；

5. 装饰装修房屋时，遵守《房屋装饰装修管理协议》；

6. 不得占用、损坏本物业的共用部位、共用设施、设备或改变其

使用功能。因搬迁、装饰装修等原因确需合理使用共用部位、共用设施设备的，应事先通知甲方，并在约定的期限内恢复原状，造成损失的，给予赔偿；

7. 转让房屋时，事先通知甲方，告知受让方与甲方签订本协议；

8. 对承租人、使用人及访客等违反本物业的物业管理制度和《物业使用守则》等造成的损失、损害承担民事责任；

9. 按照安全、公平、合理的原则，正确处理物业的给排水、通风、采光、维修、通行、隆重、环保等方面的相邻关系，不得侵害他人的合法权益；

10. ＿＿＿＿＿＿＿＿＿＿＿＿＿＿＿＿。

第二条　物业管理服务内容

一、房屋共用部位的维护和管理

共用部位是指房屋主体承重结构部位（包括基础、内外承重墙体、柱、梁、楼板、屋顶等）、户外墙面、门厅、楼梯间、走廊通道、＿＿＿＿＿等。

二、房屋共用设施、设备及其运行的维护和管理

共用设施、设备是指共用的上下水管道、落水管、水箱、加压水泵、电梯、天线、供电线路、通信线路、照明、锅炉、供热线路、供气线路、消防设施、绿地、道路、路灯、沟渠、池、井、非经营性车场车库、公益性文体设施和共用设施设备使用的房屋、＿＿＿＿＿等。

三、环境卫生

1. ＿＿＿＿＿＿＿＿＿＿＿＿＿＿＿＿

2. ＿＿＿＿＿＿＿＿＿＿＿＿＿＿＿＿

四、保安

1. 内容

（1）＿＿＿＿＿＿＿＿＿＿＿＿＿＿

（2）＿＿＿＿＿＿＿＿＿＿＿＿＿＿

2. 责任

(1) _____

(2) _____

五、交通秩序与车辆停放

1. 内容

(1) _____

(2) _____

2.

(1) _____

(2) _____

(3) _____

六、房屋装饰、装修管理

见附件:《房屋装饰装修管理协议》。(略)

第三条　物业管理服务质量

一、房屋外观

1. _____

2. _____

二、设备运行

1. _____

2. _____

三、共用部位、共用设施设备的维护和管理

1. _____

2. _____

四、环境卫生

1. _____

2. _____

五、绿化

1. _____

2. _____

六、交通秩序与车辆停放

1. _____

2. _____

七、保安

1. _____

2. _____

八、消防

1. _____

2. _____

九、房屋共用部位、共用设施设备小修和急修

1. 小修

（1）_____

（2）_____

2. 急修

（1）_____

（2）_____

十、_____

第四条 物业管理服务费用（不包括房屋共用部位共用设施设备大中修、更新、改造的费用）

1. 乙方缴纳费用时间：_____；

2. 住宅按建筑面积每月每平方米_____元；

3. 非住宅按建筑面积每月每平方米_____元；

4. 因乙方原因空置房屋按建筑面积每月每平方米_____元；

5. 乙方出租物业的，物业管理服务费用乙方缴纳；

6. 乙方转让物业时，须缴清转让之前的物业管理服务费用；

7. 物业管理服务费用标准按_____调整；

8. 每次缴纳费用时间：_____。

第五条　其他有偿服务费用

一、车位及其使用管理服务费用

1. 机动车

（1）_____

（2）_____

2. 非机动车

（1）_____

（2）_____

二、有线电视

1. _____

2. _____

三、_____

四、_____

第六条　代收代缴收费服务

受有关部门或单位的委托，甲方可提供水费、电费、燃（煤）气费、热力费、房租等代收代缴收费服务（代收代缴费用不属于物业管理服务费用），收费标准执行政府规定。

第七条　维修基金的管理与使用

1. 根据_____规定，本物业建立共用部位、共用设备保修期满后大中修、更新、改造的维修基金；乙方在购房时已向_____缴纳维修基金_____元；

2. 维修基金的使用由甲方提出年度使用计划，经当地物业管理行政主管部门审核后划拨；

3. 维修基金不敷使用时，经当地物业管理行政主管部门审核批准，按乙方占有的房屋建筑面积比例续筹；

4. 乙方转让房屋所有权时，结余维修基金不予退还，随房屋所有权同时过户；

5. _____。

第八条　保险

1. 房屋共用部位、共用设施设备的保险由甲方代行办理，保险费用由全体业主按各自所占有的房屋建筑面积比例分摊。

2. 乙方的家庭财产与人身安全的保险由乙方自行办理。

3. _____。

第九条　广告牌设置及权益

1. _____

2. _____

3. _____

第十条　其他约定事项

1. _____

2. _____

3. _____

第十一条　违约责任

1. 甲方违反协议，未达到管理服务质量约定目标的，乙方有权要求甲方限期改正，逾期未改正给乙方造成损失的，甲方承担相应的法律责任；

2. 乙方违反协议，使甲方未达到管理服务质量约定目标的，甲方有权要求乙方限期改正，逾期未改正给甲方造成损失的，乙方承担相应的法律责任；

3. 甲方违反协议，擅自提高收费标准或乱收费的，乙方有权要求甲方清退所收费用，退还利息并支付违约金；

4. 乙方违反协议，不按本协议约定的收费标准和时间缴纳有关费用的，甲方有权要求乙方补缴并从逾期之日起按每天_____缴纳违约金，或_____；

5. _____。

第十二条 为维护公众、业主、使用人的切身利益，在不可预见情况下，如发生煤气泄漏、漏电、火灾、水管破裂、救助人命、协助公安机关执行任务等突发事件，甲方因采取紧急措施造成乙方必要的财产损失的，双方按有关法律规定处理。

第十三条 在本协议执行期间，如遇不可抗力，致协议无法履行，双方按有关法律规定处理。

第十四条 本协议内空格部分填写的文字与印刷文字具有同等效力。

本协议中未规定的事宜，均遵照国家有关法律、法规和规章执行。

第十五条 合同争议解决方式：本合同在履行过程中发生的争议，由双方当事人协商解决，协商不成的，按下列第_____种方式解决：

1. 提交_____仲裁委员会仲裁；

2. 依法向人民法院起诉。

第十六条 本协议正本连同附件共_____页，一式两份，甲乙双方各执一份，具有同等法律效力。

第十七条 在签订本协议前，甲方已将协议样本送_____（物业管理行政主管部门）备案。

第十八条 本协议自签字之日起生效。

甲方签章：_____ 乙方签章：_____

代表人：_____ 代表人：_____

年　月　日　　年　月　日

参 考 文 献

1. 谢成巍主编：《房地产法》，化学工业出版社 2006 年版。

2. 余源鹏主编：《房地产实战定价与销售策略》，中国建筑工业出版社 2006 年版。

3. 中国房地产经营管理研究中心编：《中国房地产经营管理全书》，中国言实出版社 2005 年版。

4. 文杰主编：《现代物业规范管理实用全书》，蓝天出版社 2005 年版。

5. 赵延军、薛文碧编著：《房地产策划与开发》，机械工业出版社 2006 年版。

6. 隋凤琴主编：《房地产经营与管理》，机械工业出版社 2006 年版。

7. 袁野等编著：《房地产营销学》，复旦大学出版社 2005 年版。

8. 施建刚编著：《房地产开发与管理》，同济大学出版社 2005 年版。

9. 刘学应主编：《房地产开发与经营》，机械工业出版社 2005 年版。

10. 张国明、苗泽惠主编：《房地产开发》，化学工业出版社 2005 年版。

11. 陈利文著：《房地产营销 19 讲》，广东省出版集团图书发行有限公司（广东经济）2010 年版。

12. 苗长川主编：《房地产市场营销》，清华大学出版社 2010 年版。

13. 彭加亮编著：《房地产开发 6 大关键节点管理》，中国建筑工业出版社 2010 年版。

14. 杨成贤编著：《房地产市场调研推广与定价策略》，经济科学出版社 2008 年版。